HISTOIRE PITTORESQUE
ET MILITAIRE
DES FRANÇAIS

Racontée par un Caporal à son Escouade,

OUVRAGE DIVISÉ EN VINGT SOIRÉES,

commençant à l'état des Gaules avant et après la conquête des Romains, et se terminant par le récit des derniers événements militaires en Algérie;

DÉDIÉE

aux armées de terre et de mer et à la Garde nationale,

PAR THÉODORE TOUCHARD,

Ex-officier au 21e de lig., Lieutenant dans la garde munic. de Paris.

TOME PREMIER.

PARIS,

CHEZ L'ÉDITEUR, RUE D'ANJOU-DAUPHINE, 6.

1840.

HISTOIRE PITTORESQUE

ET MILITAIRE

DES FRANÇAIS,

Racontée par un Caporal à son Escouade.

Paris.— Imprimerie de Schneider et Langrand,
1, rue d'Erfurth.

HISTOIRE PITTORESQUE
ET MILITAIRE
DES FRANÇAIS

Racontée par un Caporal à son Escouade,

OUVRAGE DIVISÉ EN VINGT SOIRÉES,

commençant à l'état des Gaules avant et après la conquête des Romains, et se terminant par le récit des derniers événements militaires en Algérie.

DÉDIÉE

aux Armées de terre et de mer et à la Garde nationale

PAR

THÉODORE TOUCHARD,

Ex-officier au 21ᵉ de ligne,
Lieutenant dans la Garde municipale de Paris.

TOME PREMIER.

PARIS.

CHEZ L'ÉDITEUR, RUE D'ANJOU-DAUPHINE, 6.

1840.

A l'Armée.

Tout jeune Français doit sept ans de sa vie à son pays, sept ans de ce beau printemps de l'homme, où toutes les carrières s'ouvrent à lui, fleuries d'espérance. Durant ce bail conclu avec la patrie, non-seulement l'existence personnelle ne doit pas dégénérer sous la main de celle-ci, mais il est de son devoir d'appliquer, autant qu'il est en elle, à ce dépôt, tout ce qui peut le faire valoir et fructifier. Car si l'État, insouciant aux prospérités des enfants qu'il appelle à le servir, favorisait l'ignorance sous le drapeau, après avoir tari peut-être la source de l'instruction au foyer domestique, que deviendrait cette égalité de droits, ce nivellement de prérogatives qui promettent à chacun, selon ses services et ses capacités, un équitable avancement dans la carrière militaire? Ce véhicule puissant de dévouement et de gloire ne serait plus qu'une déception. Le gouvernement l'a senti, et jamais les écoles régimentaires n'ont été, de sa part, l'objet d'une sollicitude plus paternelle et plus active que depuis quelques années.

Mais quelque bien entendu que soit le zèle des chefs de corps et celui des officiers chargés de diriger l'enseignement, bien des difficultés, dans le détail desquelles nous ne chercherons pas à entrer, entravent encore trop souvent leurs efforts. Il est donc du devoir de tout militaire éclairé de venir à leur aide, en cette noble tâche, et personne ne cherchera sans doute à nier que l'histoire du pays qui l'a vu naître soit une des premières notions qui doivent occuper le jeune soldat. Lui rendre cette étude non moins agréable qu'elle est utile, voilà le but que l'auteur de l'*Histoire des Français racontée par un caporal* s'est proposé. Tout en apportant la plus scrupuleuse exactitude dans l'ordre et l'enchaînement des faits, il s'est efforcé, par de consciencieuses recherches, de retracer encore la couleur et la physionomie pittoresque de chaque époque. Le cadre étroit de deux volumes l'a contraint, à la vérité, de traiter rapidement plus d'un passage, auquel l'aridité des documents existants ne permettait pas de donner cet attrait; mais il a tâché d'être toujours clair; son plan enfin, en écrivant, était de prêter, en quelque sorte, aux vérités historiques de ce livre, le prestige du roman, et il espère que ses écrits pourront s'intercaler avec bonheur entre les séances de l'école et l'espace de temps qu'envahirait l'ennui. Pour s'être glissé sous la forme d'un plaisir, cet enseignement n'en restera que mieux gravé dans la mémoire des écouteurs de l'escouade, et l'officier directeur des études le retrouvera plus tard classé dans les cases du savoir.

Si l'auteur a trop présumé de ses forces en s'imposant cette tâche, on voudra bien lui pardonner, en faveur de son désir d'être utile à ses frères d'armes. Dans le cas d'un jugement trop rigoureux, il lui resterait encore la conscience d'avoir travaillé de son mieux à élargir la voie de l'instruction où l'armée ne demande qu'à marcher. Que chacun des membres de cette grande famille

apporte, comme lui, sa part d'intelligence e
de dévouement, et le corps formé par le
exercices militaires, l'esprit orné par l'in
struction puisée au sein des régiments, no
jeunes soldats reparaîtront alors parmi leur
concitoyens, pourvus des connaissances qu
leur manquaient en quittant leur foyer. Alor
l'ingratitude et le préjugé cesseront de dé
considérer la carrière des armes; nul ne
pourra se dispenser de rendre hommage au)
idées d'amélioration et de progrès que le
soldats congédiés en rapporteront; point de
mère qui ne soit fière du pantalon garance
de son fils, point de père qui ne bénisse le
temps qu'il aura passé sous le drapeau.

Bien que contés à la caserne, les récits de
notre caporal ne s'en répéteront pas moins
parmi le reste de la nation; qui dit le soldat, dit le peuple, en France. L'ouvrier qui
vient de quitter l'uniforme, ou celui qui va
l'endosser bientôt, voudront aussi être initiés
aux fastes glorieux dont abondent ces pages,
écrites pour toutes les intelligences. Le
garde national y trouvera, avec l'histoire du

pays, celle de l'art militaire, dégagée de tout ce qui la rendrait aride pour quiconque n'est pas du métier. C'est à tous les enfants de la France que s'adresse enfin notre conteur, puisque tous ont été, sont ou seront un jour soldats, et que chez cette nation guerrière, on verra toujours toutes les classes de citoyens répondre à l'appel du canon, chaque fois que la patrie en danger viendra les convier au banquet de la gloire!

Aussi, bien que l'annonce de cet ouvrage n'ait reçu jusqu'ici qu'une publicité de *camarades*, il compte déjà de nombreux souscripteurs tant dans les rangs de la garde nationale que dans ceux de l'armée. Bon nombre de sous-officiers et de simples soldats figurent sur cette liste, et l'on pourrait citer des compagnies où tous ceux qui savent lire se sont fait inscrire. Enfin l'accueil flatteur que l'auteur a trouvé auprès de plusieurs chefs de corps, et les encouragements que lui accordent chaque jour une foule d'officiers de tout grade, nous font espérer que ce livre est destiné, autant par l'intérêt qu'il présente que par la modicité de son prix et la commodité de son format, à faire, en quelque sorte, partie obligée du butin de chaque soldat.

Des motifs indépendants de notre volonté ont causé jusqu'ici le retard qu'a subi la publication de cet ouvrage. L'apparition du second volume suivra maintenant de très-près celle du premier. Ce livre était terminé, et l'impressoin en était commencée, quand a paru la décision ministérielle du 24 janvier 1840. L'auteur, désirant se présenter au concours ouvert à toute l'armée, a dû revoir en entier son œuvre, afin de se conformer, de son mieux, aux conditions du programme. Il a pensé d'ailleurs ne pouvoir clore plus dignement ces annales militaires que par le récit de nos dernières expéditions en Afrique, heureux d'avoir à signaler partout la belle conduite de ses frères d'armes, et le glorieux exemple que leur ont donné les princes français qui marchaient dans leurs rangs.

HISTOIRE PITTORESQUE
ET MILITAIRE
DES FRANÇAIS.

Première Soirée.

Introduction. — Les Gaulois, avant et après la conquête de César. — Art militaire et discipline chez les Romains. — Le christianisme dans les Gaules. — Décadence de l'empire. — Irruption des Francs. — Rois de la première race. — Clovis. — Les Leudes. — Partage des terres. — Mœurs des Francs. — Loi salique. — Childebert. — Clotaire Ier. — Caribert. — Chilpéric. — Frédégonde. — Brunehaut. — Clotaire II. — Dagobert. — Saint Éloi.

Qui de vous, camarades, la première fois qu'il a quitté le toit paternel et s'est mis en route pour venir, sous le drapeau, payer à la patrie une dette sacrée; qui de vous n'a senti battre son cœur d'admiration et de respect en traversant notre France?

Et plus tard encore, à chaque changement de garnison, quel soldat est resté insensible au sentiment d'une noble fierté, à l'aspect de ces belles campagnes enrichies de productions si abondantes et si variées, semées à chaque pas de monuments utiles ou glorieux, sillonnées, dans toutes les directions, de routes et de canaux, arrosées enfin de fleuves majestueux où d'immenses cités baignent le pied de leurs palais.

Mais, après avoir contemplé cet étonnant spectacle, qui de vous aussi n'a dû faire un retour sur le passé ? En constatant l'ordre admirable qui fait mouvoir tous les rouages de cette machine sublime, n'avez-vous pas songé souvent combien, pour nous léguer un aussi florissant héritage, nos pères ont dû apporter de persévérance et de labeur..... Combien il a fallu renverser d'obstacles, éprouver de revers, et combien ont dû verser de leur sang les guerriers qui nous ont devancés, pour fournir dignement leur quote-part dans l'accomplissement de ce grand œuvre?

N'est-ce pas là, camarades, une histoire intéressante qui nous touche de près ; et, s'il nous reste quelques loisirs à la chambrée, croyez-vous que nous puissions mieux les employer qu'à interroger les siècles écoulés pour leur demander de nobles exemples et d'utiles leçons?

A nous donc, soldats français de toutes les époques !... éveillez-vous de votre long sommeil, et venez répéter, encore une fois, votre cri de guerre sous les voûtes de nos casernes !... Venez, chaque soir, nous dire les batailles auxquelles vous avez assisté, les ennemis que vous avez combattus, les talents qui ont fixé la victoire, ou les fautes qui, trop souvent, causèrent la défaite ! dites-nous les modifications que votre expérience a successivement apportées dans l'art militaire ; dites comment, de l'état d'enfance où cet art demeura si longtemps, vous l'avez amené aux savantes manœuvres de la tactique moderne auxquelles nous nous exerçons tous les jours, et qui nous ont valu tant de victoires..... Dites-nous enfin fidèlement comment vous avez toujours vaillamment combattu pour la France, ou comment vous êtes morts pour elle.

Attention, camarades !... voilà de l'occupation pour plus d'une soirée, depuis l'appel jusqu'au roulement pour l'extinction des feux.... Attention !... Cela vaut bien un conte de la Ramée !

—

On appelait Gaule tout le pays à présent compris entre la Manche et la Belgique au nord, la Méditerranée et les Pyrénées au sud, le Rhin qui la sépare de l'Allemagne, et les Alpes qui la séparent de la Suisse et de l'Italie à l'est, et l'Océan Atlantique à l'ouest.

Les Francs, qui s'emparèrent progressivement d'une partie de ce territoire, après d'autres dominateurs dont nous parlerons bientôt, lui donnèrent le nom de France, et le royaume qu'ils y fondèrent finit par l'occuper tout entier.

Ainsi que vous devez le penser, camarades, et comme nous le disions tout à l'heure, bien des siècles s'écoulèrent avant que notre patrie en arrivât à l'état de prospérité dont nous sommes aujourd'hui les témoins ; mais, si l'on retrouve encore chez nous beaucoup de points de ressemblance avec le caractère des premiers Gaulois, on aurait peine à concevoir combien la physionomie du sol a subi de changements. Figurez-vous un pays entièrement couvert de sombres forêts, inondé d'eaux stagnantes d'où s'exhalaient de continuels brouillards ; çà et là quelques misérables cabanes mêlées aux repaires des bêtes féroces et habitées par des hommes non moins sauvages qu'elles ; voilà le tableau que s'accordent à retracer tous les auteurs qui ont parlé de ces temps reculés.

Cependant, la population s'étant accrue, de nouveaux besoins donnèrent l'impulsion à l'industrie de ces hommes ; leurs forces réunies triomphèrent peu à peu de la nature ; les forêts s'éclaircirent, l'air circula plus librement, et les marais desséchés perdirent leur funeste influence. Rapprochées, en même temps, par une communauté d'intérêts et de travaux, les cabanes se groupèrent en villages ; les villages devinrent des villes, qui bientôt s'entourèrent de murailles et s'unirent entre elles, soit pour leur défense, soit pour l'agrandissement de leur territoire.

Telle est à peu près l'origine de toutes les sociétés au berceau ; mais jamais peuple ne décela plus promptement que nos ancêtres les Gaulois, le penchant irrésistible qui devait sans cesse les entraîner vers la guerre. La chasse, qui en est l'image, avait été leur première passion ; elle cessa d'être un aliment suffisant à l'inquiète ardeur qui les agitait. Quelques aventuriers ayant pénétré d'abord dans les pays situés plus au midi, rapportèrent au retour, avec leur butin, de prestigieux récits sur la douceur du climat et la richesse des productions de ces contrées où régnaient des arts et un luxe inconnus chez eux. Il n'en fallait pas davantage pour qu'ils trouvassent de nombreux imitateurs. Pendant plusieurs siècles des essaims de guerriers, dont le nombre dépassa parfois cent et deux cent mille hommes, s'élancèrent, à différentes reprises, du sein de cette nation, se dirigeant tantôt au nord, tantôt au midi, dans toutes les parties du monde connu. Les hordes qui composaient ces migrations se fixèrent, pour la plupart, dans ces régions nouvelles et y formèrent des établissements.

L'Italie, par sa proximité, était la plus exposée à leurs envahissements. Aussi, dès l'an 600 avant Jésus-Christ, une colonie de Gaulois, ayant passé les Alpes, vint s'établir dans les pays arrosés par le Pô, auxquels les Romains donnèrent dès lors le nom de Gaule Cisalpine; tandis qu'une seconde colonie passa le Rhin et s'enfonça dans la Germanie. Une autre invasion que ces peuples tentèrent, environ deux siècles plus tard, mit Rome elle-même à deux doigts de sa perte ; et, bien que depuis, les Romains eussent toujours repoussé les attaques de leurs remuants voisins, ils les regardèrent longtemps comme si dangereux, que, dans

---

[1] Ces colonies se formèrent sous la conduite de Sigovèse et de Bellovèse, neveux d'Ouabigat, chef de l'association des Bituriges.

un cas de guerre avec eux, nul, sans en excepter les prêtres et les vieillards, n'était dispensé de prendre les armes pour la défense de la république.

Mais la puissance toujours croissante des Romains, qui marchaient à la conquête de l'univers, s'appesantit à son tour sur la Gaule. Déjà, l'an 222, la Cisalpine avait été réduite en province romaine ; le même sort devait atteindre la Gaule Transalpine, c'est-à-dire celle dont nous sommes les enfants. Mais les armées romaines n'obtinrent pas ce dernier résultat, sans de longs travaux et de sanglants combats. La partie méridionale, qu'elles conquirent la première, fut le théâtre de luttes acharnées, avant de recevoir le nom de province Romaine, d'où est venu celui de Provence, qu'elle conserve aujourd'hui. L'on montre encore, auprès de la ville d'Aix, les vestiges d'un camp romain dont les légions, l'an 102 avant Jésus-Christ, taillèrent en pièces et anéantirent presque entièrement une multitude immense de barbares, venus jusque des bords de la mer Baltique, pour leur disputer ce beau pays.

Ce fut vers l'an 59, que César entreprit de soumettre enfin la Gaule entière à la domination romaine. Aussi braves et non moins fiers que leurs ancêtres, les habitants de chaque partie de son territoire défendirent avec acharnement leur indépendance. Vaincus, mais toujours redoutables, ils secouèrent plusieurs fois le joug, après avoir massacré les garnisons romaines. Adroit politique et général expérimenté, César eut besoin de toutes les ressources de son étonnant génie pour les réduire, et, malgré la supériorité de ses talents militaires, malgré la valeur et l'admirable discipline de ses troupes, il ne lui fallut pas moins de huit campagnes consécutives pour achever sa conquête.

C'est peut-être ici le lieu, camarades, d'essayer de vous donner une idée de l'organisation et de l'instruction militaire de ces fameuses légions romaines, qui portèrent jadis leurs aigles victorieuses aux quatre coins du monde, et dont les travaux avaient été sans exemples comme sans imitateurs, jusqu'à ce que d'autres guerriers, dont la plupart sont encore à notre tête, s'élançant, après dix-neuf siècles, sur la trace de ces héros de l'antiquité, soient venus planter aussi leurs étendards dans ces mêmes régions lointaines, et, comme eux, en féconder le sol avec le sang de leurs ennemis.

Dès l'origine de Rome, la nécessité oblige ses fondateurs à la guerre : étrangers à l'Italie, ils se sont imposés par l'épée aux premiers habitants du pays qui s'unissent contre les nouveaux venus. De là des combats continuels, dans lesquels les Romains ne doivent d'abord leurs succès qu'à leur constance et à leur courage. Mais l'an 616 avant Jésus-Christ, un de leurs rois, nommé Tarquin l'Ancien, ayant apporté chez eux quelques notions de l'art militaire déjà commun chez les Grecs, ils font en peu de temps de rapides progrès, et, dans leurs luttes avec leurs voisins, partout la supériorité de leurs connaissances assure le triomphe de leurs armes. Bientôt la conquête de l'Italie ne peut suffire à leur ambition; l'Afrique, l'Espagne, la Grèce, l'Asie, les Gaules et la Germanie deviennent le théâtre de leurs exploits. Dans chaque campagne, la tactique romaine se perfectionne par la victoire; ou puise d'utiles leçons dans ses défaites, et s'enrichit des institutions mêmes de ses ennemis.

La milice romaine se recrutait parmi les citoyens en âge de porter les armes, c'est-à-dire ceux qui avaient atteint leur dix-septième année ou ceux qui ne dépassaient pas leur quarante-cinquième. Le commandement des légions était confié à des tribuns militaires, dont la charge avait beaucoup de rapport avec celle de colonel. Ces officiers étaient chargés de répartir et de classer les soldats dans les cadres de la légion, de la manière suivante : Les plus jeunes formaient les fantassins légers ou *vélites*. Ceux qui les suivaient en âge prenaient le nom de *hastaires;* les plus forts et les plus vigoureux celui de *princes;* ceux enfin qui se distinguaient par leurs services ou par des actions d'éclat, composaient l'élite de la légion et se nommaient *triaires*. Les soldats obtenaient successivement chacune de ces dénominations, en raison de leur ancienneté et de leur bravoure, de même que l'on passe, dans nos régiments, d'une compagnie du centre à une compagnie de grenadiers ou de voltigeurs; mais ils ne prenaient pas le même rang dans l'ordre de bataille, et la légion se formait sur trois lignes distantes entre elles de dix à douze toises environ. Les *hastaires* composaient la première, les *princes* la deuxième, et les *triaires* la troisième. Les *vélites* occupaient les flancs avec la cavalerie.

Chaque ligne se divisait en dix *manipules* ou divisions, chacune de cent vingt combattants pour les *princes* et les *hastaires*, et de soixante seulement pour les *triaires*. Le manipule se subdivisait à son tour en deux centuries ou pelotons, formées, pour la première et la seconde ligne, de douze files de dix rangs chacune, tandis que la dernière n'avait que six files également de dix rangs. Ces manipules, ou divisions, étaient séparés entre eux, dans leur ligne respective, par des intervalles égaux à leur front, et disposés de manière qu'aux vides de la première ligne correspondaient les pleins de la seconde, et aux vides de celle-ci correspondaient les pleins de la première. Chaque manipule de la ligne des *triaires* correspondait enfin vis-à-vis le centre des manipules de la ligne des *hastaires*. A la tête de chaque manipule étaient deux centurions ou capitaines, dont le plus ancien se plaçait à la droite du premier rang, et l'autre à la gauche. Deux sous-officiers figuraient en outre, l'un à la droite, l'autre à la gauche du dernier rang. Il y avait encore, dans chaque classe de soldats, plusieurs officiers sur lesquels reposaient les différents détails de l'instruction et du service journalier, et des sous-officiers chargés, les uns, de tracer le camp, les autres, de copier les ordres et de les communiquer aux hommes de leur manipule; d'autres enfin remplissaient les fonctions de porte-enseigne. L'enseigne général de la légion était un aigle que chacun jurait de défendre jusqu'à la mort.

La cavalerie se recrutait parmi les plus riches citoyens que l'on nommait *chevaliers*. Ils étaient habituellement au nombre de trois cents par légion, répartis en *turmes* ou escadrons de huit de front sur quatre de profondeur, dont la place de bataille était, comme nous l'avons dit, sur les ailes.

La solde du soldat romain au temps de César s'élevait à dix sous par jour; mais la plus grande partie en était retenue pour la nourriture, les habits, les armes et les tentes. Les centurions et les cavaliers avaient à peu près le double. Les officiers supérieurs de la légion et les généraux ne recevaient aucune solde; la République subvenait seulement aux dépenses de leurs équipages. Les vivres consistaient en farine ou biscuit, en chair salée, et en vinaigre, que l'on mêlait avec l'eau. Le soldat romain en portait quelquefois pour quinze jours. Chaque homme portait en outre au moins une palissade, pour ajouter à la force des retranchements du camp: joignez à cela le poids de son bouclier, de son casque et de sa cuirasse, et convenez, camarades, que le fardeau du sac, dont souvent nous nous plaignons, n'est plus qu'une bagatelle.

Maintenant, j'espère, il n'est pas un de vous qui ne comprenne parfaitement ce que nous avons dit de l'organisation et de l'ordre de bataille de la légion; vous allez vous faire une idée non moins exacte de la manière dont l'action s'engageait. Les *vélites* y jouaient d'abord le rôle de nos tirailleurs et se dispersaient sur le front des lignes, pour éclairer leur marche et couvrir leurs mouvements ; puis au moment du choc, ils se retiraient sur les flancs, d'où ils continuaient à lancer des traits pendant tout le combat. Les *hastaires* abordaient l'ennemi les premiers, tenant un javelot dans chaque main : arrivés à douze ou quinze pas de leurs adversaires, ils lançaient leur trait, et, tirant aussitôt l'épée de la main droite, ils se couvraient de leur bouclier avec le bras gauche, réservant leur second javelot pour l'attaque de la cavalerie. S'il arrivait qu'ils fussent repoussés, la ligne des *princes* traversait les intervalles, et se portait en avant, soit pour les remplacer, soit pour les soutenir. Pendant ce temps, les *triaires* restaient immobiles à leurs rangs, couverts de leurs boucliers et la pique haute ; mais si les *princes* étaient forcés de reculer à leur tour, ces soldats d'élite se levaient tout à coup, ralliaient à eux les *hastaires* et les *princes* dans les intervalles de leurs manipules, et les trois lignes n'en formaient plus qu'une seule, plus nombreuse et plus redoutable que les deux autres, dont le choc terrible enfonçait l'ennemi, au moment même où il se croyait sûr de la victoire. Les *vélites* se joignaient alors à la cavalerie, pour atteindre les fuyards et achever leur défaite [1].

---

[1] L'ordonnance de la légion subit, à différentes époques, des variations fréquentes. Au temps de César, les troupes avaient cessé d'être rangées par *manipules*, et n'étaient plus distinguées par les noms de *hastaires*, de *princes* et de *triaires*. Elles étaient réparties en *cohortes*, et la cohorte était formée

Peut-être ces détails vous paraîtront-ils d'abord étrangers à notre sujet ; mais rappelez-vous, camarades, qu'en même temps que l'histoire des Français, nous avons promis de vous raconter aussi celle de l'art militaire en France. Or, en cela, comme en beaucoup d'autres points, les Romains ont été nos maîtres. Vous pourrez juger plus tard des emprunts que nous leur devons en administration comme en tactique. En opérant le *passage des lignes*, par exemple, l'une de nos évolutions les plus difficiles et les plus importantes à la guerre, ne répétez-vous pas chaque jour la manœuvre d'un manipule des trois classes de soldats qui avaient d'abord existé. La troisième ligne ayant de même été supprimée, la légion se trouvait ainsi composée de dix cohortes, moitié en première ligne, moitié en seconde, disposées toujours sur dix de profondeur, de la même manière que les manipules, c'est-à-dire tant plein que vide et en échiquier. On voit pourtant la troisième ligne rétablie en plusieurs occasions pour servir de réserve, et souvent les cohortes combattent serrées, sans intervalles entre elles. César nous apprend, dans ses *Commentaires*, qu'il se servit plusieurs fois de cette disposition pour arrêter la fougue impétueuse de la cavalerie gauloise, dont tous les efforts se portaient sur les vides, pour traverser les lignes et prendre les cohortes à revers. Il n'est point question, à l'époque où écrit ce grand homme, de machines de guerre attachées aux légions. L'usage en était encore restreint à l'attaque et à la défense des villes ou des retranchements ; mais, sous les empereurs qui vinrent après lui, le nombre de ces machines s'accrut successivement, et les légions furent munies de *balistes* montées sur des affûts roulants, traînées par des mulets et servies chacune par une *chambrée*, c'est-à-dire onze soldats de la centurie à laquelle elles appartenaient. Il y avait, indépendamment de ces *balistes*, une *catapulte* par cohorte, destinée à lancer des pierres et des traits. Celles de ces machines dont le tir était horizontal se plaçaient, pendant l'action, sur les flancs et dans les intervalles de la première ligne ; celles dont les projectiles suivaient une trajectoire parabolique prenaient position en arrière.

que sur le même terrain peut-être exécutaient, il y a près de dix-neuf cents ans, les cohortes qui subjuguaient nos pères. Nous avions aussi pour but de vous faire bien comprendre comment le courage aveugle et l'impétuosité confuse des Gaulois durent nécessairement céder à l'ordre et à la discipline que les Romains avaient introduits dans leurs armées, et que César contribua à perfectionner encore. Ajoutez à cela le choix des positions convenables, l'art de combiner ses marches et ses mouvements, et surtout l'emploi judicieux des réserves, toutes choses ignorées ou méprisées par la légèreté de ses ennemis : voilà les causes principales auxquelles on peut attribuer les succès de ce grand général dans les Gaules, au milieu d'obstacles de tout genre, constamment entouré de peuples révoltés, contraint de conquérir plusieurs fois le même pays, la même ville.

César sut, en outre, trouver des auxiliaires parmi ses ennemis eux-mêmes, en exploitant habilement leurs rivalités et leurs dissensions ; car la Gaule, quand il y arriva, se partageait en une foule de petits états indépendants, et cette division de son territoire était une source perpétuelle de querelles qui servirent les desseins du conquérant et contribuèrent à affermir sa domination.

On trouvait pourtant chez les Gaulois quelques notions de discipline militaire : de sévères châtiments atteignaient ceux qui osaient les enfreindre ; et bien qu'ils combattissent, à peu près, pêle-mêle et sans distinction de rangs, quiconque abandonnait son étendard ou son chef, était puni de mort.

Pour des fautes moindres, enfin, quelques-uns de leurs généraux faisaient couper une oreille, ou crever un œil au coupable. Leurs armes étaient la hache, l'épée et l'arc, dont ils se servaient très-adroitement. Mais c'était surtout à cheval qu'ils se montraient redoutables, et quand la domination des Romains se trouva assez affermie dans les Gaules, pour qu'ils osassent y chercher des auxiliaires, ce fut là qu'ils recrutèrent leur meilleure cavalerie.

Les Gaulois avaient droit de vie et de mort sur leurs femmes et leurs enfants. Les prêtres nommés Druides possédaient une grande influence; ils jugeaient sans appel de toutes les contestations. Les forêts étaient leur temple, et le chêne leur inspirait une vénération particulière. Tous les ans on allait, en grande pompe, à la recherche du *gui*, plante parasite qui croît sur cet arbre : c'était une fête nationale, et cette plante, réduite en poudre, était remise au peuple comme un talisman. Mais la religion druidique ne se bornait pas à ces innocentes pratiques. Ses prêtres croyaient encore se rendre leurs dieux favorables, en arrosant leurs autels avec le sang des victimes humaines. Depuis l'an 600 avant J.-C. jusqu'à la conquête des Romains, ces massacres sacrés se continuèrent. Les ordonnances des empereurs ne purent même entièrement les abolir en quelques endroits; et ces odieux sacrifices se renouvelèrent, par intervalles, jusqu'à ce que l'introduction du christianisme dans les Gaules vint anéantir à jamais les Druides et leur culte barbare.

Sous le gouvernement de César, et après la mort de ce grand homme, de notables changements s'effectuèrent sur toute la surface des Gaules. Quand les armées romaines stationnaient dans un pays, toujours des travaux utiles ou magnifiques y marquaient leur séjour. Les Gaules se couvrirent ainsi de routes, d'aqueducs, de palais, de cirques et de temples, qui témoignent encore de la constance et de la gloire des légions. Pendant cinq siècles enfin, que la Gaule demeura sous la domination romaine, la civilisation s'y développa avec éclat, et, en s'incorporant à l'empire, cette grande contrée partagea l'existence brillante et animée que les maîtres du monde devaient aux lois, aux sciences et aux arts. Déjà depuis longtemps Marseille et Narbonne étaient des foyers de lumières; à Trèves, à Toulouse, à Bordeaux, à Poitiers, à Autun, s'établirent des académies célèbres, d'où sortirent une foule d'hommes illustres dont quelques-uns occupèrent les premières charges de l'empire. Mais, en remplaçant la simplicité de leurs ancêtres par toutes les recherches du luxe et de la mollesse voluptueuse des Romains, les Gaulois introduisirent en même temps chez eux les germes de dissolution qui causèrent, à la fin, la ruine de leurs maîtres et les livrèrent, avec eux, sans résistance au joug des Barbares.

Une révolution importante devait auparavant s'accomplir dans les Gaules : un siècle ne s'était pas écoulé depuis la mort du Christ, que déjà sa morale avait fait de rapides progrès. Les apôtres avaient arboré l'étendard de la croix, au siége même de l'empire, et de là leurs disciples continuaient leur mission par toute la terre. Courbés sous le joug du despotisme impérial, les peuples prêtèrent avec avidité l'oreille au langage nouveau de ces hommes qui parlaient d'affranchissement et d'égalité, sinon sur terre, au moins dans le ciel; et ces doctrines consolantes pour ceux qui souffrent eurent, en peu de temps, un grand nombre de prosélytes. En vain les empereurs alarmés suscitèrent aux chrétiens de sanglantes persécutions et donnèrent en spectacle, à l'amphithéâtre, le supplice d'un grand nombre d'entre eux, ils ne réussirent qu'à enflammer davantage leur zèle. Un vaste système s'organisa pour la propagation de la foi nouvelle dans tout l'empire, où s'établit une hiérarchie bien ordonnée parmi ses ministres. Des évêques furent installés dans les métropoles; des prêtres, dans les principales villes et dans les campagnes; puis des diacres et des sous-diacres pour recueillir et distribuer les dons des fidèles. La Gaule participa, de bonne heure, à la connaissance du christianisme : cette religion y fit aussitôt et partout des partisans que les persécutions rendirent encore plus nombreux. Cette province eut, comme les autres, ses évêques et son clergé; elle eut aussi ses martyrs qui scellèrent de leur sang le témoignage des vérités qu'ils annonçaient.

Déchiré par les guerres civiles, affaibli par toute espèce de désordres, l'empire romain chancelait de toutes parts à la fin du quatrième siècle. Les proscriptions des empereurs avaient fait passer chez les Barbares beaucoup de citoyens, qui portèrent chez eux une foule de talents et de connaissances dont ils se servirent contre leur patrie. Ces peuples secouèrent alors le profond respect qu'ils avaient conservé pour la puissance romaine. Les provinces frontières furent envahies, et les empereurs, trop éloignés, essayèrent vainement d'opposer une digue au torrent. La nation, bien qu'en proie à tous les fléaux de la guerre, ne secondait plus leurs efforts : une apathie étrange s'était emparée des esprits avilis; toute espèce de discipline était perdue, les légions vendaient l'empire, au lieu de le défendre.

Après avoir tenté de repousser par les armes les premières tentatives des Barbares, les empereurs essayèrent de conjurer leurs coups avec de l'or, et, dans l'impossibilité de se défendre eux-mêmes, ils eurent recours aux uns pour repousser les autres; mais ce moyen ne devait servir qu'à aggraver le mal, car il était tout simple que ces hordes de guerriers ne voulussent pas se contenter de défendre un pays dont ils pouvaient devenir si facilement les maîtres. C'est ainsi qu'une multitude innombrable de Barbares, accourus, pour la plupart, de l'Orient vers l'Occident, s'emparèrent des plus belles provinces, et amenèrent enfin la chute définitive de ce puissant empire. Parmi les auteurs de cette grande catastrophe, nous allons voir figurer les Francs dont vous savez que nous sommes les descendants. C'est d'eux que nous allons maintenant nous occuper pour ne plus les quitter.

Habitants du pays situé entre le Rhin, le Weser et la mer du Nord, ces peuples faisaient partie d'une ligue qui se forma entre différentes nations de ces contrées[1] pour résister aux Romains. De là vient, dit-on, le nom de Francs qu'ils se donnèrent, et qui signifiait primitivement *hommes libres*. Ils trouvèrent bientôt dans leur union la force de prendre l'offensive, et poussèrent leurs audacieuses excursions dans les Gaules et jusqu'en Espagne.

Dès lors les invasions des diverses tribus franques dans les Gaules furent continuelles, tantôt attirées par le besoin du pillage, tantôt par les empereurs eux-mêmes, réduits à acheter des défenseurs parmi ces Barbares.

L'an 420 après Jésus-Christ, une tribu de ces peuples belliqueux habitait sur les rives du Rhin, à charge de défendre ce fleuve contre les bandes nouvelles qui voudraient tenter de le franchir. On les nommait, de là, *Ripuarii*, c'est-à-dire gardiens ou habitants de la rive. Tout à coup, et par suite de ce goût des aventures et du butin si général parmi ces Barbares, leur chef Pharamond passe le Rhin et vient s'établir à Trêves, dans la Gaule Belgique. Déjà la plus grande partie des Gaules avait cessé d'appartenir aux Romains : les Visigoths occupaient le midi, les Bourguignons avaient fondé un royaume entre la Saône, le Rhône et les Alpes; les Armoriques enfin for-

---

[1] Les Saliens, les Bructères, les Allemands, les Sicambres, etc., etc.

maient un état indépendant entre la Seine, la Loire et l'Océan.

Clodion, que, vers l'an 428, les Francs choisirent pour chef après Pharamond, jeta à son tour un regard de convoitise sur les Gaules. Repoussé d'abord par Aëtius, général romain, et deux fois obligé de repasser le Rhin, il parvint pourtant à s'emparer de Cambrai; il réussit même, les années suivantes, à étendre ses courses sans obstacles jusqu'à la Somme. Quelques autres tribus franques, qui avaient pénétré dans l'intérieur du pays, et s'y étaient fixées, s'étant alors réunies aux nouveaux venus, Amiens devint le centre de leurs possessions; et, malgré les échecs que leur fit encore éprouver Aëtius, ils continuèrent à s'y maintenir.

Mérovée, que l'on croit fils de Clodion, lui succéda en 448. C'est lui qui a donné son nom à la première race des rois français, dite des *Mérovingiens*. Son règne fut court, mais remarquable par la défaite d'Attila, roi ou chef des Huns, à laquelle il prit la plus grande part. Sorti du fond de la Tartarie, entraînant plus de cinq cent mille hommes à sa suite, ce chef farouche passe sur la Gaule comme un ouragan; les Bourguignons, qui tentent de l'arrêter, sont écrasés; tout le nord de la Gaule est mis à feu et à sang. Les Barbares se dirigent enfin sur Paris, pour y traverser la Seine. La terreur les a devancés; les Parisiens ne songent plus qu'à fuir; ils se disposent à abandonner leur murailles. Une femme, une simple bergère de Nanterre, les rassure : vierge inspirée à qui la volonté de Dieu s'est révélée, c'est Geneviève, que Paris a depuis adoptée pour sa patronne. Sa voix prophétique ranime le courage des habitants, et leur promet que le ciel combattra pour eux. Chose singulière! Attila, s'éloignant en effet de Paris, sans qu'on puisse expliquer ses motifs, passe la Seine sur un autre point, pour aller investir Orléans.

Mais le danger commun avait réuni les différents peuples qui se disputaient alors la possession des Gaules : les Romains, commandés par Aëtius, et les Francs, conduits par Mérovée, se joignirent aux Visigoths, marchant sous la conduite de leur roi Théodoric, et aux Bourguignons, réunis sous celle de Gondicaire. Cette puissante armée arriva à temps pour sauver Orléans, et forcer Attila à la retraite. Poursuivi de près pendant plusieurs jours, le Barbare se trouva réduit à accepter la bataille auprès de Châlons-sur-Marne. La lutte fut sanglante et terrible : près de deux cent mille hommes y périrent, dit-on ; le roi des Visigoths y fut tué ; mais Attila, complétement défait, disparut pour toujours de la Gaule.

Il faut, au surplus, vous avouer, camarades, que ces premiers temps de notre histoire sont demeurés pour nous fort obscurs ; on peut seulement conjecturer qu'à partir de Mérovée, le commandement devint héréditaire parmi les Francs. Jusque-là, ces peuples paraissent avoir eu la coutume de choisir, pour remplacer le chef qu'ils venaient de perdre, le plus vaillant ou le plus fort après lui.

Quoi qu'il en soit, Mérovée étant mort en 457, son fils Childéric lui succéda. Aussi brave que son père, mais n'écoutant que ses passions, à peine fut-il monté sur le trône, qu'il excita le mécontentement général de ses guerriers, dont les filles et les femmes avaient été victimes de sa brutalité. Réduit à fuir pour se dérober à leur vengeance, il se réfugia chez Bazin, roi de Thuringe, où, durant huit ans, il vécut exilé. Pendant ce temps Egidius, maître des milices romaines dans les Gaules, occupait sa place. La domination de cet étranger finit pourtant par devenir odieuse aux Francs, accablés d'exactions et d'impôts ; ils en vinrent à regretter leur premier chef choisi parmi eux et né, du moins, dans le sein de leur nation. Déjà un fidèle serviteur préparait son retour. Childéric, en partant, avait partagé son anneau d'or en deux, et, en remettant un fragment à cet ami dévoué nommé Vidomare, il avait dit : — *Quand tu me le renverras, je reviendrai.* Vidomare, voyant l'instant favorable, fait passer à Childéric le fragment resté entre ses mains ; celui-ci se hâte d'accourir, et le brave Vidomare le rejoint à Bar, accompagné d'une foule de Francs qui ont juré de chasser Égidius. Childéric, de nouveau proclamé, se trouve en peu de temps à la tête d'une armée. Metz, Trêves, Cologne tombent en son pouvoir ; Égidius est réduit à s'enfermer dans Soissons, où bientôt il meurt, ne laissant à Siagrius, son fils, que cette ville et quelques cantons au nord de la Loire, tels que les territoires de Reims, de Châlons, de Sens, de Troyes, derniers débris de la puissance romaine, cernée de toutes parts dans les Gaules.

Childéric, toujours dissolu dans l'exil, n'avait payé l'hospitalité du roi de Thuringe qu'en séduisant sa femme. A peine fut-il de retour dans ses états, que cette princesse y accourut, abandonnant sa patrie et son époux. Le monarque franc, peu scrupuleux de sa nature, n'hésita pas à lui donner sa main, et de cette union naquit Clovis, son successeur. Les dernières années du règne de Childéric se passèrent à combattre les Allemands, anciens alliés des Francs. Ce fut au retour d'une de ces expéditions qu'il mourut, en 481.

On présume que Childéric résidait à Tournai, parce qu'en 1655 on découvrit son tombeau près de cette ville. On y trouva des espèces d'abeilles d'or, sa hache d'armes et son anneau, sur lequel était cette légende : *Kilderic rex, Childéric roi.* Ces objets sont déposés, à Paris, au cabinet des médailles.

A peine sorti de l'enfance, Clovis succéda à son père, ce qui semble prouver que, dès cette époque, l'hérédité de la couronne était légalement admise chez les Francs. Le premier soin de ce nouveau chef fut l'agrandissement de ses possessions, et son ambition ne médita pas moins que la conquête entière des Gaules. Ce fut d'abord contre Siagrius qu'il tourna ses armes. Après la mort d'Egidius son père, ce général s'était formé un petit état avec les villes qui restaient aux Romains dans les Gaules; Clovis parvint à l'en chasser, et, l'ayant taillé en pièces près de Soissons, en 492, il lui fit trancher la tête. Cette bataille porta le dernier coup à la puissance romaine, et établit dès lors irrévocablement la monarchie française.

Clovis joignait la politique à la valeur : pensant qu'il serait utile à ses conquêtes de s'assurer l'alliance de Gondebaud, roi des Bourguignons, il épousa sa nièce Clotilde. Il sut en outre gagner les Gaulois, fort attachés au christianisme, en protégeant leurs évêques et respectant leur religion. Aussi Clovis dut-il une grande partie de ses succès au clergé. Clotilde était chrétienne ; elle le pressait depuis longtemps d'embrasser sa religion. Le monarque sentant, en effet, combien cette communauté de croyance avec les peuples de la Gaule pouvait servir ses vues ambitieuses, n'attendait qu'une occasion pour abjurer l'idolâtrie avec éclat, et justifier, en même temps, cet acte aux yeux des Francs, païens comme lui. Cette occasion se présenta en 496. Voyant ses troupes plier à la bataille de Tolbiac qu'il livrait aux Allemands et aux Saxons : — *Dieu de Clotilde*, s'écria-t-il, *donne-moi la victoire, et je fais vœu de n'avoir plus d'autre religion que la sienne*. Les Francs revinrent à la charge, Clovis fut victorieux, et, fidèle à son vœu, il se fit baptiser à Reims par saint Remi. Sa conversion entraîna celle de trois mille hommes de son armée. Instruit des mystères de la religion par le digne évêque, Clovis s'était réservé d'en instruire à son tour ses soldats..... Tout dévoués au chef qui leur avait si souvent montré le chemin de la victoire, ces guerriers marchèrent avec lui à l'église, comme ils l'auraient suivi au combat [1].

Peu de temps après son baptême, Clovis vainquit Gondebaud, roi de Bourgogne, oncle de Clotilde. Cette princesse si pieuse n'avait pu oublier que Gondebaud avait fait assassiner son père, et Clovis partagea son ressentiment, aussitôt qu'il eut l'occasion favorable pour attaquer les Bourguignons. Il marcha ensuite contre les Bretons qui, débarqués depuis peu sur les côtes de l'Armorique, avaient donné le nom de Bretagne à cette province.

L'empire romain, entièrement détruit en Occident, dès l'an 476, subsistait encore en Orient. Constantinople [2] en était le siége. L'empereur Anastase envoya à Clovis le titre de Consul : ce fut revêtu de la pourpre romaine que le guerrier franc fit son entrée dans Paris, qu'il choisit pour sa capitale. Jusqu'à lui les rois francs avaient été plus ou moins dépendants des empereurs; mais, lorsque Clovis se sentit assez fort pour secouer entièrement le joug de ces souverains déchus, la politique de ceux-ci voulut, en lui décernant un

---

[1] L'anecdote suivante peut d'ailleurs vous donner un aperçu de la manière dont le nouvel apôtre entendait sa mission évangélique. Un jour que saint Remi lisait la Passion du Sauveur, il s'écria en levant sa hache d'armes : —*Que n'étais-je là avec mes Francs!*

[2] Le nom de cette ville était primitivement *Byzance*; mais l'empereur Constantin y ayant transporté le siége de l'empire en 332, elle reçut le nom de ce souverain, qui la fit reconstruire en grande partie.

vain titre, avoir l'air d'autoriser ce qu'ils ne pouvaient empêcher.

Cependant le monarque franc avait à cœur de soumettre les Visigoths. Avant d'entreprendre cette expédition en 507, il convoqua, *en plein champ*, une assemblée générale où tous les Francs parurent en armes. Ces réunions, imitées depuis par les successeurs de Clovis, ont été nommées *champ de Mars* ou *champ de Mai*, selon le mois pendant lequel elles se tenaient. Comme il fallait bien un prétexte, aux yeux des principaux d'entre les Francs, pour rompre ainsi l'alliance jurée avec les Visigoths, ce fut la religion que Clovis mit en avant. Les Visigoths étaient Ariens [1] ; le zélé catholique fit entendre aux seigneurs combien ce serait être agréable à Dieu que de combattre les hérétiques, et les Francs s'engagèrent à ne point se raser la barbe, qu'ils n'eussent vaincu ces maudits. La bataille de Vouillé, près de Poitiers, où Clovis tua de sa main le roi visigoth Alaric, soumit à son pouvoir tout le pays compris entre la Loire et les Pyrénées. Mais l'année suivante les Francs furent battus à leur tour, auprès d'Arles, par Théodoric, roi des Ostrogoths, qui avait entrepris de venger Alaric.

Les dernières années de Clovis furent consacrées à consolider sa puissance, et à bâtir des

---

[1] On appelait ainsi une secte fondée par Arius, qui prétendait que Jésus-Christ n'était pas Dieu, mais une simple créature. Le malheureux paya de sa vie ses opinions peu orthodoxes, et fut mis à mort à Constantinople en 325 ; mais sa secte lui survécut longtemps.

églises et des monastères. Suivant l'opinion de ces siècles barbares, il croyait expier, par des pieuses fondations, les cruautés et les perfidies qui souillèrent la fin de son règne, et espérait racheter ainsi les assassinats par lesquels il préludait souvent à ces mêmes fondations. Plusieurs petits rois francs, dont le voisinage lui portait ombrage, périrent victimes de son ardente ambition de conquêtes. Les liens du sang qui l'unissaient à Ricnomer, roi du Mans, ne purent sauver cet infortuné ni ses deux frères, auxquels il brisa lui-même la tête avec sa hache d'armes. Exterminant ainsi les chefs et attirant à lui les guerriers par l'éclat de ses victoires, Clovis réunit enfin autour de lui toutes ces bandes franques, arrivées pour la plupart, dans les Gaules, successivement et isolément, sans songer qu'elles dussent former plus tard, entre elles, une nation compacte.

Les ministres de la religion chrétienne avaient déjà bien oublié son caractère d'humilité primitive; l'influence du clergé était immense. Les évêques, que leur science rendait nécessaires, bien qu'elle se fût déjà fort altérée pendant ces siècles barbares, possédaient un entier ascendant sur la multitude. Ils partagèrent bientôt le pouvoir que les Francs s'étaient acquis par l'épée; leur domination s'étendit sur les seigneurs et jusque sur le monarque lui-même; aussi ce dernier se crut-il suffisamment lavé du sang dont il était couvert, quand l'Eglise lui eut donné le titre de *roi très-chrétien*, qu'il transmit à ses successeurs.

Lorsque Clovis fut maître d'une partie des Gaules, les *leudes* ou les principaux chefs après lui, reçurent le gouvernement des provinces ou des villes, avec le titre de ducs et de comtes. D'autres restèrent auprès de lui et partagèrent une partie de son pouvoir. Rappelez-vous bien, camarades, que les rois francs ne furent d'abord que des chefs militaires soumis à l'élection, et dont l'autorité était fort limitée. Lorsque, plus tard, le commandement devint héréditaire, leurs droits n'eurent guère plus d'étendue [1]: ils ne pouvaient entreprendre aucune expédition sans l'assentiment des *leudes;* ceux-ci, de leur côté, devaient fournir un nombre fixé de soldats et servir eux-mêmes pendant un temps convenu. Telle fut l'origine de la féodalité, dont nous aurons à nous occuper bientôt.

Ne croyez pas, camarades, que les victoires de Clovis assurassent partout son autorité : ses expéditions n'obtinrent souvent qu'un résultat passager

---

[1] Le trait suivant, que nous rapporterons quoique bien connu, est une preuve de cette assertion, en même temps qu'il peint le caractère de Clovis. Après la bataille de Soissons, au moment où les Francs procédaient au partage du butin, saint Remi, évêque de Reims, vint en pleurant réclamer un des vases sacrés qui avaient été enlevés à l'église de cette ville. Le roi, déjà jaloux de ménager le clergé, promit de le lui faire restituer; mais un soldat s'y opposa obstinément, et déchargea un coup de sa francisque sur le vase précieux, en s'écriant : — *La part du roi dépend du sort, comme celle de tous les Francs!* Clovis dévora cet affront en silence; car son autorité s'arrêtait devant la loi commune; mais, quelque temps après, passant une revue de ses troupes, il s'approcha du soldat insolent, comme pour inspecter ses armes, et, sous prétexte qu'elles n'étaient pas suffisamment en état, il lui fendit la tête d'un seul coup de hache, en lui disant : — *Souviens-toi du vase de Soissons*

et fort incomplet. Clovis et ses guerriers s'enfonçaient dans un pays, battaient les rois et les armées qui s'opposaient à leur marche, pillaient les campagnes, les villes, et revenaient ensuite emmenant des trésors, des troupeaux, des esclaves ; mais, comme ils n'étaient pas assez nombreux pour occuper militairement un territoire trop vaste ou trop éloigné, le pays, dévasté, dépeuplé, n'en rentrait pas moins dans une entière indépendance. Tel fut à peu près le sort de son expédition contre les chefs visigoths ; sa campagne contre les Bourguignons n'aboutit guère non plus qu'à mettre tout à feu et à sang dans le pays ; et celle contre les Armoricains ne fut pas plus fructueuse.

Les armées de Francs ne se composaient que d'infanterie. La cavalerie, peu nombreuse, n'était destinée qu'à servir d'escorte au chef. Leurs armes consistaient en une épée, un javelot et un léger bouclier, qu'ils portaient suspendu au côté gauche ; puis en une hache à deux tranchants avec un manche fort court. C'est sans doute parce que cette arme était particulière aux Francs que les historiens la désignent ordinairement par le nom de *francisque*. Le fer du javelot était armé de deux crochets, à l'aide desquels on pouvait attirer le bouclier de son adversaire. L'épée ne servait qu'après qu'on avait brisé le bouclier de l'ennemi avec la hache. On n'a point de détails positifs sur le mécanisme de leur ordonnance de bataille ; mais elle devait être serrée et compacte, sans quoi il deviendrait difficile d'expliquer leurs succès contre les armées gallo-romaines, dont vous sentez bien que la cavalerie, alors très-nombreuse, eût facilement dispersé des fantassins sans ordre et sans discipline. Sur la fin du règne de Clovis et quelque temps après lui, le contact des Francs et des Gaulois changea nécessairement la manière de combattre des premiers, et ils durent adopter ce qui subsistait encore des traditions romaines. Les Francs seuls fournirent au recrutement de l'armée, jusqu'au moment où Clovis opéra le partage des terres. Les Gaulois, ayant été appelés alors à prendre part à la distribution, devinrent, par cela même, aptes à servir ; car, dès l'origine de la monarchie, l'obligation de concourir à la défense de l'état fut attachée à la propriété. Francs ou Gaulois, tous ceux qui reçurent des terres eurent donc le même intérêt à repousser une invasion.

Clovis conserva en outre aux Gallo-Romains leurs lois particulières, et rédigea pour les Francs sa loi *salique*, ainsi appelée d'une tribu des Francs nommée Saliens. Elle porte que les femmes n'auront nulle part à l'héritage des terres saliques, c'est-à-dire celles provenant de la conquête, dont la répartition était faite entre les guerriers. Cet article ayant rapport à la succession royale comme à celle des autres familles, parmi les Francs, les femmes se trouvèrent ainsi exclues du trône. La loi salique réglait aussi un tarif pour le rachat des crimes et délits ; mais les principales dispositions de ce tarif réservent aux conquérants des priviléges particuliers : par exemple, l'amende pour le meurtre commis sur l'un d'eux par un Gaulois ou un Romain est double de celle imposée au Franc qui tue un Romain ou un Gaulois. Les vainqueurs avaient fait cette loi ; elle devait les favoriser : c'était leur droit, et vous savez, camarades, qu'il est difficile de nier celui du plus fort.

Lorsque Clovis mourut, en 511, ses quatre fils, Thierri, Clodomir, Childebert et Clotaire partagèrent ses états, du consentement des Francs : Thierri, qui était l'aîné, se retira à Metz, capitale de l'Austrasie, dont il fut roi ; Clodomir régna à Orléans ; Clotaire à Soissons, et Childebert à Paris. La monarchie se trouva donc divisée en quatre royaumes. Thierri, né d'une concubine, avant le mariage de son père, était alors âgé de vingt-huit ans ; l'aîné des trois fils de Clotilde en avait à peine dix-sept.

Vous pensez bien qu'ils durent demeurer tranquilles dans leurs états respectifs jusqu'à ce qu'ils fussent devenus des hommes. Ce fut leur mère qui les engagea la première à tirer l'épée. Les désastres de Gondebaud, roi de Bourgogne, n'avaient pas encore satisfait la vengeance de Clotilde ; conservant, après la mort du prince bourguignon, la haine qu'elle lui avait vouée pendant sa vie, elle arma ses enfants contre son fils Sigismond. Clodomir, Childebert et Clotaire envahirent la Bourgogne. Sigismond, vaincu, fut massacré par ses jeunes cousins, trop fidèles à la politique de leur père. Gondemar, successeur du malheureux Sigismond, entreprit de le venger ; mais il ne réussit qu'à frapper un de ses assassins, sans lui ravir la victoire, et Clodomir, en expirant, en 525, eut encore le temps de voir la défaite des Bourguignons assurée.

Le roi d'Orléans laissait trois enfants : à peine eut-il fermé les yeux, que ceux de Paris et de Soissons songèrent à les dépouiller de l'héritage de leur père ; la mort ou le cloître, voilà le partage qu'ils destinèrent à ces pauvres enfants. Ils laissent à leur mère Clotilde le choix de l'arrêt, et comme elle s'écrie dans un moment d'exaspération qu'elle aime mieux voir ses petits-fils morts que *tondus*[1], ce mot décide de leur sort. Les fils de Clovis savent au besoin, comme lui, se passer de bourreaux ; l'aîné des enfants, qui n'a pas dix ans, est tout à coup renversé par Clotaire ; ses petites mains essaient en vain de détourner l'épée qui cherche sa poitrine, le fer s'y plonge tout entier, et n'en sort que pour s'y plonger encore. A cet affreux spectacle, le second, éperdu, se laisse tomber aux pieds de Childebert, il se traîne à ses genoux, il lui demande en sanglotant la vie... Peut-être sa prière va-t-elle être exaucée, car Childebert, qui déjà sait tuer habilement un homme, est encore novice au meurtre des enfants et recule devant cet odieux apprentissage... Mais

---

[1] La longue chevelure était le signe de la royauté chez les Francs. Les simples particuliers n'avaient pas le droit de laisser croître la leur, au delà d'une certaine longueur. Quand on voulait déposer un roi, on lui coupait les cheveux, et il devenait, par cela même, inhabile à régner. Les rois que l'on tondait ou que l'on rasait n'étaient pas pour cela voués à la vie monastique : le cloître n'était qu'une prison, et la tonsure la déchéance du trône.

Clotaire est sans pitié; il repousse son frère, arrache de ses mains la seconde victime, et l'immole sur le corps de la première.

On ignore comment le troisième fils de Clodomir parvint à échapper à ce massacre; il se retira toutefois dans un ermitage sur les bords de la Seine, et fut honoré depuis sous le nom de saint Clodoald (ou saint Cloud).

Le roi de Neustrie n'avait point pris part à cet exécrable attentat; mais le sang de Clovis coulait bien aussi dans ses veines, et Thierri ne se montra pas moins habile en trahison que ses deux frères. De violents démêlés s'élevèrent bientôt entre eux; ils se tendirent mutuellement des embûches : jusqu'à la mort de Thierri, arrivée en 534, ce fut un échange continuel de perfidie entre eux. Théodebert succède à son père; il hérite en même temps de ses querelles avec ses deux oncles, qui d'abord essaient de le dépouiller de ses états. N'ayant pu y réussir, ils forment une alliance avec lui, et ces trois princes réunis attaquent de nouveau les Bourguignons, en 535. Cette fois sera la dernière : Gondemar, vaincu, est mis à mort; les oncles et le neveu se partagent ses états.

De nouveaux débats s'élèvent bientôt à cette occasion : Théodebert est tantôt attaqué par ses deux oncles, et tantôt il prend parti pour l'un ou pour l'autre, jusqu'à ce que son fils Théodebald lui succède, en 559. Ce dernier meurt jeune à son tour. Clotaire, son grand-oncle, ayant épousé sa veuve, s'empare du royaume d'Austrasie. Childebert, roi de Paris, étant mort ensuite sans laisser d'enfants mâles, Clotaire, en 558, prend possession de son héritage, en vertu de la loi Salique; et ce prince se trouve ainsi chef de toute la monarchie de Clovis, augmentée encore de plusieurs états.

Mais il ne devait pas jouir longtemps de sa nouvelle puissance. Les trois dernières années qui s'écoulèrent avant la mort de Clotaire ajoutèrent encore aux forfaits dont son règne fut rempli, et Chramm, son fils, sembla être chargé de combler cette longue suite d'horreurs. Plusieurs fois révolté contre son père, vaincu, puis rentré en grâce, il se ligua enfin, vers 560, avec Conobre, comte de Bretagne, pour tenter une dernière rébellion. Mais Chramm ayant été battu, son père demeura, cette fois, impitoyable. Vous avez déjà vu ce dernier sourd au cri de la nature; eh bien! sa férocité sut encore trouver dans cette occasion de plus horribles inspirations. Ce n'était pas assez de la mort de ce fils coupable, il voulut que son châtiment enveloppât tous les siens. Après sa défaite, Chramm s'était réfugié dans une chaumière avec sa famille; on les cerna dans cet asile, et Clotaire y fit mettre le feu. Bientôt les flammes dévorèrent ces infortunés; leurs cris déchirants arrivèrent jusqu'au roi.... Il s'éloigna enfin.... mais un effroyable silence avait succédé: des cendres fumantes marquaient seules la place où s'était accomplie l'agonie des victimes.

Le remords arriva pourtant sur la fin de la vie

de Clotaire ; longtemps l'image de cette scène hideuse épouvanta son sommeil, et le souvenir de tous ses crimes empoisonna ses derniers instants. Vainement il crut, comme son père, étouffer les murmures de sa conscience, en fondant des églises, en dotant des abbayes; vainement il se soumit aux pratiques superstitieuses, s'entoura d'un clergé avide et lui prodigua ses trésors, pour en obtenir des indulgences ; les prêtres et les moines ne purent éloigner de son chevet ces fantômes de la peur, et, délirant, tordu sur sa couche royale, Clotaire expira en proie à de justes angoisses, en songeant à l'approche du jugement.

Les mœurs féroces des rois francs ne trouvaient que trop d'imitateurs parmi les comtes et les ducs dont le pouvoir était à peu près illimité, puisque la vie et la fortune de ceux qui dépendaient de leur ressort se trouvaient, pour ainsi dire, à leur merci. Chaque jour, en outre, l'amour du meurtre et du pillage amenait parmi les grands eux-mêmes de sanglantes querelles, dont tous les maux retombaient encore sur le peuple, sans que le roi songeât à intervenir. La censure des évêques n'était pas une arme plus puissante pour réprimer ces désordres ; quel que fût le forfait, il était rare que les prêtres se refusassent à son rachat, moyennant des présents ou des dotations religieuses ; et les prélats se prêtaient volontiers à ouvrir aux coupables la voie du salut, lorsqu'ils consentaient à fournir de l'or pour se l'aplanir. Ainsi assurés de l'impunité sur la terre et dans le ciel, les grands ne connaissaient pas de bornes à leurs crimes ou à leurs caprices les plus scandaleux.... malheur à l'habitant de leur comté et de leur duché, dont la propriété ou la femme se trouvaient à leur convenance! Vous savez si Clotaire et ses frères se faisaient scrupule d'envahir l'héritage d'autrui; ils n'étaient pas plus réservés lorsqu'il s'agissait des femmes; vous ne serez donc pas étonnés, en apprenant que Clotaire en eut jusqu'à six. Quelques évêques, plus vertueux que les autres, lancèrent en vain les excommunications contre lui et divers seigneurs, la plupart des membres du clergé donnaient eux-mêmes l'exemple d'un déréglement effréné. S'il faut enfin en croire les auteurs contemporains, il est impossible de se faire une idée du brigandage et de la perversité des Francs en général, quel que fût leur rang ou leur profession. Cela se conçoit: après les exemples qu'il puisait chez ses maîtres, vous ne devez pas vous étonner de retrouver les mêmes désordres et les mêmes vices chez le peuple, dont l'ignorance et la condition servile n'étaient pas, au surplus, des éléments bien propres à son amélioration; et, pendant longtemps encore, vous verrez la barbarie étendre ses voiles ténébreux sur le beau pays de France, si éclatant aujourd'hui de civilisation et de lumière.

Après la fin tragique de Chramm, quatre fils restaient encore à Clotaire; lorsque ce dernier fut mort, en 562, ils se partagèrent la France. Gontrand eut la Bourgogne avec l'Orléanais,

Sigebert l'Austrasie, tandis que Chilpéric obtin[t] Soissons, et Caribert, Paris. Remarquez bie[n] que, de même qu'à la mort de Clovis, ce partag[e] n'avait pu s'effectuer sans le consentement de[s] seigneurs francs qui durent y donner solennelle[-]ment leur sanction. Pour remédier un peu au[x] inconvénients de ce démembrement, ils décidèren[t] de plus que les quatre états seraient fédératifs et qu'une assemblée commune délibérerait su[r] les affaires générales de la nation. Mais à pein[e] ce partage fut-il réglé, que des guerres civile[s] éclatèrent.

Chilpéric avait d'abord espéré régner seul[,] contraint par la force à se contenter de so[n] apanage, il dut bientôt s'y trouver à l'étroit. Le[s] prédécesseurs de ce prince sur le trône n'avaien[t] que trop prouvé combien les liens du sang et l[a] foi jurée étaient, pour ce temps, de fragile[s] barrières, aussi ne se fit-il pas le moindre scru[-]pule, en 565, d'envahir le royaume d'Austrasie pendant que son frère Sigebert était occupé [à] guerroyer de l'autre côté du Rhin. Il fallut l'in[-]tervention des deux autres frères pour termine[r] ce débat. Une nouvelle occasion de s'agrandi[r] ne tarda pas à s'offrir à l'ambitieux Chilpéric[.] Caribert, roi de Paris, venait de mourir, en 567[,] après un règne de cinq ans. Comme il ne laissai[t] que des filles, l'article de la loi Salique que nou[s] avons cité fut une seconde fois appliqué à l[a] succession du trône ; l'héritage revint donc au[x] trois frères.

Gontran, Sigebert et Chilpéric partagèrent l[e]

royaume de Paris; mais, n'ayant pu s'accorder sur la possession de la ville même, ils convinrent que chacun des trois souverains en aurait une partie. L'exécution de ce traité était difficile et ne pouvait manquer de susciter des différents qu'il faudrait encore résoudre par la force des armes; c'est ce qui arriva. Chilpéric, après plusieurs tentatives infructueuses contre ses frères, essaya de nouveau d'attaquer Sigebert avec l'appui du roi d'Orléans; cette alliance ne réussit pas: Sigebert défit complétement ses deux frères. Il avait laissé Gontran se réfugier à Tours; mais il poursuivit Chilpéric avec acharnement jusqu'à Tournay, où il l'assiégea. Cette ville allait tomber au pouvoir de Sigebert, lorsqu'il fut assassiné dans sa tente.

Jusqu'ici, camarades, en parcourant cette esquisse fidèle des premiers temps de la monarchie française, vous avez trouvé chaque page souillée du récit d'atroces perfidies ou d'attentats révoltants, et pourtant notre tâche est à peine commencée: des hommes seuls ont été les principaux auteurs de ces sanglantes tragédies....... voici maintenant que des femmes vont entrer en scène, et vous jugerez, camarades, si elles savent bien remplir leur rôle sur ce théâtre d'infamie et d'horreurs.

En 565, Sigebert avait épousé Brunehaut, fille d'un roi visigoth qui régnait en Espagne; trois ans après, Chilpéric prit pour femme Galswinde, seconde fille de ce prince. Fière de porter une couronne dans le royaume de France, où déjà régnait sa sœur, la jeune espagnole quitta sans regret sa patrie, et arriva joyeuse dans les états de son fiancé : elle était loin de prévoir qu'elle s'y était déjà fait une ennemie qui bientôt devait causer sa mort. Le nouveau mariage de Chilpéric ne l'empêcha pas de conserver auprès de lui sa maîtresse Frédégonde, dont l'empire sur son esprit était presque sans bornes. Cette femme, qui avait espéré s'asseoir avec lui sur le trône, ne put pardonner à une autre d'y monter à sa place; elle jura que Galswinde ne serait pas longtemps un obstacle à son élévation. Cédant à ses insinuations, Chilpéric se résolut à un divorce ; mais sans doute que ce moyen parut trop lent à l'impatiente Frédégonde, car un matin on trouva Galswinde étranglée dans son lit. On est aussi autorisé à croire que Chilpéric ne fut pas étranger à cet assassinat ; car, quelque temps après, Frédégonde reçut enfin ce titre de reine, objet de tous ses vœux. Quoi qu'il en soit, la sœur de la victime, Brunehaut, reine d'Austrasie, persuadée de cette complicité, voua dès lors une haine éternelle aux deux époux. Cette inimitié fut la source d'une série de crimes réciproques ; et, dans cette lutte acharnée, vous trouverez le cœur de Brunehaut aussi riche en atrocités que les coupables que poursuit sa vengeance.

Le premier acte de ce drame de sang fut l'assassinat de Sigebert, lorsqu'il allait s'emparer de Tournai, où Chilpéric s'était réfugié. Et maintenant que vous connaissez Frédégonde, la digne épouse de ce dernier, est-il besoin de vous nommer la main qui arma les meurtriers?.... Avec la nouvelle de cet audacieux attentat, la terreur se répand dans tout le camp du roi d'Austrasie; ses troupes, privées de leur chef, se dispersent en désordre; Chilpéric, dégagé, les poursuit à son tour, et marche droit sur Paris, où la reine Brunehaut est restée avec son fils Chidebert, âgé de cinq ans. Cette princesse apprend en même temps la mort de son époux et la défaite de son armée. Elle attendait à Paris le retour de Sigebert triomphant: c'est Chilpéric qui va, dans quelques instants, en franchir les portes. La reine songe d'abord au salut de Childebert; les moments sont précieux; quelques officiers dévoués restent encore auprès d'elle: l'un d'eux se charge de descendre l'enfant du haut de la muraille dans une corbeille. Childebert est sauvé!

Brunehaut avait cherché un asile dans la cathédrale; elle tomba entre les mains de Chilpéric et de Frédégonde, qui n'osèrent pas lui ôter la vie, et se contentèrent de l'envoyer en prison à Rouen. La veuve de Sigebert n'était âgée que de vingt-huit ans; sa beauté conservait encore tout son éclat, et ses charmes avaient produit la plus vive impression sur le cœur de Mérovée, fils de Chilpéric. Ce prince se rendit à Rouen, brisa ses chaînes, et l'épousa. Childéric, furieux, atteint les fugitifs; on les sépare, et le roi fait tondre son fils, qu'il jette dans un cloître. Mérovée s'évada plus tard de ce monastère; mais, livré par des traîtres vendus à Frédégonde, ce jeune homme, prêt à tomber sous les coups des assassins, préféra recevoir la mort d'une main amie; et ce fut un serviteur qui lui rendit ce dernier service. Quant à Brunehaut, elle échappa encore une fois à la haine de Frédégonde, parce que les seigneurs austrasiens la réclamèrent pour élever son fils Childebert, qui, sauvé, comme vous venez de le voir, avait été couronné à Metz.

Chilpéric avait perdu, presque au berceau, deux fils qu'il avait eus de Frédégonde; Clovis, frère du malheureux Mérovée, lui restait seul; mais Frédégonde le soupçonnait d'être mal disposé contre elle. Il périt à son tour assassiné. Cependant le roi d'Austrasie, devenu grand pendant ce temps, s'allie à son oncle Gontran contre Chilpéric; mais bientôt, et par une de ces versatilités si communes dans la carrière des ambitieux, c'est avec l'assassin de son père qu'il se ligue.

La paix est enfin signée en 584 entre les trois rois. Chilpéric, qui s'est maintenu à Paris, profite du répit que lui laissent ses ennemis pour se livrer, à son aise, à tous ses goûts de cruautés et de débauches; chaque jour il semble inventer de nouveaux moyens d'oppression : c'est une lutte entre Frédégonde et lui à qui sera le plus ingénieux à commettre le mal. Le clergé, si respecté, si puissant, n'est pas entièrement à l'abri de la tyrannie de ce caractère farouche; et si l'ignorante superstition de Childéric ne lui imposait ses terreurs, peut-être irait-il chercher des martyrs au sein de cette classe si vénérée; puis courbé, dans d'autres moments, sous la crainte de l'enfer, il cède, ainsi que ses devanciers, à l'ascendant qui subjugue son siècle, et, comme eux, il bâtit des églises et enrichit des monastères.

Mais la main qui avait frappé tant de victime autour du trône de Chilpéric devait tôt ou tard adresser plus haut ses coups. Un jour que le roi est entré sans être entendu dans l'appartement de Frédégonde, qui est à sa toilette, celle-ci l'ayant pris pour Landry, maire du palais, avec lequel elle entretient une liaison coupable, lui a adressé, sans se retourner, de tendres paroles sur le sens desquelles le roi n'a pu se méprendre. Chilpéric sort sans répondre et part pour la chasse. Mais l'épouse criminelle s'est aperçue de son erreur; il faut que celui qu'elle a offensé meure; Landry se chargera de prévenir la vengeance du monarque irrité, et, le soir même, Chilpéric tombe, en revenant au palais, sous le fer des assassins qui ont été l'attendre dans la forêt de Chelles [1].

Pendant ce temps, Childebert et sa mère Brunehaut marchaient sur Paris. Frédégonde, sur le point de tomber au pouvoir de son implacable ennemie, est sauvée par Gontran, son beau-frère, qui consent à faire couronner son fils Clotaire, âgé seulement de quatre mois. Ici commence à se dérouler un tissu de meurtres et d'intrigues ténébreuses où Frédégonde et Brunehaut se montrent dignes l'une de l'autre : je n'entreprendrai pas de

---

[1] On voit encore près de ce bourg un quartier de roches appelé la *Pierre de Chilpéric* ; et l'on raconte qu'elle fut couverte du sang de ce monarque, tombé sous les coups de Landry.

vous conduire dans cet inextricable dédale, et nous nous bornerons à enregistrer les faits les plus importants.

Frédégonde a plusieurs fois attenté à la vie de Childebert ; lorsque Gontran, qui meurt sans enfants, en 593, lègue à ce prince les royaumes d'Orléans, de Bourgogne et la moitié de Paris, Frédégonde, ne pouvant s'y opposer, essaie de lui susciter partout des ennemis. En 596, le roi d'Austrasie succombe empoisonné, laissant ses deux enfants sous la tutelle de Brunehaut, leur grand'mère. L'année suivante met enfin un terme à la vie et aux complots de Frédégonde ; le ciel permet que ce soit dans son lit que cette furie trouve une mort paisible après tant de forfaits.

Vous allez maintenant apprendre quelle fut celle de Brunehaut, qui lutta si longtemps de fureur avec elle. Nommée tutrice des enfants de Thierri, son petit-fils, qu'elle venait d'empoisonner, Brunehaut entreprit une nouvelle guerre contre Clotaire II, l'enfant de sa rivale ; mais les grands, sur lesquels elle croyait pouvoir compter, se détachèrent d'elle tout à coup. La vieille reine n'était pas novice dans l'art de se débarrasser des récalcitrants ; déjà le poison était préparé, le fer des assassins à ses gages était levé pour frapper... Les conjurés la prévinrent : elle fut livrée à Clotaire avec ses jeunes pupilles. Pour vous apprendre le sort de ces derniers, il suffit de vous rappeler les sanglantes traditions suivies dans la race de Clovis : Clotaire fit égorger ces enfants sans remords comme sans miséricorde.

Quant à Brunehaut ce fut avec plus d'appareil qu'il prépara sa mort : aux accusations d'empoisonnements et de meurtres qu'on produisit solennellement contre elle, la reine n'avait point cherché à répondre, car elle n'ignorait pas que son jugement était prononcé d'avance. Livrée à la populace, elle fut exposée, nue et garrottée, sur un chameau qu'on promena par tout le camp, et pendant trois jours chacun put, à son gré, la frapper ou l'abreuver d'outrages.... Ces barbares l'attachèrent enfin à la queue d'une cavale indomptée qui broya dans sa course furieuse la chair et les os de cette malheureuse princesse, et sema par toute la campagne les sanglants débris de celle qui avait été fille, épouse et mère de tant de rois.

Telle fut la fin bien différente de ces deux femmes, dont l'inimitié fit couler tant de sang et de larmes. A coup sûr celle qui trouva une mort si douce ne fut pas la moins coupable ; ce fut elle, du moins, dont la perversité, donnant de trop légitimes sujets de ressentiment à la seconde, lui ouvrit la longue carrière de forfaits où plus tard elles marchèrent en égales. Frédégonde, en outre, ne fut célèbre que par ses fureurs, tandis que l'Austrasie dut à Brunehaut quelques bienfaits : on peut citer, par exemple, ses efforts en faveur du commerce auquel le défaut de communication apportait alors tant d'entraves. Elle fit réparer plusieurs voies romaines dont on retrouve des vestiges entre Metz et Paris, et ces chaussées, dites de Brunehaut, furent encore, pendant environ quatre cents ans, les seuls chemins praticables qui existassent dans cette direction.

Clotaire, que Brunehaut avait poursuivi toute sa vie de ses coups, recueillit le fruit des crimes de sa tante, après la mort de cette dernière, et la monarchie se trouva encore une fois réunie sous le sceptre d'un seul. Mais l'autorité du monarque n'eut pas une égale étendue dans tous ses états : les Austrasiens et les Bourguignons voulurent continuer à être régis par leurs lois et leurs seigneurs ; menaçant de continuer la guerre si ces conditions étaient rejetées, en sorte que Clotaire II ne fut en réalité souverain que dans les provinces qu'il possédait déjà, et dont la réunion formait le royaume de Neustrie. L'Austrasie et la Bourgogne restèrent sous le gouvernement immédiat de leurs maires respectifs. Tant que Clotaire vécut, sa politique adroite parvint pourtant à contrebalancer le pouvoir de ces derniers ; mais il commit la faute de rendre leurs fonctions inamovibles, de temporaires qu'elles avaient été jusque-là ; et vous allez voir bientôt les inhabiles successeurs de Clotaire laisser, chaque jour, s'accroître, à leur détriment, l'autorité de ces grands dignitaires, jusqu'à ce qu'elle soit parvenue à renverser entièrement la leur.

Bien qu'on puisse reprocher à Clotaire le meurtre de ses petits cousins et d'autres actions aussi coupables, il faut lui reconnaître pourtant des inclinations moins cruelles que celles de tous les rois de sa race : las sans doute des hostilités et des troubles continuels qui avaient signalé si longtemps son règne, il montra, quand il fut le seul maître, des vues pacifiques, et s'occupa de sages institutions. Clotaire Ier avait commencé à réunir en un corps de loi toutes les ordonnances qui étaient en vigueur dans le royaume; Clotaire II continua cet ouvrage qu'on appela ses *Capitulaires*, et il le soumit à la sanction d'un concile, où siégèrent trente-trois évêques et trente-quatre ducs. C'est lui qui établit aussi l'usage de convoquer à différentes époques de pareilles assemblées, où l'on délibérait sur les affaires publiques. Les avis et les demandes des membres qui les composaient étaient soumis au roi qui décidait seul. Ajoutons que ces séances, dont l'usage se maintint, prirent le nom de *plaids* ou *parlements ambulatoires*. Ces diverses mesures apportèrent nécessairement plus d'ordre et de tranquillité dans la monarchie; les mœurs commencèrent enfin à s'adoucir un peu.

Clotaire mourut en 628, et son fils Dagobert lui succéda. A ce nom, camarades, je vous ai vu sourire; vous vous êtes tous rappelé la chanson populaire, et vous songez d'abord au *travers* que le bon saint Éloi vient si à propos lui conseiller de redresser... J'ignore, comme vous, l'origine de cette vieille plaisanterie; mais nous aurons, par malheur, des torts plus graves à reprocher au héros de ces couplets. La justice exige cependant que nous levions, avant tout, ce masque de niaise bonhomie que le poëte lui jette joyeusement sur la face : la vie de Dagobert fut à la vérité un singulier mélange de traits recommandables et de mauvaises actions, où le mal, à coup sûr, domine; mais quand vous saurez mieux son histoire, vous ne pourrez au moins vous refuser à lui reconnaître des lumières et un discernement au-dessus de son siècle.

Si nous faisons donc au règne de Dagobert une large part pour le mal, nous en laisserons une aussi pour le bien, et nous vous présenterons d'abord ce prince s'occupant activement du bien-être de ses sujets. La nature l'a doué de passions violentes, impérieuses : les femmes et la débauche ont pour ses sens un attrait irrésistible. Eh bien ! levé dès l'aurore, retiré seul au fond de son appartement, qu'éclaire une lampe, vous le verrez, jeune encore, se livrer à l'examen consciencieux des demandes et des besoins de tous, et, plusieurs fois dans la semaine, rendre lui-même la justice en des séances publiques : héritier de la sagesse de son père, il a compris, comme lui, la nécessité d'imposer le frein des lois aux mœurs barbares de son temps. Vous le verrez aussi appliquer sa maturité au travail que ses prédécesseurs n'ont qu'ébauché, et publier enfin un code complet appelé *Ripuaires*, recueil où sans doute sont émises d'étranges idées sur la justice ; lois bizarres pour qui voudrait les commenter de nos jours, mais qui attestent pourtant chez Dagobert un esprit de progrès ainsi qu'une vive sollicitude pour ses peuples qu'on ne trouve pas chez ses devanciers. Nous vous présenterons encore le monarque français encourageant l'industrie dans ses états, et attirant à sa cour ceux qui se distinguent par des capacités commerciales. C'est ainsi qu'un marchand juif nommé Salomon a la charge de receveur général du fisc de ce prince, et que celle de *monétaire*, ou trésorier de la couronne, est occupée par cet Éloi dont la chanson vous révèle l'historique importance. Éloi, d'abord simple orfévre, devient ensuite évêque et saint après sa mort. Je ne vous parlerai que de ses connaissances financières et de son talent comme adroit ouvrier. Car il est à croire, d'après le grand nombre des saints qui s'introduisent à cette époque dans le calendrier, que cet honneur s'accorda parfois à des vertus d'une qualité douteuse ; mais, au milieu de la dépravation générale, elles pouvaient paraître de meilleur aloi, en vertu de ce proverbe que, parmi les aveugles les borgnes sont rois.

Bref, Éloi, que l'on croit né aux environs de Limoges, n'était d'abord connu que par l'excellence de ses ouvrage d'orfévrerie, lorsqu'il parut, encore jeune, à la cour de Clotaire II. Il portait alors des ceintures d'or enrichies de pierreries, et étalait un luxe inouï. Dagobert, ami du faste et de la magnificence, voulut posséder de semblables joyaux. Des richesses inestimables furent mises à la disposition de l'habile ouvrier, et les trois femmes du roi, ainsi que ses nombreuses concubines, se parèrent bientôt de joyaux où l'or et les pierreries étincelaient sous mille formes. Les auteurs de ce temps citent également avec enthousiasme un trône d'or massif et cent petites figures du même métal, sorties des mains d'Éloi, qui devint le favori et le ministre de Dagobert. Il est assez probable que ces historiens se sont plu à embellir la vérité avec leur exagération ordinaire ; nous n'admettrons que la moitié de leurs récits. Cependant, depuis les commencements de la monarchie, les Francs aimaient à se couvrir de bijoux, de colliers d'or, d'armes richement ornées et de baudriers garnis de pierres précieuses. Toutes ces richesses provenaient du commerce du Levant, que des relations avec les empereurs de Constantinople avaient favorisé dès le règne de Clovis. Elles venaient aussi des dépouilles de l'Italie, où tous les peuples barbares avaient fait une ample moisson de butin. Une grande affluence de marchands étrangers Juifs ou Syriens, Lombards ou Espagnols, accouraient de toutes parts dans les Gaules, à travers mille dangers qui les attendaient sur la route, semée partout de pillards. Vous sentez bien que ce qu'ils avaient sauvé de la rapacité si générale parmi les Francs, ils le leur vendaient à un prix proportionné ; et de forts bénéfices les dédommageaient encore de leurs tribulations, malgré les droits énormes que le souverain percevait sur eux à sa fantaisie.

Ici nous allons entrer dans la série de mauvaises actions que l'on reproche à Dagobert. L'empire qu'il avait su prendre sur ses vicieux penchants dans sa jeunesse ne s'évanouit que trop vite, pour faire place aux dérèglements et à la débauche : nous avons parlé de son opulence et des prodigalités de sa cour, il faut bien vous apprendre à présent la source impure qui les alimentait. Les revenus de ses terres et ceux qu'il tirait du commerce, ainsi que je viens de vous le dire; les contributions qu'il frappait, enfin, selon ses caprices, ne suffirent bientôt plus pour remplir ses coffres sans cesse épuisés par ses habitudes fastueuses ; Dagobert chercha des ressources nouvelles dans des exactions plus révoltantes peut-être que celles dont Chilpéric et Frédégonde avaient donné l'exemple, confisquant les biens des particuliers, sous mille prétextes; usurpant même ceux du clergé ; et tout moyen devint bon au prodigue monarque pour satisfaire ses goûts ruineux.

Les exploits militaires de Dagobert ne le relèveront pas beaucoup à vos yeux : il repoussa pourtant les Saxons et d'autres peuples du Nord qui inquiétaient les frontières de l'Austrasie. Mais s'il acquit peu de gloire dans ces expéditions, il en rapporta une réputation de cruauté bien méritée; car, vainqueur farouche, il avait fait massacrer tous les habitants des contrées soumises dont la hauteur dépassait celle de son épée. Dans le même temps, des peuples émigrés des bords du Danube étant arrivés au nombre de vingt mille sur la frontière, demandèrent la permission de s'établir sur les terres de la Gaule; on les autorisa à y passer l'hiver, et on les répartit parmi les habitants. A peine étaient-ils installés sans défiance chez leurs hôtes, qu'un ordre du roi parvint à ces derniers, et, le lendemain, le soleil, en se levant, les trouva occupés à enterrer vingt mille cadavres. — *Je ne savais que faire de cette population*, dit froidement le roi; *ce sera pour fumer nos terres.*

Ce dernier trait suffit pour faire pencher du côté du mal la balance déjà bien chargée, et vous ne vous étonnerez plus qu'en 638, lorsque Dagobert mourut, il emportât la haine de tous ses sujets dans la tombe qu'il s'était réservée en fondant la riche abbaye de Saint-Denis; car ce prince porta encore plus loin que les autres rois de sa race le goût des fondations et dotations religieuses, suivant du reste en cela les conseils de son ministre saint Éloi qui, dans son zèle pieux, ne croyait jamais faire assez. Aussi se chargea-t-il avec empressement de la fabrication des lames d'argent dont le faste absurde de Dagobert voulut couvrir l'église de cette même abbaye de Saint-Denis... Vous savez trop, camarades, qui fournit la matière et qui paya la façon.

Avec Dagobert s'évanouit la gloire des Mérovingiens; elle dut s'abaisser devant celle des maires du palais. Commandant les armées, gouvernant l'état, ceux-ci ne laissèrent bientôt aux rois que les vains honneurs d'un rang dont ils avaient usurpé la puissance; puis, quand ils eurent bien habitué le peuple à ne plus envisager les souverains que comme des machines sans volonté, sans pouvoir, revêtues seulement des insignes de la royauté, ils se lassèrent de rendre un hommage dérisoire à ces fantômes de rois, et brisèrent l'idole pour se mettre à sa place. Pendant plus d'un siècle, nous n'aurons plus à signaler que désordre et qu'anarchie. Au milieu de ce bouleversement les lois tombent dans l'oubli; les mœurs, qui tendaient à s'améliorer, s'abrutissent, et l'ignorance devient de plus en plus profonde : c'est un chaos enfin où l'on a peine à démêler autre chose que de la boue et du sang... Nous traverserons au pas de course cette période déplorable pendant laquelle les descendants dégénérés de Clovis laissèrent glisser de leur tête la couronne que sa forte main leur avait léguée.

Deuxième Soirée.

Rois fainéants. — Maires du palais. — Charles Martel. — Les Sarrasins. — Mahomet et sa religion. — Bataille de Tours. — Rois de la seconde race. — Pépin le Bref. — Premier sacre d'un roi de France. — Charlemagne. — Les Saxons. — Witikind. — Roncevaux. — Mort de Roland. — Empire d'Occident. — Son étendue. — Capitulaires de Charlemagne. — Arts, sciences, inventions. — Ecoles publiques. — Civilisation des Arabes. — Art militaire. — Cavalerie. — Armures. — Marine.

Dagobert avait, de son vivant, associé son fils à l'empire, en le faisant proclamer roi d'Austrasie, encore enfant. A la mort de son père, ce prince conserve le trône, et son frère Clovis II reçoit en partage la Neustrie et la Bourgogne. Il règne d'abord sous la tutelle de sa mère Nanthilde, qui gouverne conjointement avec Egra, maire du palais ; puis, à travers une foule d'intrigues et d'événements obscurs, l'autorité royale va toujours en décroissant. En Austrasie comme en Neustrie, les rois, retirés au fond de leurs palais avec leurs maîtresses ou des moines, cessent tout à fait de s'occuper des affaires publiques, mais ils fondent toujours beaucoup de couvents. Pendant ce temps, les maires du palais exercent l'autorité suprême dans les Gaules, au nom de plusieurs rois qu'il suffira de vous nommer, tant leur règne est vide et n'existe réellement que de nom. Ce sont Clotaire III, Dagobert II, Childéric II et Thierri III. Une femme seule apparaît, au milieu de ces princes si nuls, qui mérite d'être tirée de l'oubli dans lequel nous les laisserons volontiers : c'est Bathilde leur mère. Veuve de Clovis II, cette princesse gouverna avec autant de sagesse que de modération et parvint à comprimer pour un temps l'ambition d'Ebroïn, maire du palais; mais, contrainte de céder à cet homme arrogant et insatiable, elle se retira à l'abbaye de Chelles dont elle était la fondatrice.

Après la retraite de Bathilde, Ebroïn exerça par tout le royaume une véritable tyrannie. Childéric II retrouva pourtant, en 670, un parcelle d'énergie. Soutenu par Léger, évêque d'Autun, et par une grande partie des seigneurs, il entreprit de punir le maire du palais : une guerre civile s'ensuivit, dans laquelle Ebroïn fut battu et n'échappa à la mort qu'en se réfugiant dans un cloître. Il en sortit bientôt altéré de vengeance; vainqueur à son tour de Léger, qui avait armé contre lui Chilpéric, Ebroïn lui fit crever les yeux, couper les lèvres, et enfin percer le cœur. Le maire du palais gouverna ainsi la Gaule jusqu'en 686. Les grands se lassèrent pourtant du despote; il tomba cette fois sous le poignard de l'un d'eux. Ils ne firent que changer de tyran, mais au moins la gloire de leur nouveau maître pouvait faire oublier son usurpation.

Thierri III régnait en Neustrie. Les Austrasiens refusèrent de se soumettre à lui ou plutôt à ses maires; ils se choisirent deux chefs indépendants qui reçurent le titre de *princes et ducs des Francs*. Martin, l'un de ces ducs, périt en combattant, dans les troubles qui suivirent cet événement. Le second, nommé Pépin d'Héristall, fils d'un Pépin qui avait été maire sous Dagobert, remporta une victoire complète sur les troupes de Thierri, et le poursuivit jusqu'à Paris, où il le fit prisonnier. Devenu maître de la monarchie entière, sous le nom de maire du palais, le duc des Francs n'abuse pas de son pouvoir, il gouverne l'état avec sagesse; mais, à dater de ce moment, c'en est fait de la royauté : les rois francs qui succéderont à Thierri seront, comme lui, flétris du nom de *fainéants* dans la postérité.

Les voyez-vous sur ce char que traînent quatre bœufs? ils s'en vont ainsi, lentement promenés par la ville, avec la couronne enrichie de pierreries sur la tête, et le manteau de pourpre sur les épaules; leur main tient aussi le sceptre, et le peuple, qui a reconnu de loin la longue chevelure parfumée qui distingue leur race, accourt pour contempler les descendants de ses anciens maîtres... Mais s'il a quelque chose à réclamer du pouvoir; si les gouvernés ont à demander protection ou justice... le peuple passe : c'est plus loin qu'ils iront, car ils ont compris que ces attributs de la royauté ne sont plus que des hochets entre les mains de ces jeunes hommes débiles; et, pour que leurs vœux soient exaucés, c'est à celui qui peut tout parce qu'il est fort, c'est au duc des Francs, c'est à Pépin enfin qu'ils s'adresseront.

Habile général et ferme en ses vues politiques, Pépin gouverna vingt-sept ans le royaume avec autant de prudence que de courage, et se montra véritablement un esprit supérieur. Les Frisons et les Allemands qui avaient osé tenter plusieurs incursions à travers les Gaules, furent battus dans toutes les rencontres; Pépin, à son tour, porta chez eux la guerre et fit de ce côté quelques conquêtes. Ainsi s'écoulèrent, avec l'appui de son épée et à l'ombre de ses lauriers, les règnes dérisoires de Clovis III, de Childéric III et de Dagobert III, jusqu'en l'an 714 que le duc des Francs mourut.

Pépin ayant perdu ses deux fils, sa succession échut à Théobald son petit-fils, encore enfant, qu'il avait fait nommer maire du palais de Dagobert III. Parmi les prérogatives fatales à la royauté que les maires avaient successivement envahies, vous comprenez, camarades, que celle de rendre leur charge héréditaire ne fut pas la moins dangereuse. Plectrude, veuve de Pépin, exerça dans cette circonstance une sorte de régence. Le premier acte de son pouvoir fut de faire emprisonner Carle ou Charles, fils naturel du défunt, dont elle redoutait les prétentions. Mais la nation se lassa bientôt d'obéir à une femme; Charles saisit ce moment pour tenter une évasion qui réussit. Doué d'une volonté forte et d'un génie persévérant, il parvient à rassembler une armée avec laquelle il bat les troupes de sa belle-mère. Les Austrasiens l'accueillent comme un libérateur; il reçoit d'eux ce titre de duc des Francs, couvert par son père d'une gloire que la sienne doit effacer encore. Rainfroi, maire du palais de Neustrie, veut défendre contre lui l'autorité de Chilpéric II, fils de Childéric II assassiné, en 673, par un seigneur nommé Bodillon; mais l'armée de Neustrie n'est pas longtemps un obstacle à l'élévation de Charles, et Chilpéric s'enfuit en Lorraine. Devenu maître absolu, le duc des Francs veut bien jeter à un autre cette couronne dont il se réserve seul la suprême puissance. Il a d'abord mis sur le trône un Clotaire IV; mais ce prince n'ayant pas vécu, il consent à rappeler Chilpéric II de la Lorraine. Il rend à l'exilé son titre de roi et continue de régner à sa place, sous celui de maire du palais. Charles traite aussi avec Rainfroi, auquel il abandonne l'Anjou, et avec sa belle-mère Plectrude, qui se retire paisiblement dans les terres qu'elle a reçues de lui en Austrasie.

Débarrassé de ces diverses rivalités, Charles gouverna dès lors sans entraves et put parcourir cette longue carrière de hauts faits qui lui ont valu le surnom de *Charles-Martel*, parce qu'il frappait ses ennemis sans relâche, comme le forgeron frappe sur l'enclume. Les évêques et le clergé avaient jusqu'alors possédé tout pouvoir auprès des monarques francs, qui leur prodiguaient à l'envi de l'or et des terres. Mais le règne de Charles fut celui des guerriers. Son âme martiale et dégagée de superstition pensa qu'il était juste d'accorder ses libéralités à l'armée, dont le sang payait chacune de ses victoires ; chefs et soldats furent d'abord largement récompensés : ils eurent les richesses, les terres dont il pouvait disposer... et puis, quand il n'eut plus rien à donner, ce fut les domaines des moines et du clergé qu'il mit à contribution. Les biens des couvents, les dîmes des paroisses passèrent ainsi dans les mains des troupes auxquelles les dignités ecclésiastiques étaient accordées en même temps que leurs revenus : les plus braves obtinrent des évêchés ; d'autres se contentèrent du titre d'abbés ; on vit même des capitaines et des soldats revêtus de ce titre d'abbé, relativement à des monastères de filles.

Est-il besoin de vous dire, camarades, que les guerriers ne pouvaient manquer de servir avec zèle sous un pareil général ? Dans toutes les expéditions qu'il entreprit, ils ne s'épargnèrent pas pour assurer son triomphe ; et ce qu'il perdit en prières du clergé mécontent, les soldats le lui rendirent bien, en frappant plus fort sur ses ennemis. Les Saxons se trouvèrent plusieurs fois à même de juger, à leurs dépens, de cette compensation. Repoussés jusque dans leur pays et contraints par le duc des Francs à lui payer un tribut, ils s'unirent avec plusieurs peuples allemands de leur voisinage pour revenir à la charge ; mais cette ligue, bien que menaçante, se brisa pourtant encore sous la hache d'armes du terrible Charles, qui pénétra jusqu'au fond de leurs forêts et revint chargé d'un immense butin.

Durant le cours de ces exploits, notons, pour mémoire seulement, que Chilpéric était mort à Noyon, en 721, et que Charles assit un enfant sur le trône. C'était Thierri IV.

Mais pendant que Charles était ainsi occupé dans le nord des Gaules, un effrayant orage éclatait sur le midi, où des masses innombrables de Sarrasins franchissaient les Pyrénées pour se précipiter sur la France. Je vous ai conté les commencements de la religion chrétienne, et comment elle s'est propagée dans notre patrie; vous serez peut-être curieux d'avoir aussi quelques détails sur l'origine de la croyance musulmane, qui faillit alors renverser celle du Christ dans les Gaules, et y élever ses mosquées sur les ruines de nos églises. Nous aurons plus tard occasion de retrouver les Sarrasins; il s'agit maintenant de vous apprendre par quel concours d'événements ces enfants de l'Asie vinrent fondre sur notre Europe, à la fin du septième siècle et au commencement du huitième : quelques mots sur leur prophète trouvent ici naturellement leur place.

Mahomet naquit à la Mecque, en Arabie, l'an 569, quelque temps après la mort de Clotaire Ier dans les Gaules. Ses premières années s'écoulèrent dans l'obscurité, et ce ne fut qu'à l'âge de quarante ans qu'il déploya des talents qui le rendirent supérieur à ses compatriotes. Le culte des Arabes était, de temps immémorial, celui des astres; un grand nombre de juifs s'étaient depuis établis parmi eux, plusieurs sectes de chrétiens étaient enfin répandues autour de leur pays. Mahomet, qui avait profondément médité sur ces trois religions, conçut le projet de s'ériger en prophète, prétendant rétablir le culte simple d'Abraham dont il se disait descendu, et rappeler les hommes à la croyance d'un seul Dieu partout défigurée suivant lui. Frappé de ces idées, qu'il débitait de bonne foi avec une éloquence vive et forte, il trouva de merveilleux auxiliaires dans l'ignorance, la crédulité et les dispositions à l'enthousiasme des Arabes. Ses premiers disciples furent dans sa famille, et le nombre s'en augmenta rapidement ; mais en même temps il se suscita des ennemis dont les persécutions le contraignirent à quitter la Mecque. Mahomet, condamné à mort, s'enfuit à Médine. Cette fuite, qu'on nomme *l'Hégire*, devint l'époque de sa gloire et de la fondation de son empire [1].

De fugitif, le prophète est bientôt conquérant. Les partisans accourent en foule à sa voix ; c'est à la tête d'une formidable armée, qu'en 629, il rentre à la Mecque, où il voit ses ennemis à ses pieds. Depuis ce temps, Mahomet joint la force des armes à celle de la parole : maître de toute l'Arabie, il étend ses conquêtes sur les pays voisins, et sa religion est à jamais fondée dans cette partie de l'Orient, lorsqu'il meurt à Médine, en 632, et l'an 10 de l'hégire. Ses successeurs n'ont plus qu'à s'élancer dans la voie qu'il leur a tracée. Ces

---

[1] C'est de là que les Musulmans datent leur ère. Elle correspond au vendredi 16 juillet 622 de l'ère chrétienne.

vicaires du prophète y marchent aussitôt avec une rapidité sans exemple : le fanatique enthousiasme des Arabes en a fait autant de héros qui se jettent en aveugles au milieu des hasards des batailles ; car c'est pour eux article de foi, que nul danger ne saurait les atteindre, s'il est écrit qu'ils ne doivent pas mourir, et le Koran [1] a promis à ceux qui tomberont un paradis où les attendent toutes les joies. Ils chassent ainsi partout les Romains devant eux, donnant aux peuples le choix de payer un tribut ou d'embrasser leur foi. La Syrie, la Phénicie, Jérusalem sont soumises. La Perse et l'Egypte entière ont le même sort ; et les conquérants, poursuivant leur course, se rendent maîtres de toute la partie de l'Afrique qui avait appartenu aux Romains.

Le détroit qui reçut depuis le nom de Gibraltar, séparait encore les Arabes de l'Europe ; peut-être n'eussent-ils pas songé à franchir cette barrière ; la vengeance irréfléchie d'un seigneur espagnol les détermina à cette entreprise. Roderic, roi visigoth, qui régnait en Espagne, avait déshonoré la fille du comte Julien. Celui-ci, trop faible pour venger cet affront, sollicita le secours de ces terribles voisins, qui venaient de jeter les fondements de la ville de Maroc. Les Arabes, appelés aussi Sarrasins, passent aussitôt cette mer où s'était arrêtée leur marche irrésistible, et leur général Tarik gagne en 712, dans les plaines de l'Andalousie, la

---

[1] Le *Koran*, que les Arabes appellent *Al Koran*, est le livre sacré des nations musulmanes.

bataille de Xères, ou le roi visigoth perd son royaume avec la vie. En quatorze mois l'Espagne entière est soumise à l'empire des Califes, successeurs de Mahomet, à l'exception des cavernes et des rochers de l'Asturie, où Pelage, parent de Roderic, s'est réfugié avec quelques guerriers. Les Sarrasins renoncèrent à les poursuivre dans ces retraites sauvages, et Pelage fonda, au milieu de ces montagnes, un petit royaume, où ses successeurs se maintinrent.

Mais les Sarrasins ne voulaient pas s'en tenir à ce succès : du haut des Pyrénées, Abdérame, émir ou gouverneur de l'Espagne, s'élance avec des forces considérables sur les Gaules, et s'avance vers le centre de la France, après avoir battu Eudes, duc d'Aquitaine, et semé partout l'effroi sur son passage. A Charles Martel était réservée la gloire de sauver le pays. Les bataillons serrés des Francs arrêtèrent ce torrent entre Tours et Poitiers. Là se livra, en 732, une des plus sanglantes batailles dont on ait conservé la mémoire. Abdérame trouva la mort dans la mêlée, où les chroniqueurs du temps affirment que deux cent mille Sarrasins périrent. Mais il nous est permis de nous défier un peu de leurs calculs : ceux qui exterminent ainsi, d'un trait de plume, deux cent mille Sarrasins sont des moines qui n'ont probablement jamais vu de batailles : on on est d'autant plus tenté de le croire qu'ils réduisent la perte de Charles à quinze cents hommes; c'est aussi par trop hors des probabilités. Ce qu'il y a de positif, c'est que la déroute d'Abdérame fut complète, qu'il fut tué lui-même, et que les débris de son armée se trouvèrent trop heureux de repasser les Pyrénées.

A peine a-t-il remporté cette éclatante victoire, qui sauva certainement toute la chrétienté du joug des Sarrasins, que le duc des Francs retourne combattre les Saxons. Il apaise quelques troubles qui se sont élevés en Bourgogne, bat les Frisons par terre et par mer, renverse leurs idoles, tue un grand nombre d'entre eux, et emmène des otages pour répondre du reste. Apportant partout cette prodigieuse activité, aussi habile dans le gouvernement de l'état qu'invincible à la tête des armées, Charles ne cesse pas de travailler à la gloire des Francs, en même temps qu'il met le comble à la sienne.

A la mort de Thierri, arrivée en 757, Charles ne voulut pas offrir encore un simulacre inutile à la risée des peuples; il ne daigna pas non plus ceindre une couronne qui ne devait rien ajouter à l'éclat de son nom. Pendant cette période, que les historiens nomment *interrègne*, le duc des Francs continua de jouir paisiblement d'une autorité devenue désormais héréditaire dans la maison d'Heristall. Usé par les fatigues de la guerre, et accablé des infirmités qui en sont la suite, il éprouvait le besoin du repos, bien qu'il n'eût pas plus de cinquante ans. Il se préparait pourtant à passer en Italie où l'appelait le pape Grégoire III, pour le secourir contre les Lombards, qui possédaient une partie de ce pays et menaçaient Rome; mais il mourut avant l'exécution de ce projet, ayant toutefois partagé le royaume entre ses deux fils Pépin et Carloman.

Pépin eut la Neustrie, et se contenta d'abord de gouverner, comme son père, avec le titre de duc des Francs ; mais les seigneurs, dont le pouvoir s'était singulièrement accru pendant les troubles des règnes précédents, voulurent absolument avoir un roi, et ils choisirent un Childéric III, que les uns disaient fils de Chilpéric II, les autres de Clovis II.

L'Austrasie était échue à Carloman, qui se distingua d'abord contre les peuples de la Germanie, dont les irruptions étaient continuelles ; l'an 746, il revenait victorieux, avec son frère, de l'une de ces expéditions, quand, saisi tout à coup d'une sorte de vertige religieux, il jette ses armes pour endosser un froc, s'en va se faire tondre à Rome par le pape Zacharie, et s'enferme aussitôt dans l'abbaye du Mont-Cassin. La retraite de Carloman rendit Pepin tout puissant ; il songea à placer enfin sur sa tête la couronne de Clovis. Il chercha d'abord à ramener à lui, par des libéralités et des concessions, le clergé que son père avait dépouillé pour enrichir ses soldats, et mit également dans ses intérêts le pape Zacharie, qui souhaitait son alliance contre les Lombards. Ayant ainsi préparé les voies, l'ambitieux Pépin sonda les évêques et les principaux seigneurs dans une de ces assemblées qu'on nommait *parlements*. On convint de s'en rapporter au pape, auquel on posa la question en ces termes : *Quel est le plus digne de régner, ou celui qui travaille utilement pour la défense de l'état, et fait toutes les fonctions de la royauté, sans en avoir le titre; ou celui qui porte ce titre et n'est capable d'en faire aucune fonction?* Cette question était habilement formulée: la réponse de Zacharie fut conforme aux vœux de Pépin. Cette décision devait en même temps être l'arrêt du dernier roi fainéant. Déclaré déchu du trône, Chilpéric III fut aussitôt rasé et enfermé avec son fils dans un monastère, où tous deux vécurent et moururent dans l'obscurité.

Pépin fut le premier qui imagina de faire sanctionner sa royauté nouvelle par les cérémonies de l'église. En 752, il se fit sacrer à Soissons, par Boniface, évêque de Mayence. Le pape Étienne III, étant venu en France deux ans après, consentit à le sacrer de nouveau avec sa femme Bertrade et ses deux fils. En empruntant aux Juifs cette cérémonie jusqu'alors inconnue aux Francs[1], si Pépin voulut relever à tous les yeux la majesté de la couronne depuis si longtemps avilie, son but se trouva parfaitement rempli, et l'assemblée entière jura spontanément, sous peine d'excommunication, de ne jamais choisir de roi *issu des reins d'un autre homme*.

Après avoir reçu du saint-siége un aussi im-

---

[1] Les rois francs, comme tous ceux des peuples de la Germanie, étaient proclamés en pleine campagne, en présence des seigneurs et du peuple assemblé sous les armes. On élevait le nouveau roi sur un bouclier, et on le promenait ainsi trois fois autour du camp, aux acclamations de tous les spectateurs.

posant appui, Pépin ne pouvait plus refuser le secours qu'Étienne venait lui demander contre Astolphe, roi des Lombards. A deux reprises différentes, il franchit donc les monts à la tête d'une puissante armée, et força Astolphe à se mettre à sa discrétion. Pépin, victorieux, fit alors à l'église le don de Ravenne, de Rimini, d'Ancône et de tout le territoire qui en dépendait, malgré les réclamations de Constantin Copronyme, empereur d'Orient, de l'autorité duquel ces villes relevaient. Cette concession plaçait Etienne au rang des souverains. C'est ici l'origine de la puissance temporelle des papes, que vous allez bientôt voir jouer un si grand rôle parmi les têtes couronnées.

Pépin fut surnommé le *Bref*, à cause de l'exiguité de sa taille : c'était un inconvénient plus grave que vous ne pensez, dans un temps où les avantages physiques étaient seuls appréciés; mais une âme ferme et inaccessible à la crainte se cachait sous cette frêle enveloppe. Le trait suivant, devenu populaire, n'en mérite pas moins d'être rapporté. Le goût des combats d'animaux, si général au temps des Romains, s'était conservé dans les Gaules jusqu'à cette époque; Pépin assistait un jour à l'une de ces sanglantes représentations, entouré d'une foule de seigneurs francs qui semblaient se plaire au contraste de leur haute stature et de leurs formes puissantes avec la chétive apparence de leur roi. Mais bientôt les regards ne furent plus tournés que sur l'arène, car une scène palpitante et terrible s'y jouait : un lion énorme, qu'on venait de lancer contre un taureau, avait saisi celui-ci par le cou, et, malgré ses efforts furieux, il commençait à le déchirer. — *Qui de vous aura le courage d'aller les séparer?* dit le roi, en s'adressant à ses robustes compagnons. Et comme chacun d'eux restait muet : — *Ce sera donc moi,* reprit-il. Ces paroles n'étaient pas achevées, que déjà Pépin avait sauté, l'épée à la main, dans l'arène, et d'un seul coup la tête du lion était abattue. Le monarque revenant froidement se rasseoir à sa place, demanda seulement aux seigneurs encore pâles d'effroi : — *Eh bien! suis-je digne d'être votre roi?*

Le règne de Pépin fut une suite continuelle de victoires. Après avoir rendu les Saxons et les Esclavons ses tributaires, et forcé le duc de Bavière à lui jurer fidélité en qualité de vassal, il réunit à la couronne le duché d'Aquitaine, dont jadis Dagobert avait disposé en faveur de ses neveux. A peine avait-il achevé cette conquête, que ce monarque mourut, en 768, dans la dix-septième année de son règne. Sans cesse entravé par les guerres, il ne put apporter dans l'administration du royaume tout le bien qu'il méditait ; mais on y cita longtemps sa sagesse, et son gouvernement prépara pour l'avenir les germes de grandeur que vous allez voir se développer entre les mains glorieuses de son successeur.

Pépin avait eu le temps, avant de mourir, de disposer de ses états entre ses deux fils, Carloman et Charles : une assemblée solennelle de la nation ratifia son testament; mais une funeste mésintelligence éclata entre les deux frères au sujet du partage, et la mort prématurée de Carloman, qui ne survécut que de trois ans à son père, épargna peut-être bien des maux à la France. Demeuré tranquille possesseur du royaume, Charles surpassa bientôt les actions de ses ancêtres, et rehaussa la gloire du nom français d'un éclat qu'il n'avait pas encore atteint. Son règne commença par des victoires, et ses premiers exploits furent contre les Saxons. Cette expédition était à peine terminée, que des vues plus élevées l'appelèrent en Italie avec des forces considérables. Charles, que vous allez voir si bien mériter ce titre de *grand*, dont nous ne séparerons plus son nom, Charlemagne enfin, avait épousé une fille de Didier, roi des Lombards; il la répudia un an après. Furieux de cet affront, Didier chercha à faire entrer le pape Adrien Ier dans ses projets de vengeance; mais, n'ayant pu y réussir, il attaqua les terres de l'église.

Dans cette extrémité, le pape a encore recours au roi des Francs; Charlemagne ne se fait pas attendre. Ses guerriers escaladent rapidement le mont Cenis; ils tombent comme la foudre au milieu des plaines de la Lombardie. Didier essaie en vain d'opposer quelque résistance; assiégé dans Pavie, sa capitale, il est forcé de se rendre après un siège de dix mois, et bientôt il a cessé de régner. Ainsi finit, en 774, après avoir duré deux cent six ans, le royaume des Lombards qui avaient détruit la puissance romaine en Italie, et substitué leurs lois à celles des Empereurs. Une partie du territoire qu'ils ont occupé conserve cependant encore le nom de Lombardie ; mais Didier, le dernier de leurs rois, fut conduit en France, dans le monastère de Corbie, où il vécut et mourut sous l'habit d'un moine, tandis que son fils allait inutilement mendier des secours dans Constantinople, aux débris de cet empire romain détruit en Occident par ses ancêtres, et qu'on nomme *le Bas-Empire*, comme pour y attacher une juste idée de dégénérescence.

Ayant réuni de cette manière la Lombardie à ses états, Charlemagne confirme la donation de Pépin en faveur des souverains pontifes; mais sa libéralité pour le saint-siége ne lui fait pas oublier ses intérêts, et le vainqueur a soin de se réserver les droits de suzeraineté dans Rome et dans les états accordés au pape. Bien assuré de sa domination dans son royaume d'Italie, Charlemagne reprend alors le chemin des Gaules, emportant la couronne de fer des rois Lombards, que Napoléon devait, comme lui, dix siècles après, placer sur sa tête avec celle des Français.

Pendant ce temps les Saxons avaient repris les armes sous le commandement d'un chef audacieux, nommé Witikind, dont le sauvage génie tint longtemps en suspens la fortune de Charlemagne. On comprenait sous la dénomination générale de Saxons les peuples qui occupaient le centre de la Germanie, au delà du Rhin. C'étaient en partie les descendants des guerriers qui avaient formé cette ancienne confédération à laquelle les Francs eux-mêmes avaient pris part : depuis ce temps, tout ce territoire n'avait pas cessé d'être en proie à des fluctuations continuelles, causées par les émigrations des hordes qui habitaient depuis les bords de la mer Baltique jusqu'aux glaces de la Norwége. Peu constantes dans les régions qu'elles occupaient, ces diverses peuplades avançaient, reculaient, chassaient leurs voisins ou s'incorporaient avec eux ; elles avaient enfin été jusqu'ici comme un orage menaçant toujours suspendu sur les frontières des Gaules. Les Saxons étaient païens comme tous les peuples du Nord ; leurs mœurs et leurs lois étaient encore les mêmes que du temps des Romains ; ils avaient conservé toute leur ancienne férocité et surtout leur ardent amour de la liberté. Les rois de la première race eurent grand'peine à les contenir ; Charles-Martel et son fils Pépin, après avoir saccagé tout leur pays, réussirent, les premiers, à les assujettir à un tribut. Pépin les avait, de plus, forcés à recevoir des missionnaires, espérant que la religion chrétienne aurait le pouvoir d'assouplir leur naturel farouche. Mais ces barbares ne purent supporter longtemps une religion et un tribut imposés par la force ; il fallait continuellement les poursuivre les armes à la main : ils se laissaient alors baptiser pour éviter la mort ou l'esclavage ; mais dès que le péril s'éloignait, ils ne se faisaient nul scrupule de devenir parjures, et le joug était bientôt brisé. La guerre dura trente ans avant qu'ils fussent soumis entièrement.

En 782, Witikind réussit à exciter un soulèvement général dans lequel ces barbares égorgèrent les missionnaires et tous les Français qui se trouvaient dans le pays; mais leur triomphe ne fut pas de longue durée: Charlemagne reparut au sein de leurs bourgades, apportant avec lui le fer et la flamme; de terribles représailles vengèrent à Verden le massacre des Français. Les Saxons virent renverser leur idole Irmensul, et quatre mille cinq cents des principaux d'entre eux eurent la tête tranchée sur les ruines fumantes de leurs temples. Cependant Witikind ranimait sans cesse le courage de ce peuple désespéré, qui semblait puiser une nouvelle énergie dans ses défaites; Charlemagne sentit qu'il fallait, avant tout, ravir aux Saxons l'appui de ce guerrier redoutable, et sa politique adroite ne négligea rien pour le détacher d'eux. Les malheurs n'avaient pu lasser la constance de ce brave, il se laissa gagner par les offres généreuses du monarque; il consentit à recevoir le baptême, fit hommage des terres qu'il obtint en France, et se montra par la suite fidèle vassal de la couronne.

Privés du secours de son bras, les Saxons persévérèrent longtemps dans leurs révoltes. Il faut bien aussi vous l'avouer, camarades, les lois que le vainqueur imposait à ces peuples n'étaient pas dictées par la douceur et l'humanité. On aimerait à trouver ce grand homme exempt des préjugés et de la barbarie de son siècle; mais vous éprouverez sans doute un sentiment pénible en apprenant qu'il condamne à mort, dans ses *Capitulai-*

res, ceux qui refusent de se faire baptiser, ainsi que ceux qui mangent de la chair en carême. Ces mesures cruelles manquèrent totalement leur but : la morale pure du christianisme eût amené, d'elle-même, une réforme dans les mœurs des Saxons; mais, précédée de tant de victimes, elle ne marcha plus, aux yeux de ces hommes grossiers, que comme une religion de sang, plus détestable mille fois que ces divinités malfaisantes auxquelles ils sacrifiaient, à l'exemple de leurs ancêtres. Il fallut, pour les dompter entièrement, que Charlemagne les arrachât de leur pays, et les dispersât en Suisse et en Flandre.

Dans l'intervalle de ses guerres contre les Saxons, Charlemagne fit plusieurs expéditions glorieuses, entre autres celle de 778 en Espagne, où ce monarque avait été appelé pour régler quelques différends entre diverses petites principautés musulmanes ou chrétiennes. La marche des Français ne fut qu'un triomphe, et Charlemagne reçut les hommages de tout le pays jusqu'à l'Èbre; mais une catastrophe l'attendait au retour. L'armée victorieuse traversait les Pyrénées pour revenir en France, et déjà elle avait passé le défilé de Roncevaux; l'arrière-garde suivait dans une sécurité profonde, négligeant, à ce qu'il paraît, d'éclairer sa marche; elle paya cher cet oubli impardonnable à la guerre. Tout à coup des masses énormes se détachent avec fracas des rochers qui bordent la route étroite dans laquelle la troupe est engagée; une grêle de traits pleut en même temps et résonne de toutes parts sur les casques et les armures..... Les Français, surpris, ont levé la tête : chaque pic, chaque sommet escarpé de la montagne est couronné d'ennemis : ce sont les Basques, guidés par un fils de Waiphes, duc d'Aquitaine, mal soumis au roi des Francs. La rage succède bientôt à la stupeur; les guerriers de Charlemagne s'élancent à l'escalade ; le courage supplée au désavantage du terrain. Atteints dans leur course ascendante par les quartiers de roche qui rebondissent au milieu des rangs, ils roulent écrasés, et mordent en frémissant la terre. Ils ne mourront pas pourtant sans vengeance; quelques-uns réussiront à porter la mort aux assaillants jusqu'au sein de leurs retraites ; d'autres Français parviendront enfin à franchir ce passage ; mais l'élite des vaillants compagnons de Charlemagne n'en sortira plus, et les pâtres de Roncevaux montrent encore les tombeaux gigantesques où ces héros reposent pêle-mêle avec les ennemis qui tombèrent sous leurs coups dans cette fatale journée. On ne voit pas que Charlemagne ait tiré vengeance du lâche assassinat de tant de braves, parmi lesquels périt le fameux Roland, son neveu, tant célébré par les vieux romanciers [1], et que les beaux vers de l'Arioste ont achevé d'immortaliser.

Pendant que les Saxons occupaient Charlemagne dans le Nord, ses sujets d'Italie s'étaient révoltés contre lui ; mais, cette fois encore, ses trou-

---

[1] La valeur de Roland, comte des Marches de Bretagne, fut longtemps traditionnelle dans les armées françaises, et ses exploits ont fourni le sujet d'une hymne guerrière que les soldats entonnaient en marchant aux combats.

pes n'eurent qu'à paraître pour fixer la victoire. Les Bretons perdirent également leur indépendance, et les états de Tassillon, duc de Bavière furent réunis à la couronne pour le punir de ses trahisons continuelles. Au milieu de tant de guerres, le monarque français ne négligeait pas la prospérité de son royaume, et son génie s'étendait à tout. Les expéditions, les voyages se faisaient pendant l'été et l'automne; l'hiver et le printemps il demeurait presque toujours à Aix-la-Chapelle, dont il avait fait sa résidence, pour être plus à portée de l'Allemagne, toujours prête à remuer, dès qu'elle n'était plus sous l'œil du maître. Il tenait de fréquentes assemblées pour régler les affaires de l'état et de l'église; il exerçait enfin, en grande partie, la puissance impériale en Occident, et son ambition se préparait secrètement à y ressusciter le titre d'empereur.

Au premier jour de l'an 800, Charlemagne, maître de l'Italie comme de la France et de l'Allemagne, se trouvait à Rome, après avoir apaisé quelques troubles qui s'étaient élevés contre le pape Léon III. L'année commençait alors au jour de Noël, chez les Romains. Or, c'était, dès lors, une de ces fêtes solennelles auxquelles le clergé italien apporte encore aujourd'hui tant de pompe et de majesté; l'église de Saint-Pierre, magnifiquement ornée, resplendissait de l'éclat de mille cierges, des nuages d'encens s'élevaient jusqu'à la voûte, et le pape, à l'autel, venait de célébrer les saints mystères, en présence du monarque français et d'une foule innombrable de fidèles. Tout à coup le souverain pontife s'avance vers le roi, accompagné des seigneurs romains ; il lui place sur la tête une couronne d'or enrichie de diamants. Aussitôt un tonnerre d'applaudissements éclate dans l'église ; le peuple s'écrie de tous côtés : *Vive Charles, auguste et pacifique empereur des Romains, couronné de la main de Dieu!* Charlemagne, au comble de ses vœux, affecte un instant la suprise ; puis, feignant de céder à l'empressement général, il se laisse conduire sur un trône, devant lequel le pape, se prosternant, proclame le monarque français héritier de l'empire de César.

Pendant ce temps régnait en Orient l'impératrice Irène. Trop faible pour attaquer Charlemagne, elle lui fit, dit-on, proposer de l'épouser afin de réunir les deux empires. Le nouvel empereur n'était pas éloigné de conclure cet hymen, quand une révolution précipita Irène du trône, en 802. L'Orient resta donc partagé entre Nicéphore, qui avait détrôné cette princesse, et le calife Aaron-al-Raschild, l'un de ces successeurs de Mahomet qui avaient conquis la plus grande partie de l'Asie et de l'Afrique ; tandis que Charlemagne eut tout l'Occident, à l'exception de l'Espagne, dont vous savez que les Sarrasins étaient aussi les maîtres depuis plus d'un siècle.

Il me reste maintenant à vous faire connaître d'autres fastes peut-être plus glorieux pour Charlemagne. La pensée constante de son long règne fut de réveiller dans ses états la brillante civilisation que les Romains y avaient jadis répandue, et dont l'invasion des Barbares avait à peine laissé quelques vestiges en Italie. Il établit d'abord des écoles où l'on enseignait la lecture, quelques éléments de calcul et l'art de chanter au lutrin, qui était alors en grand honneur ; ces écoles ne pouvaient être que dans les cloîtres ou les cathédrales, puisque le clergé seul était lettré. Jaloux de propager partout le culte du savoir, Charlemagne donnait lui-même l'exemple de l'étude, et, tout en parcourant l'Europe, les armes à la main, il étudiait la grammaire.

En vous racontant les prodigalités des rois de la première race envers les monastères dont ils couvraient le sol de la France, tandis que le reste de la population était accablé d'exactions et d'impôts, j'ai oublié de vous faire remarquer dans ces établissements un genre d'utilité que leurs fondateurs ne prévoyaient assurément pas. Il se trouva pourtant, parmi ces moines, des hommes doués de quelque savoir, et que leur génie portait vers l'étude. Enfouis au fond des cloîtres, un grand nombre d'écrits des auteurs recommandables de l'antiquité avaient échappé à la dévastation des Barbares ; et ces bons pères, en occupant leur solitude à copier les manuscrits qui traitaient d'arts ou de science, de poésie ou d'histoire, contribuèrent aux progrès de l'esprit humain et à la propagation des lumières. Quelques-uns d'entre eux écrivirent même l'histoire de leur temps ; mais c'est avec une juste défiance que les historiens ont puisé dans ces recueils, remplis pour la plupart de fables ou d'exagérations ridicules, au milieu desquelles l'auteur définit le juste et l'injuste à sa mode, et se montre surtout disposé à pallier les erreurs de quiconque enrichit le clergé.

Charlemagne donna une attention particulière aux livres des anciens, et mit tous ses soins à les multiplier. Il avait formé une bibliothèque dans son palais d'Aix-la-Chapelle, où il en réunit un assez grand nombre ; ses filles elles-mêmes y travaillaient à copier des manuscrits. Pendant ses moments de loisirs, il prenait plaisir à s'entretenir avec les savants étrangers que ses bienfaits avaient attirés à sa cour ; la nuit il se relevait pour observer les astres. Ce qui va bien vous paraître étrange, c'est que ce monarque, qui protégeait ainsi les belles-lettres et lui-même apprenait la grammaire, ne savait pas signer son nom. Son secrétaire Eginhard nous apprend que Charlemagne scellait ses ordres avec le pommeau de son épée, en disant : *Voilà mes ordres, et voilà le fer qui saura les faire respecter.*

Parmi ceux qui vinrent en aide à l'empereur dans la grande tâche qu'il s'était imposée, citons ce même Eginhard, à qui nous devons de curieux détails sur Charlemagne et sa cour ; un moine anglais nommé Alcuin, qu'on nous représente comme un prodige d'érudition pour son temps ; quelques ecclésiastiques enfin, auxquels, plus judicieusement que ses devanciers, l'empereur prodiguait ses faveurs, pour prix de leur zèle à seconder ses efforts. Sans doute leur science était encore bien peu de chose, puisqu'elle se bornait à quelques notions de grammaire et d'arithmétique ainsi qu'aux chants d'église; mais en inspirant le goût de l'étude dans les écoles fondées par Charlemagne, ils déchirèrent un coin du voile d'ignorance dont chaque jour leurs disciples et leurs successeurs devaient, à leur tour, arracher un lambeau.

Cependant les mœurs ne pouvaient secouer aussi vite la rouille de la barbarie, et vous avez pu apprécier sous ce rapport les taches qui déparent le beau caractère de Charles. Ce monarque avait alors en Orient un rival de gloire et de puissance, qui bien certainement le surpassait en justice, en humanité, et surtout en instruction : c'est du calife Aaron-al-Raschild qu'il s'agit. Les Arabes étaient aussi très-supérieurs en connaissances aux Français : ils cultivaient l'astronomie, la médecine et la chimie, lorsqu'à peine ceux-ci savaient lire. Les médecins, qui furent longtemps appelés *physiciens*, ne sortaient pas, en France, d'une série de médicaments qu'ils prescrivaient tant bien que mal à leurs malades; mais l'art des opérations chirurgicales, qui dispute aujourd'hui tant de victimes à la guerre, lui était totalement inconnu, sans doute parce que la superstition générale s'opposait à ce qu'on fît des études anatomiques sur les cadavres. La peinture et la sculpture se bornaient à quelques essais informes; l'architecture [1] présentait un certain caractère de

---

[1] L'architecture de cette époque, appelée *romane*, était un mélange informe du style gallo-romain, et des inspirations que les Goths avaient importées d'Italie. Elle était lourde, massive et dépourvue d'ornements. Plus tard, c'est-à-dire vers la fin

solidité, mais elle manquait totalement du goût et de l'élégance qui distingue l'architecture arabe. Les premiers siècles de la monarchie n'avaient offert que peu ou point d'inventions. Notons seulement que l'on fait remonter au sixième siècle la fonte des cloches, et que dès lors les temples chrétiens furent surmontés de tourelles et de clochers. On rapporte à cent ans environ plus tard l'usage des vitres dans les églises. Les orgues parurent en France l'an 757, sous le règne de Pepin, et, à cette même époque, on compta pour la première fois les dates d'après les années de l'ère chrétienne ; on comptait auparavant par celles du prince régnant.

Le calife Aaron rechercha toujours l'amitié du monarque français et entretenait correspondance avec lui. Parmi les présents curieux que les ambassadeurs arabes apportèrent à l'empereur se trouvait une horloge à sonnerie d'un mécanisme fort ingénieux, et qui parut une véritable merveille aux yeux de toute sa cour. On reconnaît dans tous les détails de l'administration de Charlemagne le même esprit d'ordre et d'amélioration : il apportait des soins minutieux aux plus minces détails, sans être pour cela moins apte aux grandes choses : ainsi, on le voyait, le matin, récolter lui-même les fruits de ses jardins, et le soir, son génie s'élevait jusqu'aux plus hautes méditations. Ses *Capitulaires*, dont nous avons cité les cruels

---

du dixième siècle, des architectes qui avaient voyagé en Orien en apportèrent le style *byzantin*, qui se combina avec le roman, et l'enrichit de ses gracieux caprices.

règlements contre les Saxons, contiennent aussi des dispositions pleines de sagesse ; mais un usage qu'il établit et qui prouve l'excellence de ses vues, est celui d'envoyer des commissaires dans les provinces, pour y examiner la conduite des ducs qui y gouvernaient et y rendaient la justice, pour recevoir les plaintes, réprimer les vexations, maintenir le bon ordre. Ces dignitaires s'appelaient *missi dominici* ou *envoyés du maître* ; ils avaient chacun leur département, et devaient s'y rendre quatre fois l'année. Ainsi l'œil de l'empereur s'étendait sur tous ses états, et ses représentants lui rendaient compte de tout.

Une foule de coutumes barbares, qui s'étaient établies sous la première race, subsistaient pourtant encore et devaient se conserver bien longtemps, parce qu'elles s'environnaient de cérémonies religieuses que la superstition avait intérêt à maintenir. Obligé à des ménagements, l'auteur des *Capitulaires* n'avait pu, par exemple, abolir le rachat pour de l'argent de la peine due au crime ; le duel tenait encore lieu de preuve en matière criminelle ainsi qu'en matière privée, et cet usage s'appelait le jugement de Dieu. Le vaincu était déclaré coupable, parce que, disait-on, Dieu ne pouvait abandonner un innocent. On employait aussi, en justice, différentes épreuves toutes plus étranges les unes que les autres. Ainsi l'on croyait que le feu ne devait pas brûler un innocent, que l'eau devait rejeter un criminel ; on forçait l'accusé à marcher sur un fer rouge ; on lui plongeait la main dans l'eau bouillante : s'il se brûlait, c'était une preuve de son crime ; ou bien on le jetait, pieds et poings liés, dans une cuve pleine d'eau, et, s'il surnageait, on le condamnait de même. Détruire alors ces coutumes barbares, c'eût été saper la religion dans sa base, en apprenant aux peuples à douter de la justice de Dieu. Il appartenait à d'autres temps de faire comprendre aux hommes que la Providence, en rendant ses arrêts mystérieux, dont le sens nous échappe, peut avoir à exercer un équilibre dans lequel d'autres intérêts que les nôtres sont pesés par la main divine.

Examinons l'état de l'art militaire au temps de Charlemagne : Nous avons vu les Romains l'introduire avec toute sa splendeur dans les Gaules ; nous avons assisté à sa décadence en même temps qu'à celle de l'empire, et je vous ai avoué le peu de renseignements qui nous restent sur l'ordre de bataille des Francs et les manœuvres en usage parmi eux, alors que Clovis les commandait. Nous avons cependant été porté à conclure à l'existence de quelque méthode dans la distribution et l'emploi de leurs masses ; mais vous chercheriez en vain à découvrir la moindre conception stratégique dans les guerres de nos ancêtres depuis cette première époque de leur histoire. A la bataille de Tours, où Charles-Martel fit un si grand carnage des Sarrasins, il paraîtrait pourtant que les Français avaient adopté une manière régulière de combattre, ou du moins qu'ils étaient disposés par masses organisées dont le choc fut fatal à l'ardeur furieuse des guerriers d'Abdéramme; mais ce sont les dernières traces que l'on rencontre d'une tactique, souvenir de celle des Romains, et il vous faudra parcourir encore de longues années avant d'assister à la renaissance de l'art, et de retrouver des masses de guerriers formées à agir comme un seul individu. Malgré les victoires de Charlemagne et les talents extraordinaires qu'il déploya dans ses guerres, nous ne sommes pas plus avancés sur la disposition et la manière de combattre de ses armées. Il est vraisemblable que ce grand homme apporta dans leur discipline, comme partout ailleurs, les améliorations que lui suggérèrent son génie et l'expérience acquise, pendant un règne de quarante-sept ans, dans ses expéditions au milieu de tous les pays et contre des ennemis de plus d'une espèce; mais il est permis de regarder comme douteuse l'assertion des auteurs qui pensent qu'il aurait fait revivre les traditions romaines dans ses troupes. S'il en eût été ainsi, il en subsisterait au moins quelques vestiges parmi ses successeurs; tandis que vous ne rencontrerez chez eux qu'une ignorance profonde de toute espèce de méthode. Vous conviendrez aussi, camarades, que Charlemagne n'eût pas été trente ans à soumettre les Saxons, peuples barbares, sans instruction militaire, et encore plus mal armés, s'il eût mieux connu les ressources de la tactique et de la stratégie.

Sous les maires du palais, les Francs avaient commencé à adopter les armes défensives que leur fournissaient d'habiles ouvriers lombards;

les armures devinrent d'un usage plus général sous Charlemagne, et vous verrez les guerriers qui viendront après lui porter cette coutume jusqu'au ridicule. Fait d'abord d'acier poli, mais sans ornements, le nouvel équipement militaire fut bientôt orné d'un travail admirable d'incrustations et de ciselures. L'homme d'armes, ainsi chargé de fer, ne voulut plus combattre à pied, et la cavalerie obtint sur l'infanterie une prépondérance qui s'accrut de plus en plus. On en trouvera peut-être aussi le motif dans l'immense étendue des états de Charlemagne ; la cavalerie offrant plus de facilité pour se porter rapidement d'un lieu à un autre, lorsque les révoltes des différents peuples réunis sous le sceptre de l'empereur exigeaient la présence de ses troupes sur un point. Les historiens et les romanciers font remonter l'origine de la chevalerie aux dernières années du règne de Charlemagne ; j'attendrai, pour vous donner une idée de cette institution, qu'elle se soit tout à fait infiltrée dans les mœurs de la nation, et nous la retrouverons sous Philippe-Auguste, au moment où elle brillera de son plus vif éclat.

Charlemagne eut, sur la fin de sa vie, le chagrin de prévoir les ravages des peuples du Nord ou *Nortmans*. Ces pirates intrépides avaient déjà tenté des invasions sur le territoire de l'empire ; mais la prudence de son chef sut les contenir, tant qu'il vécut, dans leurs climats glacés. Il établit à l'embouchure de toutes les grandes rivières des vaisseaux sur lesquels, en cas de besoin, les seigneurs devaient servir comme sur terre. Vous sentez bien, camarades, que ces bâtiments ne ressemblaient guère aux nôtres : c'étaient simplement de grands bateaux ; mais ils suffirent pour arrêter alors les inondations des Barbares, qui, sous les faibles successeurs de Charlemagne, devaient causer tant de désastres à leur malheureux pays.

Troisième Soirée.

Successeurs de Charlemagne. — Louis le Débonnaire. — Puissance du clergé. — Charles II, dit *le Chauve*. — Les Normands. — Fiefs héréditaires. — Origine de la féodalité. — Louis II. — Louis III. — Accroissement du système féodal. — Charles le Gros. — Siége de Paris par les Normands. — Machines de guerre. — Procédés d'attaque et de défense des villes depuis l'antiquité. — Eudes. — Charles III, ou *le Simple*. — Raoul. — Louis IV, surnommé *d'Outremer*. — Lothaire. — Louis V, dernier des Carlovingiens.

Charlemagne avait, de son vivant, disposé de plusieurs provinces en faveur de ses fils; mais lorsque ce prince mourut en 814, il ne lui restait plus que Louis 1er, qui fut surnommé le *Débonnaire*. Ce mot indique sans doute une qualité, mais Louis la poussa jusqu'à la faiblesse, et dans ses mains inhabiles s'écroula bientôt le vaste édifice que son père avait fondé par la force. A peine le héros reposa-t-il dans la tombe, que les symptômes d'une décadence prochaine s'annoncèrent de toutes parts. Ainsi que son père, Louis était d'une haute stature et d'une force prodigieuse; mais la nature ne lui avait pas proportionné l'énergie à la taille; et, pendant toute la durée de son règne, il fut le jouet de tout le monde. Ce prince avait cependant de la valeur ; il n'était pas sans capacité, et son instruction peut être regardée comme peu commune alors, puisqu'il entendait le grec et le latin. Il eût fait sans doute un digne prêtre ou un moine vertueux ; mais il ne sut jamais être roi. La première faute de Louis 1er fut de partager la monarchie entre ses enfants et de se donner l'un d'eux pour collègue à l'empire. Charlemagne avait, il est vrai, offert ce funeste exemple ; mais son autorité n'en avait rien perdu pour cela, parce qu'il savait se faire craindre et obéir. Cette démarche de Louis eut au contraire les conséquences les plus fâcheuses.

Le monarque avait ainsi réglé ce partage : A Pepin l'Aquitaine, à Louis la Bavière et à son fils aîné Lothaire l'association à l'empire. Il ne fit partout que des ingrats. Bernard, roi d'Italie, petit-fils de Charlemagne, se croyant lésé dans ses droits, porte les premiers coups. Au moment d'en venir aux mains, ses troupes l'abandonnent ; il ose venir au camp de Louis solliciter sa grâce. Celui-ci le renvoie devant une commission de douze *pairs*[2] qui le condamnent à mort comme rebelle et félon. Le monarque débonnaire commue alors la sentence, il se contente de faire crever les yeux au coupable ; mais ce malheureux ne survit pas à cet horrible traitement, et, en 822, le

[1] Corruption du mot latin *pares*, qui signifie égaux. Charlemagne avait donné ce titre à douze seigneurs qui possédaient une quantité de terre à peu près égale, et qui formaient son conseil.

royaume d'Italie est réuni de nouveau à la couronne.

Après cet acte de rigueur, la conscience de Louis est bourrelée de remords ; ses scrupules lui font bientôt oublier ce qu'il doit à sa dignité et aux intérêts de l'empire ; il convoque une assemblée générale à Attigni. Là, le faible monarque s'accuse non-seulement de la mort de son neveu, mais encore de la retraite forcée de trois fils naturels de Charlemagne, qu'il avait relégués au au fond d'un cloître, et auxquels il demande pardon ainsi qu'aux évêques et au clergé, pour le scandale qu'il a causé.

En le voyant ainsi dégrader la majesté royale, les prêtres et les moines comprirent combien il leur serait facile de subjuguer cette âme superstitieuse et timorée, et tout en lui accordant l'absolution, pour laquelle le fils dégénéré d'un héros descendit à toutes les humiliations qu'ils lui infligèrent, ils se promirent bien de satisfaire plus tard la haine que l'imprudent s'était attirée en voulant réformer l'église. Ce fut dans la famille même de l'empereur qu'ils surent trouver des éléments de discorde. Louis avait épousé une princesse bavaroise nommée Judith, qui lui avait donné un fils. Cédant aux pressantes sollicitations de la reine, il se proposait d'ériger un quatrième royaume en faveur de cet enfant que vous verrez régner plus tard sous le nom de Charles le Chauve. Mais les frères de ce prince s'unissent pour empêcher l'exécution de ce projet, et ils obligent Judith à prendre le voile dans un couvent. Lothaire, d'autant plus coupable que son père l'avait élevé plus haut en l'associant à l'empire, enferme le monarque lui-même dans Saint-Médard de Soissons, confine dans une autre abbaye l'enfant qui lui porte ombrage, et se saisit de la couronne impériale. La jalousie des frères de l'usurpateur donne bientôt à Louis le Débonnaire les moyens de l'en déposséder à son tour en 835. Vous croyez que celui-ci va désormais jouir paisiblement de son autorité ? eh bien ! l'année n'est pas écoulée, que les intrigues des prélats réussissent à armer encore les fils dénaturés contre leur malheureux père. Le pape Grégoire IV prête son soutien à cette ligue impie : on soulève la trahison parmi les troupes du faible empereur, que l'on dépose de nouveau. D'indignes évêques forcent le monarque à quitter ses ornements impériaux, à s'étendre sur un cilice, et à s'avouer, dans une pénitence publique, coupable de tous les maux qui affligent l'état.

Tant de malheurs trouvent enfin des défenseurs parmi le peuple ; un parti se forme en faveur du faible et infortuné monarque ; les rois d'Aquitaine et de Bavière s'y joignent, entraînés par leurs remords. On punit les évêques rebelles, et Lothaire, vaincu, obtient sa grâce. Là pourtant ne sont point encore terminées les épreuves de l'empereur ; son règne ne doit pas cesser d'être une arène de discordes civiles, et la paix est encore troublée par un des fils de Louis, qui veut rendre sa couronne de Bavière indépendante. Dévoré de chagrin, effrayé d'une éclipse de soleil qu'il prit pour un présage de mort, Louis tomba malade près de Mayence, comme il allait combattre cet ingrat, et il expira en 840, en pardonnant encore.

Une des grandes causes des malheurs de Louis, fut de s'être attiré la haine des prélats et des moines en voulant opérer une réforme parmi eux : cette entreprise était au-dessus de ses forces. Les évêques, possédaient de vastes domaines, avaient de nombreux vassaux, gouvernaient l'esprit des peuples ; c'étaient enfin de grands seigneurs dont les richesses étaient immenses et le luxe scandaleux. On reproche au seul moine Alcuin d'avoir eu à lui seul plus de vingt mille serfs. Les abbés et les prélats portaient des étoffes précieuses, un baudrier et des éperons comme les hommes d'armes, des coutelas garnis de pierreries pendaient à leurs ceintures dorées. Ils conduisaient même leur contingent à la guerre, ainsi que les autres seigneurs. Louis essaya vainement de les dispenser du service militaire ; ils continuèrent longtemps à se trouver au milieu des guerriers sur les champs de bataille, où vous en verrez plusieurs se distinguer par leur valeur et la pesanteur de leur bras.

De mauvais fils devaient se montrer aussi mauvais frères. A peine le faible Louis eut-il fermé les yeux, que ses héritiers guerroyèrent encore entre eux. Le roi de Bavière s'unit à ce jeune Charles, fils de Judith dont nous avons parlé, pour combattre Lothaire qui avait conservé le titre d'empereur. Ce dernier fut vaincu en 842 à la sanglante bataille de Fontenay en Bourgogne, dans laquelle plusieurs auteurs assurent qu'il périt cent mille hommes. Les trois fils dénaturés de Louis firent enfin la paix à Verdun. Le démembrement de l'empire de Charlemagne en fut la suite. Lothaire, relégué dans ses états d'Italie, conserva néanmoins quelques provinces françaises ; Charles II, surnommé le Chauve, posséda la Neustrie et l'Aquitaine qu'on s'habitua dès lors à appeler royaume de France. Louis de Bavière ou le Germanique eut l'Allemagne. Depuis cette époque, ce pays fut régi par ses lois particulières ; une scission complète s'établit entre les Français et les Allemands. Nous ne nous occuperons donc plus de ces derniers que lorsqu'ils seront appelés à jouer un rôle dans les événements qu'il nous reste à vous raconter.

Ce partage ne devait pas mettre de sitôt un terme aux bouleversements de ces diverses provinces ; longtemps elles furent encore en proie à toutes les horreurs des guerres civiles. Les différents partis ravageaient tour à tour les malheureuses campagnes, et les villes changeaient à chaque instant de maîtres. Lothaire mourut enfin dans une abbaye, en 855. Un de ses fils, appelé comme lui Lothaire, eut les provinces qu'il avait conservées en France, entre le Rhône, la Saône et le Rhin. On leur donna le nom de *Lotharingia,* ou royaume de Lorraine. Un autre, nommé Charles, eut la Savoie, le Dauphiné, avec une partie du Lyonnais, de la Provence et du Languedoc.

Mais les malheurs qu'entraînaient tous ces partages étaient peu de chose, en comparaison des désastres terribles que les Danois ou Normands apportèrent sur les terres de France. Habitant sous un ciel ingrat, privées des connaissances et des arts qui auraient pu servir à améliorer leur existence, ces hordes nombreuses cherchaient à se répandre loin de leur patrie, et leur seule ressource était le pillage. Leur pays leur fournissait assez de bois pour construire des barques qui contenaient environ cent hommes, avec des provisions de bière et de viandes fumées. Ils côtoyaient ainsi les terres, y abordaient à l'improviste, et ne se rembarquaient que chargés de butin, emmenant avec eux les femmes et jusqu'aux enfants qu'ils élevaient dans leur métier de pirates. Les naufrages, les fatigues et les dangers de toute espèce qui les attendaient dans ces expéditions ne faisaient qu'enflammer leur ardeur. Habitués dès le plus jeune âge au mépris des blessures et de la mort, ils appelaient leur dieu Odin le *père du carnage,* et croyaient que ses récompenses seraient pour ceux qui tuaient le plus de guerriers dans les combats. Vous n'avez sans doute pas oublié, camarades, les sages mesures que Charlemagne avait prises pour s'opposer aux descentes de ces barbares ; elles devinrent insuffisantes sous le règne de son faible successeur, et les sanglantes dissensions de trois fils de ce prince n'ouvrirent que trop le passage à ces étrangers.

Pendant cette période, leurs courses se multiplièrent d'une manière effrayante. En 845, ils entrèrent en France par l'embouchure de la Seine, et mirent la ville de Rouen au pillage. Une autre flotte dévasta les bords de la Loire. En 845, une troupe de Normands, conduite par un chef nommé Ragenaire ou Regnier, remonta la Seine sur cent vingt barques : Rouen fut pillée une seconde fois ; et, la veille de Pâques, les derniers rayons du soleil couchant se réfléchirent sur les casques des Barbares aux portes de la capitale... Les Parisiens, saisis de terreur, avaient déjà abandonné leurs foyers, emportant avec eux ce qu'ils avaient de plus précieux. Les Normands ne trouvèrent plus que des maisons de bois désertes : tout ce que les habitants n'avaient pas eu le temps de soustraire à leur rapacité devint en un instant la proie des pirates ; Paris n'offrit bientôt plus qu'un vaste incendie dont la lueur sinistre se projetait jusqu'à Saint-Denis, où le roi Charles le Chauve, retranché avec son armée, demeurait paisible spectateur des désastres de ses sujets. Il envoya pourtant des seigneurs auprès d'eux ; et, n'osant les combattre, il leur fit offrir de l'or pour qu'ils quittassent le pays. Ces pirates consentirent à partir moyennant sept mille livres pesant d'or qu'on leur apporta.

Les hommes du Nord s'éloignent enfin ; mais ils sèment partout la désolation dans leur retraite, pillant et brûlant les villages, les églises et les monastères sur leur passage, et se promettant bien de revenir avec de nouvelles forces. Ils ne tinrent que trop parole : tentés par les richesses que leurs compatriotes avaient rapportées dans le Nord, des bandes toujours nouvelles ne cessaient de ravager la France, et Charle le Chauve n'était pas en position d'arrêter ce fléau. Vous n'ignorez pas comment les armées se recrutaient. Au moment du danger, le roi appelait les seigneurs aux armes ; ceux-ci levaient leur contingent aussi promptement que possible, et se mettaient eux-mêmes à sa tête ; mais une fois la guerre terminée, les troupes se dispersaient aussitôt, les chefs regagnaient leurs châteaux, et les soldats leurs chaumières, où chacun d'eux déposait ses armes pour reprendre le soc du laboureur ou les outils de l'artisan. Dans cet état de choses, et en l'absence de forces permanentes, vous sentez combien il était difficile d'établir alors un système de défense pour le pays, et vous comprendrez sans peine que les invasions ennemies eussent le temps de faire de rapides progrès avant qu'on fût en mesure de s'y opposer.

Aux calamités que les Normands et les discordes civiles faisaient peser sur la France, se joignirent des causes non moins redoutables d'affaiblissement et de destruction. Le sol, saccagé par des hostilités continuelles, ne produisait plus de moissons ; la famine et les maladies contagieuses, qui en sont la suite, dévorèrent des milliers d'hommes, que le fer avait épargnés. Pendant plus de vingt ans, ces hideux fléaux soufflèrent, à plusieurs reprises, sur la population déjà décimée par la guerre... Des Français abjurèrent alors tous sentiments humains, et l'histoire raconte en frémissant d'horribles festins dont les membres palpitants de leurs semblables fournirent les apprêts.

Soixante ans s'étaient à peine écoulés depuis la mort de Charlemagne, et par toute l'étendue de cet empire, qu'il avait fait si grand et si fort, ce n'était plus qu'anarchie et désordres, au milieu desquels la noblesse et le clergé se disputaient le pouvoir que laissait échapper la main débile de ses fils. Vous savez que les provinces étaient gouvernées par des comtes et des ducs, nommés par le roi pour rendre la justice et commander les milices. Profitant des embarras suscités de toutes parts à Charles le Chauve, ils arrachèrent de sa faiblesse la propriété héréditaire de leurs fonctions. De cette manière le royaume se trouva partagé en une foule de petites monarchies, dont les chefs, sauf le service militaire auquel ils demeurèrent astreints, sauf les redevances et les hommages qu'ils devaient à la couronne, devinrent tout à fait indépendants. Le roi, leur seigneur ou *suzerain* à tous, était bien censé le chef suprême; mais sa puissance était illusoire, et la force seule pouvait lui garantir la fidélité du vassal. Les vassaux du roi avaient sous eux d'autres vassaux, auxquels ils faisaient, à leur tour, une concession de terres, à charge par eux de les suivre à la guerre. Ceux-ci en agissaient de même avec de plus petits qu'eux, et ces concessions, qu'on appelait *fiefs*, se subdivisèrent bientôt à l'infini. Chaque suzerain n'avait de droit que sur son vassal immédiat et non sur le vassal de son vassal. Le reste de la population se composait des *roturiers* ou *vilains* qui n'étaient pas vassaux, mais esclaves ou *serfs* du seigneur dans chaque fief. Ceux-là étaient corvéables et taillables à merci [1], et devaient

---

[1] C'est-à-dire que le seigneur de chaque fief pouvait impo-

marcher, aussitôt qu'ils en étaient requis, sous la bannière du maître. Je viens, autant que j'ai pu le faire, de vous esquisser en peu de mots l'ensemble de ce système de gouvernement, qu'il faudrait des volumes pour vous expliquer dans ses détails. On lui donne le nom de *féodalité*, et bien longtemps il tint courbée sous le plus odieux despotisme la classe la plus nombreuse de la nation. Vous avez sans doute aisément compris que ce système devint également funeste à l'autorité royale. Cet hommage de leurs fiefs, que les seigneurs rendaient encore à la couronne n'était guère qu'une vaine cérémonie ; plus d'une fois, quand le souverain leur demandera une obéissance effective, vous les verrez se révolter, et former entre eux des ligues pour résister à son autorité.

Cependant les Normands, enhardis par l'impunité de leur audace, continuaient à ravager notre malheureuse patrie. Je vous ai conté comment les derniers empereurs romains, incapables de combattre les Barbares, achetaient d'eux la paix à prix d'or ; Charles le Chauve avait suivi cet exemple : les mêmes fautes amenèrent les mêmes résultats. L'avidité des Normands s'accroissait à mesure

---

ser, à son gré, des redevances aux serfs qui dépendaient de son domaine. Les caprices les plus bizarres dictèrent quelquefois ces taxes et les corvées auxquelles ces pauvres gens devaient se soumettre. Quelques-uns, enfin, des droits que les seigneurs s'attribuaient étaient d'une étrange nature ; mais il fallait payer avant tout, et l'on se résignait, car il ne manquait pas de cachots, pour les récalcitrants, au manoir seigneurial, et sous les hautes tours crénelées s'étendaient aussi des oubliettes où s'éteignaient, dit-on, tous les murmures.

qu'on venait de la satisfaire, et, pour suffire à ces honteux traités, le roi accablait le peuple d'impôts. Ce fut bientôt une contribution réglée qu'on payait aux pirates. Ce tribut était d'un sou par chaque maison de seigneur ; les hommes libres, les serfs étaient taxés à proportion. Les évêques eurent ordre de faire aussi contribuer les prêtres. Pendant qu'on employait en France ces indignes moyens, Alfred le Grand regagnait, les armes à la main, son royaume d'Angleterre sur les Danois, qui s'y étaient déjà établis, et s'opposait, par sa conduite ferme et courageuse, aux descentes des autres hommes du Nord. Les Sarrasins d'Espagne étaient de même parvenus à les repousser de leurs côtes.

L'année 877 fut la dernière de la vie de Charles le Chauve. Il expira, empoisonné par un médecin juif nommé Sédécias, dont il avait fait son favori. Ses successeurs le surpassèrent encore en faiblesse et en nullité. Un nom, une date, voilà tout ce qu'il est nécessaire que vous reteniez d'eux. Louis le Bègue, fils de Charles le Chauve, ne régna que deux ans après lui. Ses deux fils Louis III et Carloman partagèrent son héritage en 879, mais ils n'en jouirent pas beaucoup plus longtemps. Louis meurt, en 882, des suites d'une chute de cheval, et un accident à peu près semblable termine, deux ans plus tard, la vie de son frère. Comme celui de Charles le Chauve, ces trois règnes sont marqués par la continuation des déprédations des Normands et par l'accroissement du système féodal. Toutes les prérogatives, les fonctions militaires, civiles où ecclésiastiques, les plus bas emplois même deviennent des fiefs héréditaires. Le clergé, déjà comblé de richesses, augmente encore ses trésors et ses priviléges. Les abbés, les évêques ont des esclaves, des hommes d'armes, des villes et des villages sous leur domination ; ils battent monnaie, ils font la guerre à la tête de leurs chevaliers et de leurs vassaux, ils disposent même en quelque sorte, à leur gré, de la couronne ; la monarchie est enfin démembrée de toutes parts ; et la maison de Charlemagne voit encore échapper à ses enfants le royaume de Provence, que d'infidèles évêques ont donné au duc Boson.

Après la fin prématurée de Louis et Carloman, il restait un fils de Louis le Bègue qui monta plus tard sur le trône et fut appelé Charles *le Simple* ; mais comme il n'était alors âgé que de cinq ans, on offrit la couronne à un autre Charles, fils de Louis le Germanique. Ce prince, qui régnait déjà en Italie et en Allemagne avec le titre d'empereur, se trouva ainsi réunir sous sa domination la presque totalité des états de Charlemagne. Mais le sceptre du héros ne pouvait tomber en des mains moins faites pour le porter. Imaginez-vous sur deux jambes torses une espèce de nain difforme, dont la monstrueuse obésité, la démarche traînante et l'œil égaré offraient le plus hideux contraste avec les royaux ornements dont il était surchargé. Au moral la nature l'avait plus mal encore partagé, et sans que nous nous arrêtions plus longtemps son portrait, les faits vous aideront tout à l'heure à l'achever vous-même.

Le premier acte de son gouvernement fut une perfidie dont les suites funestes retombèrent sur le pays : sous prétexte de ratifier les traités qui existaient avec les Normands, il attira tous les principaux chefs dans une embuscade, et les fit massacrer sous ses yeux. Cet odieux attentat ne demeura point impuni : les Normands accoururent en foule pour venger l'assassinat de leurs compatriotes, et la malheureuse France, saccagée sur tous les points, paya chèrement la sanglante faute du roi qu'elle s'était donné. La capitale devint une des premières victimes de cette formidable invasion : les hordes normandes remontèrent encore une fois la Seine, sous la conduite de Sigefride ; les historiens rapportent que leurs barques couvraient le fleuve sur une étendue de plus de deux lieues. Mais gouvernés par le comte Eudes, dont le père, Robert *le Fort* s'était jadis signalé contre les Barbares, les Parisiens résolurent de faire tête à l'orage et de se défendre jusqu'à la dernière extrémité. Quelques mots sur la position et l'étendue de la capitale sont nécessaires pour l'intelligence de ce qui va suivre.

Paris était alors tout entier compris dans cette île, qu'on appelle aujourd'hui la Cité ; la ville, entourée partout de murailles, se rattachait aux rives du fleuve par deux ponts, en tête desquels s'élevait une tour. Le premier, qu'on appelait *pons major* ou grand pont, communiquait, de la pointe septentrionale de l'île, à l'endroit où se trouve, à présent la place du Châtelet ; le second, nommé *pons minor* ou petit pont, occupait à la pointe méridionale, à peu près le même emplacement que le pont de l'Hôtel-Dieu aujourd'hui. A la première nouvelle de l'approche des Normands, on se hâta de faire les réparations qu'exigeaient les deux têtes de pont, primitivement construites en maçonnerie par les Romains : ces tours tombaient en ruine. Eudes, secondé par le zèle et l'activité du brave Goslin, évêque de Paris, les fit promptement exhausser au moyen de fortes charpentes. On avait achevé, pendant la nuit, ce travail, aux flambeaux, et le lendemain, à la pointe du jour, les gardes de la tour occidentale, signalèrent les barques normandes. Aussitôt des cris de guerre retentissent dans toute la ville, les plus braves habitants volent à la défense des tours, tandis que la population entière borde les remparts. Le chef normand, voyant tout si bien disposé pour le recevoir, n'ose d'abord attaquer, et promet de respecter la ville, si le comte Eudes, consent à abattre le grand pont, pour livrer passage à ses barques, afin qu'il puisse remonter vers la haute Seine. Mais ces propositions sont rejetées avec indignation. — *Prépare-toi donc au siége!* s'écrie Sigefride avec fureur ; *le jour tu auras pour occupation nos flèches à repousser, le soir des blessés à panser, et, pour souper, la famine!... Nous ferons cela tous les jours, jusqu'à ce que je t'aie tranché la tête avec mon épée, et qu'ensuite je la donne aux chiens.*

Les Normands disposèrent donc tout pour un siége en règle, et ils se mirent en toute hâte à construire les machines de guerre usitées alors. Ces moyens d'attaque et de défense étaient restés en partie les mêmes depuis l'antiquité, et leur origine se perd dans la nuit des temps [1]. C'étaient

[1] Les livres saints en attestent l'usage au temps de Moïse, et depuis on ne remarque pas de changements importants dans la manière de fortifier et d'attaquer les villes, jusqu'à l'emploi des armes à feu. Un mur assez élevé pour être à l'abri de l'escalade, crénelé à sa partie supérieure, flanqué de tours et précédé d'un fossé, formait l'enceinte des villes. Les portes étaient garnies de lames de fer pour les garantir du feu. Au-dessus on établissait des *machicoulis* ou meurtrière en saillie, pour écraser ceux qui s'en approchaient, et lancer sur eux la poix, l'huile bouillante; tous les moyens de destruction enfin qui étaient au pouvoir de l'assiégé. Sur la plate forme des tours se plaçaient les machines de jet et les archers; on perçait aussi des jours dans les murailles pour tirer à travers.

Avant de commencer les opérations d'un siége de quelque durée, les anciens avaient la précaution d'assurer leurs établissements autour de la ville par deux lignes d'ouvrages, flanquées de tours en charpente : l'une pour prévenir les sorties de la place, et l'autre une attaque sur leurs derrières. C'est ce qu'on appelait *circonvallation* et *contrevallation*. Les premiers travaux d'approche partaient du fossé de la *contrevallation*, et consistaient, comme aujourd'hui, en des tranchées. Arrivé à portée du trait, l'assaillant se couvrait à l'aide de berceaux en charpente garnis de clayonnages, qu'on roulait successivement les uns au bout des autres. Le toit était à double pente, et assez fort pour résister à tous les projectiles des assiégés. On avait en outre le soin de le couvrir de peaux fraîches, de terre glaise, de gazon, etc., pour le garantir des feux que l'on y faisait pleuvoir continuellement. Lorsque la tête des travaux ne se trouvait plus qu'à quelques toises du fossé, on leur donnait une direction parallèle à l'enceinte. Cette galerie parallèle était utile pour serrer les matériaux et les outils; elle servait aussi à couvrir les gens qui tiraient aux défenses, et enfin à rassembler les troupes destinées à donner l'assaut. Cette galerie terminée, on débouchait de nouveau vers les tours, on comblait le fossé avec un mélange de terre et de fascines, et l'on aplanissait le terrain pour faciliter la mise en batterie des machines. Le *bélier* se composait de deux arcs-boutants entre lesquels était suspendue, par un gros câble, une poutre armée à l'une de ses extrémités d'une tête de bélier en aile *bélier*, qui servait à faire brèche ; les tours roulantes, qu'on approchait des murailles pour plonger sur les remparts; la *baliste*, la *catapulte* et le *frondibale*, qui tiraient aux défenses. Les assiégés se servaient de procédés analogues pour s'opposer aux progrès de l'attaque : on parvenait, par exemple, à amortir les coups du *bélier* avec des matelas et des poutres qu'on suspendait à l'aide d'une espèce de *grue*, et l'on employait le même principe mécanique pour accrocher les assaillants et les machines placés au pied de la muraille. Quand l'ennemi était parvenu à faire brèche, on construisait enfin des retranchements en arrière, dont la prise devait encore lui coûter bien du sang et retarder du moins la reddition de la place. Vous pouvez d'après cela, camarades, vous représenter assez exactement l'image des assauts multipliés que les Normands tentèrent avec une rage extraordinaire, pendant deux ans que dura le siége, sans pouvoir lasser la constance des Parisiens.

C'est contre la tour du grand pont qu'ils ont

---

rain massif. Lorsqu'on mettait la poutre en branle, cette extrémité venait frapper avec une force considérable contre la muraille, et cette opération, plusieurs fois répétée, finissait par en déterminer l'éboulement. Souvent, pour mettre à couvert ceux qui le manœuvraient, le *bélier* était renfermé au rez-de-chaussée de ces tours immenses en charpente, dont les étages supérieurs étaient garnis d'archers et de machines de trait de moindre dimension que la *baliste* et la *catapulte*. Les anciens avaient aussi recours à la mine ; ce procédé se réduisait à construire une galerie sous la fondation d'une partie de l'enceinte, et à étayer le mur avec des pièces de bois auxquelles on mettait ensuite le feu ; le mur s'écroulait alors, laissant une large brèche sur toute l'étendue de la galerie, ce qui permettait à l'assaillant de donner l'assaut.

naturellement tourné leurs efforts : chaque fois leurs *béliers* viennent retentir avec fracas contre sa porte et ses murailles, sans réussir à faire brèche. Aux pierres énormes, aux traits de toute espèce lancés par leurs *catapultes* et leurs *balistes*, les défenseurs de la tour ripostent par des flèches enflammées et divers autres artifices incendiaires qui s'attachent aux flancs de ces machines et y mettent le feu. Furieux, les hommes du Nord s'élancent en foule contre la muraille qu'ils tentent d'escalader. L'eau bouillante, le plomb fondu ou la poix pleuvent alors en flots dévorants sur leurs masses ; et, tandis que les assaillants insultent en raillant à leur impuissante colère, la plupart, renversés, se tordent en hurlant au pied de la tour, ou se précipitent dans la Seine, pour éteindre les feux qui embrasent leurs vêtements et leur longue chevelure rousse.

Contraints de rentrer, après chacun de ces assauts infructueux, dans le camp qu'ils avaient établi à Saint-Germain-le-Rond [1], ils se répandaient de là dans la campagne, et dévastaient les deux rives. Une crue subite de la Seine, qui arriva pendant l'hiver, leur fit espérer de réussir en attaquant sur un autre point. le Petit-Pont fut emporté par les eaux, de sorte que la tour qui en protégeait l'entrée se trouva isolée sur l'autre bord. Une douzaine de vassaux de l'évêque, qui la défendaient, résistèrent toute une journée à l'armée entière des Normands. Ceux-ci parvinrent

[1] Saint-Germain-l'Auxerrois.

enfin à mettre le feu à la tour, dont les charpentes s'écroulèrent bientôt comme un vaste bûcher; mais les restes de la maçonnerie romaine, qui servait de base à cette construction, abritèrent les braves qui s'y étaient enfermés. Sanglants, défigurés, aveuglés par la fumée, ils tendaient les bras à l'évêque et à leurs frères. Ceux-ci, ne pouvant les secourir, leur crièrent de se rendre aux Normands dont les barques les entouraient. Ils suivirent ce conseil; mais les Barbares massacrèrent froidement ces gens de cœur sous les yeux de leurs concitoyens.

Cet échec ne découragea pas les Parisiens : soutenus par l'exemple du comte Eudes, de son frère Robert et, surtout, de l'évêque Goslin, ils continuèrent à supporter sans se plaindre les souffrances et les privations qu'entraînait un si long siége. Leurs chefs réclamaient pourtant avec force le secours de Charles le Gros. Le 2 décembre 886, on aperçut enfin, des remparts de la capitale, de nombreux pavillons qui flottaient sur les hauteurs de Montmartre : c'était le camp d'une puissante armée que l'empereur amenait devant Paris, et les habitants se flattèrent de venger bientôt sur les hommes du Nord les maux que ces Barbares leur avaient souffrir.

Resserrés entre le formidable renfort qui arrivait, entre les Parisiens et les gens des contrées voisines, que leurs brigandages avaient réduits au désespoir, les Normands devaient être écrasés. L'empereur préféra conclure avec eux la plus honteuse capitulation qui ait jamais été proposée :

oui, camarades, l'insensé Charles le Gros consentit à payer à ces brigands une somme de quatorze cents marcs d'argent, s'ils levaient immédiatement le siége. Mais le comble de l'infamie, c'est que les Normands, qui tenaient toujours à piller le pays arrosé par la Haute-Seine, obtinrent la permission de transporter leurs barques par terre, au-dessus de Paris, et de les remettre ensuite à flot, pour continuer leur expédition ; et, ce que vous aurez peine à croire, ce travail prodigieux s'effectua paisiblement sous les yeux de l'indigne souverain qui, pour éviter le combat, se résignait froidement à livrer une partie de son royaume au pillage, quand de simples sujets venaient de lui donner un si noble exemple de courage et de constance.

Le mépris des peuples ne tarda pas à flétrir la lâcheté du monarque : Français, Italiens, Lorrains, Bavarois et Allemands rougirent de rester plus longtemps sous la domination d'un tel prince…. Charles le Gros vit, en peu de jours, déserter son armée entière. Repoussé par tout le monde, errant, sans asile, il se réfugia dans un petit village de la Souabe, où il mourut, en 888, complétement fou.

En même temps que l'opinion arrachait ainsi la couronne à l'empereur, elle récompensait la brillante valeur dont le comte de Paris avait fait preuve dans la défense de cette ville, et l'assemblée de Compiègne le proclamait roi. C'était encore au préjudice de ce petit-fils de Charlemagne, dont je vous ai parlé. Eudes, pour tout concilier, déclara qu'il n'acceptait le pouvoir suprême qu'à titre de tuteur de cet enfant, promettant de lui remettre le sceptre à sa majorité. Il oubliait volontiers plus tard cette convention, mais les partisans du fils de Louis le Bègue prirent les armes pour le forcer de l'exécuter. Un partage termina cette guerre, et Charles IV dit *le Simple* occupa le trône avec Eudes, jusqu'à ce que la mort de ce dernier l'eût enfin laissé seul maître, en 898.

Eudes avait continué à combattre les Normands et était parvenu à les chasser d'une partie du territoire français. Sous Charles le Simple, auquel la postérité n'a que trop justement donné ce surnom, les guerres intestines entre les seigneurs et la faiblesse du monarque favorisèrent de nouveau leurs invasions. Plusieurs de ces bandes du Nord s'étaient déjà fixées dans les provinces. Le plus important de ces établissements était celui qu'avait fondé un de leurs ducs nommé Rollon, qui, maître de Rouen, en avait fait une place forte d'où il gouvernait la contrée. Mais loin de favoriser cet esprit aveugle de dévastation et de rapines qui avait été jusque-là le partage de ses compatriotes, ce chef montra des vues plus pacifiques, et chercha à leur insinuer le goût d'une vie plus tranquille. Déjà, sous son commandement, ce pays, naguère inculte et désert, commençait à prendre une face nouvelle, et ses habitants perdaient peu à peu l'habitude de leurs mœurs féroces. La puissance de Rollon s'accrut enfin de telle sorte que Charles, ne pouvant l'expulser, se résigna à lui céder la portion de territoire dont il s'était emparé, qu'on appelait déjà la Normandie, et qui fut érigée en duché en 912. Il consentit même à lui accorder la main de sa fille Gisèle, à condition qu'il se ferait chrétien. Le duc Rollon accepta volontiers. Il parut à la cour de Charles pour lui rendre l'hommage de son nouveau fief ; toutefois il se refusa obstinément à exécuter la partie du cérémonial qui consistait à baiser les pieds du roi. Un de ses officiers accomplit pour lui cette formalité ; mais, soit maladresse, soit irrévérence, ce Normand s'y prit de façon qu'il jeta le monarque à bas de son trône. Le suzerain, ne pouvant se venger de cet affront, prit le parti d'en rire, et ne vécut pas moins en bonne intelligence avec son vassal. Celui-ci continua, en Normandie, l'œuvre de civilisation qu'il avait commencée : secondé par les évêques et le clergé, auxquels il prodiguait ses bienfaits à cette condition, il poursuivit avec fermeté la réforme de ses peuples. Ses lois sévères contre le vol et le pillage furent si religieusement observées, qu'on vit des bracelets d'or suspendus pendant plusieurs jours à un arbre, aux yeux des soldats, sans que personne osât y toucher. De hardis brigands et d'insignes larrons qu'ils étaient, les Normands devinrent enfin de laborieux artisans et de paisibles agriculteurs.

Charles le Simple se laissait gouverner par son ministre Haganon, qui se rendit odieux aux seigneurs, peut-être parce qu'étant d'une naissance obscure, il savait résister avec fermeté aux envahissements que tentaient chaque jour les grands vassaux de la couronne. Quoi qu'il en soit, le mécontentement éclate tout à coup dans l'assemblée nationale du champ de mai que Charles a convoquée, suivant la coutume, en 922. Robert, frère du feu roi Eudes, qui aspire en secret au trône, s'emporte tout à coup en reproches contre Charles, et, comme un signe de rupture sans retour, l'audacieux vassal et tous ceux qui l'ont accompagné, rompent et jettent chacun une paille qu'ils avaient à la main.

Charles, qui du moins avait le courage militaire, prit les armes pour ressaisir l'autorité qu'on lui ravissait. Pendant sept ans, le monarque défendit sa couronne, toujours fugitif, mendiant de château en château quelques hommes d'armes, et, la plupart du temps, manquant même de pain. Une de ses rencontres avec les rebelles avait pourtant coûté la vie à leur chef Robert; mais le fils de celui-ci, Hugues, appelé depuis le Grand, sut néanmoins fixer la victoire sous les étendards de la révolte, et le monarque carlovingien demeura le triste jouet de la fortune jusqu'à ce qu'il vînt expirer, en 930, dans la prison où l'avait jeté la trahison du comte de Vermandois. Hugues, qui avait le titre de duc de France, imita Charles Martel dans son dédain pour celui de roi; il préféra le laisser prendre à son beau-frère Raoul, duc de Bourgogne, dont le règne, qui dura treize ans, fut, comme celui de ses prédécesseurs, rempli par les guerres et les factions.

A la mort de ce prince, en 936, Hugues mit à sa place le fils de Charles le Simple, qu'on appela **Louis d'Outremer**, parce qu'à l'époque de la déchéance de ce monarque, sa mère Ogine s'était réfugiée avec lui en Angleterre, où il avait été élevé. Pendant les troubles et les guerres civiles qui avaient suivi la déposition de Louis le Gros, l'Italie et l'Allemagne avaient encore une fois échappé à la domination des Carlovingiens, que leur incapacité, jointe à l'envahissement du système féodal, entraînait irrésistiblement vers sa ruine. Louis hâta encore la chute de cette dynastie en voulant s'affranchir de la tutelle de son protecteur. Fait prisonnier par ce dernier, il ne recouvra sa liberté qu'en sacrifiant la plus grande partie des domaines qui lui restaient, et, quand il mourut, en 954, il ne léguait plus à son fils Lothaire qu'une ombre de royauté, que Hugues le Grand voulut bien lui laisser, en gardant pour lui toute l'autorité. Ressuscitant ainsi dans sa maison la puissance des anciens maires du palais, ce seigneur mourut au bout de deux ans, après avoir transmis ses dignités à son fils, Hugues Capet, que vous allez bientôt voir assez fort pour s'asseoir enfin sans opposition sur ce trône auquel les rois de sa race doivent rendre un jour son ancienne splendeur.

Lothaire possédait cependant quelque fermeté : il parvint à reprendre un peu d'ascendant sur les seigneurs, et le royaume jouit de quelques années de paix, sous son règne. Il était réservé à Charles, son frère, de la troubler, en s'alliant avec Othon, empereur d'Allemagne, pour faire valoir ses prétentions sur la Lorraine, pays contesté depuis de longues années, entre la France et la Germanie.

Lothaire, irrité de la perfidie de ce jeune ambitieux, marcha contre Othon, qu'il fut sur le point de surprendre, au milieu des plaisirs d'un festin, dans sa capitale d'Aix-la-Chapelle. Mais l'empereur eut bientôt sa revanche : ses troupes pénétrèrent au cœur de la France, où la dévastation et le pillage marquèrent leur passage jusqu'à Montmartre. Suivant l'exemple que lui avait légué sa famille, Hugues Capet sauva le pays. Son armée, réunie à celle de Lothaire, força les Allemands à la retraite. Avec eux, s'éloigna le prince français, qui marchait dans leurs rangs, emportant la haine et le mépris de ses compatriotes. Il perdait ainsi pour jamais les droits que sa naissance lui donna plus tard sur le trône des Français.

A son père Lothaire, succéda Louis V, à peine âgé de vingt ans. Ce monarque, dont vous n'aurez à retenir que le nom, ne régna qu'un an, et fut le dernier des Carlovingiens. Une nouvelle dynastie ramassa la couronne tombée de sa tête, et, avec Hugues Capet, noble rejeton d'une famille de héros, commença la race des Capétiens.

Quatrième Soirée.

Hugues Capet. — Les grands vassaux. — Robert. — Henri Ier. — Robert le Diable. — Situation de l'Europe au onzième siècle. — Trêve de Dieu. — Epreuves judiciaires. — Famines. — Epidémies. — Le mal des ardents. — Première horloge à balancier. — Usage des chiffres arabes. — Premières notes de musique. — Langue romane. — Philippe Ier. — Guillaume, duc de Normandie. — Conquête de l'Angleterre. — Bataille de Hastings. — Le pape Grégoire VII. — Pèlerinages. — Pierre-l'Ermite. — Première croisade. — Armoiries.

La France était devenue un gouvernement entièrement féodal : bien qu'elle offrît à peine le tiers des états de Charlemagne, c'était pourtant encore un grand royaume dont l'étendue dépassait même celle que vous lui connaissez aujourd'hui ; mais tout son territoire se divisait entre une foule de seigneurs, grands vassaux, qui régnaient chacun dans sa sphère, et dont l'indépendance véritable n'était guère gênée par le simple hommage qu'ils rendaient à la couronne. Au nord, les ducs de Flandre réunissaient sous leur domination à peu près tout le pays qui forme maintenant la Belgique et la Hollande, et les comtes de Vermandois possédaient la Picardie et la Champagne. A l'est, les ducs de Bourgogne et de Lorraine s'étendaient en Alsace, le long du Rhin. Au midi, les ducs de Gascogne et d'Aquitaine étaient maîtres de l'Auvergne, la Guyenne, le Poitou, la Saintonge; et à l'ouest, commandaient les ducs de Bretagne et de Normandie. Le pays qui obéissait à ces derniers était si voisin de la capitale, qu'ils pouvaient, dit-on, de la limite de leur duché, jeter une pierre dans Paris. Le dernier des descendants de Charlemagne n'avait plus, quand il mourut, pour tout domaine, que les villes de Laon, de Soissons, et quelques terres qu'on lui contestait. La royauté enfin était devenue si peu de chose, que les autres seigneurs ne furent pas jaloux de l'élévation de Hugues Capet, et ne s'en crurent pas moins ses égaux.

Mais Hugues était duc de France et comte de Paris; il avait en outre de vastes domaines en Picardie et en Champagne; toutes ces possessions, réunies à la couronne, devaient en rehausser l'éclat et l'autorité. Grand par ses ancêtres, grand par ses propres actions, peut-être les intrigues du premier roi Capétien influencèrent-elles encore, comme on l'a dit, l'assemblée des seigneurs dans le sein de laquelle il fut proclamé à Noyon; mais son mérite et les services qu'il avait rendus durent, avant tout, parler pour lui, tandis que Charles, duc de Lorraine, fils de Louis d'Outremer et oncle du feu roi, s'était rendu odieux par les malheurs qu'il avait attirés sur le royaume. Quoi qu'il en soit, le nouveau monarque alla sur-le-champ se faire sacrer à Rheims, en 988, et, six mois après, voulant assurer l'hérédité du trône à ses descendants, il s'associa son fils Robert.

Le duc de Lorraine essaya pourtant de faire valoir son droit, les armes à la main. Ce prince obtint d'abord quelques succès qui faillirent compromettre la puissance encore mal affermie de Hugues Capet. La trahison de l'évêque Ascelin, favori de Charles, ouvrit, en 991, au monarque français, les portes de Laon dont le Lorrain s'était emparé. Surpris au lit avec sa femme, ce dernier fut fait prisonnier, et mourut, deux ans après, enfermé dans une tour d'Orléans. Il laissait deux enfants qui n'eurent point de postérité. Sa mort entraîna la soumission des ducs de Guyenne, de Vermandois et des comtes de Flandre qui tenaient pour lui.

Ainsi s'éteignit le sang de Charlemagne. Mais Hugues Capet eut encore besoin de beaucoup de prudence, pour maintenir son pouvoir au milieu de grands vassaux toujours en guerre les uns contre les autres, et dont quelques-uns refusaient de le reconnaître pour leur suzerain, particulièrement le duc de Normandie, celui d'Aquitaine et le comte de Flandre. Le mot suivant vous mettra à même d'apprécier la position de Hugues Capet, à l'égard d'un grand nombre de ces seigneurs. Le monarque ayant fait demander à Adalbert, comte de Périgueux, qui l'avait fait comte, celui-ci répondit par cette autre question : — *Qui t'a fait roi?*

Hugues parvint pourtant à ramener en partie ces fiers barons à lui rendre leur hommage. Sa sagesse lui concilia ceux que la force n'aurait pu réduire. Cessant de se mêler de leurs querelles, il comprit que les hostilités continuelles entre eux devaient les affaiblir nécessairement, et que l'autorité royale s'en accroîtrait à proportion. Ce plan de conduite lui réussit au delà de ses espérances. Il y en eut beaucoup qui le choisirent pour arbitre de leurs différends, et, par ses décisions toujours fermes et prudentes, il s'acquit bientôt la considération et l'estime de tous. Aussi, lorsqu'il mourut, en 996, après un règne de neuf ans, peut-être ce prince ne fut-il pas généralement regretté; mais chacun ne put se refuser de rendre justice à sa haute capacité.

Ce monarque avait su mettre le clergé et les moines dans ses intérêts, en renonçant aux abbayes dont il avait hérité de son père. Il était aussi grand amateur de reliques, et, plus d'une fois, on le vit, dans les processions, porter nu-pieds la châsse qui les contenait. Mais son fils Robert, auquel en expirant il laissa la couronne, le surpassa de beaucoup en dévotion. Ce nouveau roi mettait toute sa gloire à bien chanter au lutrin, et, sous ce rapport, il faut au moins convenir, camarades, qu'il n'avait point d'égal dans le royaume de France. A défaut d'autres traits bien saillants à citer de son long règne, un des plus stériles en événements, un historien nous a laissé de lui ce singulier éloge : « Il avait « coutume de se rendre chaque année, toute « affaire cessante, au monastère de Saint-Denis, « le jour de Saint-Hippolyte; là, dans le chœur,

« parmi les chantres et autres officiants, il figurait,
« revêtu d'une précieuse chape de soie, faite
« exprès pour lui, et tenant en main son sceptre
« d'or. Il chantait avec tant d'ardeur, que sa voix
« faisait retentir les voûtes de l'église, psalmo-
« diant d'un ton solennel avec ceux qui psalmo-
« diaient. Si l'on entamait des airs gais et allè-
« gres, alors on le voyait, transporté de joie,
« chanter très-gaiement et exciter les chanteurs
« à la gaieté. »

Vous pensez bien qu'un tel prince ne devait pas ménager ses bienfaits aux prêtres ; il s'était même déclaré leur confrère, en se faisant qualifier d'abbé de Saint-Aignan d'Orléans. Ce qui vous paraîtra, sans doute, au moins aussi digne de louanges que l'exactitude de ce monarque à assister à tous les offices, c'est le bien qu'il s'efforça de faire à ses sujets. Plus de trois cents pauvres étaient nourris chaque jour à ses frais, et le nombre s'en éleva parfois jusqu'à mille. Le Jeudi-Saint, il les servait à genoux et leur lavait les pieds. Nous vous citerons encore une singulière preuve de sa piété, parce qu'elle doit servir à vous peindre, en même temps, l'ignorance et les préjugés de l'époque. Il paraît qu'au nombre des qualités qui distinguaient alors nos pères, celle de tenir son serment, manquait trop souvent à l'appel, bien que ce fût alors la coutume de jurer sur les reliques de quelque saint. Le bon roi Robert crut avoir trouvé un excellent moyen de remédier au mal, en faisant fabriquer un reliquaire de cristal orné d'or ; mais vide de reliques, sur lequel il faisait jurer les seigneurs, tandis qu'il en réservait un autre en argent, qui ne contenait qu'un œuf de griffon, pour faire jurer les gens de moindre qualité. Le pieux monarque croyait par là atténuer aux yeux du Ciel la faute de ceux qui faussaient leur serment, sans songer que c'est l'intention qui fait le crime, et que Dieu n'admet pas d'excuses pour le parjure.

Le zèle de ce prince pour la religion aurait dû lui concilier l'affection du saint-siége; vous allez voir pourtant que les foudres de l'Eglise s'appesantirent cruellement sur sa tête. Robert avait épousé Berthe, fille de Conrad, duc de Bourgogne. Cette princesse n'était ni jeune ni belle, et de plus elle était sa parente au quatrième degré; mais bien que les lois religieuses défendissent le mariage entre parents jusqu'au septième, les évêques de France, qu'on avait consultés, pensèrent sagement qu'on pouvait bien enfreindre ces règlements en faveur d'une princesse qui devait un jour doter la couronne du duché de Bourgogne. Le pape Grégoire V en jugea tout autrement: il fit signifier au roi Robert et à sa parente d'avoir à se séparer immédiatement, et à faire une pénitence de sept ans. Il interdisait en même temps, de la communion, Archambaud, archevêque de Tours, qui avait béni leur mariage, et les autres autres évêques qui y avaient assisté, jusqu'à ce qu'ils fussent venus à Rome faire satisfaction au saint-siége. Malgré sa piété, Robert ne goûta en aucune façon le langage hautain du souverain pontife; il refusa formellement de se séparer d'une femme qu'il aimait, et qui bientôt allait le rendre père. Aussitôt une bulle du pape fulmina contre lui une sentence d'excommunication, et mit le royaume en interdit.

Pour bien comprendre l'effet de cette mesure et la douleur générale qu'elle répandit par toute la France, il faut vous reporter, camarades, à ces jours de superstition et de crédulité; il faut vous représenter l'aspect lugubre des villes désolées; les mourants privés des consolations de la religion, et les morts de la sépulture sainte; les cloches devenues muettes et n'appelant plus les fidèles à l'heure de la prière; les statues des saints descendues de leurs niches, revêtues de robes noires et couchées sur la cendre. Partout les habitants, gémissant sur le refus des sacrements que font les prêtres, parcourent les rues en levant les bras au ciel, et poussent de sinistres exclamations, en maudissant le roi qui attire sur eux une si grande calamité. Mais c'est surtout l'infortuné monarque dont il faut bien vous peindre la déplorable situation : abandonné de ses officiers et de tous les seigneurs de sa cour, le royal excommunié erre tristement dans la campagne et dans les rues de la capitale; parfois il s'agenouille devant les églises dont les portes sont fermées pour lui; il prie avec ferveur, et baise en sanglotant la pierre humide... et partout on fuit à son approche comme à celle d'un lépreux. Au palais, tout est morne et désert; deux valets fidèles ont seuls osé demeurer sous le même toit que le maudit; mais telle est l'horreur dont ils ne peuvent se défendre, que, lorsqu'ils enlèvent de sa table les plats qu'il a touchés, ils les font passer par le feu, et jettent aux chiens les restes des mets dont il a goûté.

Trois ans entiers, Robert lutte ainsi contre l'anathème venu de Rome; il cède enfin, et le pape consent à le relever de l'excommunication. L'enfant qu'il avait eu de Berthe était mort en naissant; le roi répudie cette princesse, pour épouser, en 999, Constance, fille de Guillaume Taillefer, comte de Toulouse. Ce second mariage devait être une source de chagrins et de malheurs; on eût dit que la nature n'avait doué Constance de la plus admirable beauté que pour faire ressortir davantage ses vices et sa méchanceté. Elle eut bientôt rendu Robert le plus malheureux des époux; jalouse de dominer, elle s'empara de l'esprit du faible monarque, auquel elle ne laissait pas un instant de repos. Vous pouvez juger par le trait suivant du caractère de cette reine. Une nouvelle secte s'était répandue dans le royaume; plusieurs personnes du peuple, plusieurs ecclésiastiques avaient embrassé cette hérésie, qui consistait à nier tous les mystères du christianisme comme autant de fables. Ces incrédules, nommés *manichéens*, furent jugés par un concile réuni à Orléans, et condamnés au feu. Le roi consentit à assister, avec la reine et toute la cour, au supplice de ces fanatiques. Comme on les conduisait au bûcher, Constance reconnaît parmi eux son ancien confesseur ; la reine s'élança au devant de lui... Le patient se croyait sauvé, lorsque, détachant une épingle d'or de sa parure, elle s'en sert tout à coup pour crever un œil à cet infortuné. — *Un bienfait de plus!...* s'écria-t-il; *achevez de me rendre aveugle, pour que je cesse de voir un monstre tel que vous.*

Hugues, fils aîné de Robert, étant mort en 1026, le second, nommé Henri, fut associé à l'empire et sacré à Reims, malgré la reine, qui voulait que Robert son fils puîné lui fût préféré. Ne pouvant parvenir à désunir les deux frères, Constance les persécuta tous les deux et les contraignit à prendre les armes contre leur père. Mais Robert, qui aimait ses fils et qui en était aimé, les fit promptement rentrer dans le devoir. L'acariâtre princesse n'en conserva pas moins son pouvoir sur son timide époux jusqu'en 104, époque à laquelle ce prince mourut à Melun, âgé de soixante et un ans. Malgré le fanatisme qui l'aveugla quelquefois, Robert était d'un caractère doux et libéral ; les regrets de ses sujets le suivirent dans la tombe.. Sous son règne, la famine et la peste avaient encore désolé la France : des aubergistes mirent en vente de la chair humaine ; quarante-huit têtes furent trouvées chez l'un d'eux près de Mâcon. Ce misérable périt dans les flammes.

Henri Ier, que Robert avait fait sacrer de son vivant, fut son successeur. En montant sur le trône, le nouveau souverain eut aussitôt à lutter contre la reine-mère, Constance, dont les intrigues parvinrent à allumer la guerre civile. Pendant cinq ans, la France dépeuplée, ravagée, vit Henri I*er* et son frère Robert armés l'un contre l'autre. Le roi, forcé d'abandonner Paris, suivi seulement de quelques serviteurs, se réfugia à Fécamp où Robert, duc de Normandie, tenait sa cour. Ce dernier, qu'on a surnommé *le Diable*, à cause de la terreur qu'il portait dans les rangs ennemis un jour de bataille, n'en était pas moins fort bon chrétien, et sa terrible épée rendit en cette occasion d'importants service à la cause de son suzerain. La bonne intelligence se rétablit enfin entre les deux frères, malgré la vive opposition apportée par leur digne mère à cette réconciliation. La méchante princesse en mourut de dépit, et fut rejoindre, dans les caveaux de Saint-Denis, le roi Robert, dont ce mauvais voisinage dut troubler le sommeil jusqu'au fond de la tombe.

Pour obtenir la paix, Henri avait cédé à son frère le duché de Bourgogne. Eudes, second frère du roi, se révolta à son tour, espérant que quelque apanage serait aussi le prix de sa rébellion ; mais il fut vaincu, et resta deux ans prisonnier dans la tour d'Orléans. La captivité ne put guérir l'humeur sauvage de ce jeune homme ; à peine fut-il libre, qu'il se mit à la tête d'une troupe de brigands, avec lesquels il errait par tout le royaume, ne vivant que de butin et de rapines. Ce fut dans une de ces courses qu'il fut frappé de mort subite, pour avoir, si l'on en croit un dévot historien, pillé des moines bénédictins, et commis quelque irrévérence dans une église.

Robert le Diable était mort en 1046, laissant son duché de Normandie à son fils naturel Guillaume, qui fut appelé *le Bâtard*, jusqu'à ce qu'il prît le surnom plus glorieux de *Conquérant*, ainsi que je vous le raconterai tout à l'heure. Des rebelles, prétextant la naissance illégitime de Guillaume, s'armèrent contre lui pour tenter de le dépouiller, et Henri, oubliant les services qu'il avait reçus du père de ce prince, se joignit à ses ennemis. La cause du Normand triompha pourtant : Henri fut forcé de faire la paix ; mais le reste de son règne fut marqué par de continuelles ruptures entre les Français et les Normands.

Sous les débiles enfants de Charlemagne, l'autorité du saint-siége avait pris un étrange développement ; chaque jour les papes et leurs envoyés ou *légats* devenaient de plus en plus entreprenants ; vous avez vu ce qu'un pape avait osé sous le règne de Robert ; la domination des souverains pontifes s'accrut encore sous celui de son successeur ; les légats eurent tout pouvoir en France. Loin de s'être améliorée sous les premiers rois de la race des Capets, la situation du royaume s'était grossie d'une somme effrayante de maux. La féodalité avait jeté de profondes racines par toute l'Europe, où la plus grande partie de l'espèce humaine était réduite au dernier degré de misère. Tout le peuple était devenu serf ou esclave, ou, pour parler plus juste, il n'existait plus que deux classes d'hommes, les opprimés et les oppresseurs. Chacun pouvait frapper, mutiler ou même tuer son serf impunément ; celui-ci ne pouvait ni quitter les domaines du maître ni se marier, sans sa permission. Attaché au sol, il devait enfin en suivre la destinée et se vendait avec lui, comme le bétail et les instruments de labour. Mais ces infortunés, abrutis par l'esclavage, ignoraient la sainteté des droits dont on les privait : les mots de patrie et de liberté n'avaient pour eux aucune signification ; car l'ignorance la plus stupide était leur partage. Leurs oppresseurs eux-mêmes n'étaient pas plus savants : les efforts de Charlemagne avaient, il est vrai, répandu le germe de quelques connaissances ; mais le mouvement que le grand homme avait imprimé fut bien vite étouffé après lui par les guerres civiles de la seconde race. Les prêtres seuls avaient conservé quelque teinture grossière des lettres ; et cette connaissance exclusive leur soumettait les barons comme le reste de la nation. A part cet empire, la force était le seul droit qui fût reconnu ; pour résister aux invasions normandes, les grands vassaux du royaume avaient fait élever, dans leurs seigneuries, des forteresses où l'on fût à l'abri de la rapacité de ces Barbares. Ces châteaux étaient situés, pour la plupart, sur des montagnes escarpées, et, du haut de leurs tours crénelées, on dominait toute la campagne. Mais après avoir servi contre les brigands du Nord, ces manoirs féodaux devinrent bientôt autant de repaires d'où les barons eux-mêmes s'élançaient sur les chemins avec leurs hommes d'armes, pour piller les marchands, rançonner les voyageurs, et enlever les femmes qui étaient à leur convenance.

Nous, camarades, soldats d'un autre temps, où le respect pour les lois est devenu désormais le partage de tous, quand, du penchant de quelque colline, nous apercevons, en passant, les ruines pittoresques de l'un de ces vieux forts, encore semés sur le sol de nos provinces, où ces débris sont restés debout, comme pour rappeler les exactions des guerriers d'autrefois, soyons fiers du contraste de notre mission avec la leur ; car, aussi bien qu'eux, nous sommes prêts à verser notre sang pour la patrie, au dehors ; mais nos armes ne sont plus employées, au dedans, que pour y veiller partout au maintien de l'ordre et de la sécurité publique, sans lesquels il n'est point de prospérité pour un pays.

Ces forteresses ne devinrent pas moins dangereuses à la monarchie qu'aux simples particuliers. A l'abri de leurs hautes murailles, les grands vassaux de la couronne pouvaient impunément en secouer le joug. Les rois eurent souvent, des années entières, à lutter contre un simple vassal, parce que, réduits à leurs propres forces dans ces guerres, ils n'avaient à leur disposition que les troupes levées dans leurs seigneuries particulières. Les choses ne changeaient de face que dans le cas d'une guerre nationale : tout possesseur d'un fief devait marcher alors avec ses hommes, à peine d'être déclaré traître et félon ; toutes les bannières venaient se grouper autour de l'étendard royal, et le souverain, peu de temps auparavant, embarrassé pour lever dix mille hommes, en commandait souvent deux cent mille.

Avec ce système déplorable, où tout seigneur régnait en maître absolu dans ses domaines, la paix générale était impossible. Tous les différends se jugeaient les armes à la main : de là, une foule de guerres privées de province contre province, ville contre ville, château contre château ; et dans tous ces combats partiels, on voyait figurer, le casque en tête et la lance ou la masse d'armes au poing, les abbés et les évêques au milieu des guerriers. Les monastères et les abbayes étaient fortifiés comme les manoirs féodaux des barons, et ne se montraient pas moins redoutables à leurs voisins. La France était enfin un vaste champ de bataille où *vilains* et *bourgeois*[1], traînés de force à la guerre par les seigneurs, ne se battaient que pour river leurs fers.

Après tant de jours de désordres et d'anarchie, on sentit pourtant le besoin d'apporter un remède à ces fléaux. Plusieurs conciles en cherchèrent longtemps, mais inutilement, les moyens. Enfin, en 1054, les évêques imaginèrent de faire parler Dieu lui-même dans une lettre tombée du ciel, et cette supercherie, bien que grossière, produisit quelque effet. De nouveaux conciles furent convoqués : partout le peuple entourait ces assemblées, et s'écriait, en levant les mains au ciel : *La paix ! la paix !* Les barons jurèrent de déposer les armes ; on ordonna des jeûnes et des pénitences ; l'humanité put enfin respirer pendant un court

---

[1] On appelait *vilains* les serfs de la campagne, et *bourgeois* ceux qui habitaient les villes et les bourgs. Ni les uns ni les autres ne pouvaient produire qu'au profit de leurs seigneurs.

espace de temps qu'on appela la *paix de Dieu*. Mais ceux qui avaient juré de remettre l'épée dans le fourreau se montrèrent bientôt parjures : les violences et les brigandages recommencèrent. La *paix de Dieu* étant reconnue impraticable, un autre concile la remplaça en 1040, par la *trêve de Dieu*; étrange transaction par laquelle on donnait libre carrière au meurtre et au pillage, durant trois jours et deux nuits de la semaine, pourvu que, depuis le mercredi au soir jusqu'au lundi matin, on s'abstînt de toute hostilité.

Les lois elles-mêmes étaient en harmonie avec la férocité générale : nous avons cité, au temps de Charlemagne, la plupart des barbares cérémonies judiciaires, qu'on appelait le *jugement de Dieu*. Cet usage s'était maintenu, et avait, à l'époque que nous dépeignons, plus de force que jamais. Loin enfin de s'être civilisée sous les descendants de l'empereur, la France, après lui, était retombée dans des ténèbres peut-être plus épaisses que sous la race précédente, et la barbarie reprit son funeste ascendant. Joignez à ce tableau la misère et les famines dont je vous ai raconté les lugubres résultats; car nous ne reviendrons pas sur les horribles excès causés par le désespoir et la faim; inscrivons seulement ici quelques détails que l'histoire a conservés sur l'une de ces épidémies terribles qui dépeuplèrent entièrement plusieurs contrées. Cette contagion s'appelait le *mal des ardents*, ou le *mal d'enfer*. Ses symptômes s'annonçaient par une chaleur dévorante d'entrailles et une désorganisation rapide de toute l'économie du malade. Le visage devenait pâle, bouffi, décharné. La peau contractait une couleur livide; l'haleine était brûlante et infecte. La voix s'altérait au point qu'elle ressemblait au cri des oiseaux de proie. Vous cesserez, au surplus, camarades, de vous étonner des ravages de cette affreuse maladie, quand je vous aurai dit le seul traitement que les médecins d'alors eussent à lui opposer : on faisait tremper les reliques d'un saint dans de l'eau bénite et du vin ; à ce mélange on ajoutait de la raclure d'une pierre du saint sépulcre ; puis, après avoir laissé infuser le tout, on l'offrait au malade.

C'est assez vous dire quelle était alors la situation des sciences et des arts : quelques inventions furent pourtant mises au jour au commencement de la troisième race. En 990, Gerbert, archevêque de Reims, avait exécuté une horloge dont un balancier réglait le mouvement. Ce prélat, qui fut depuis nommé pape, s'était instruit à l'école des Arabes, pendant un voyage qu'il avait fait jadis en Espagne ; c'est à lui qu'on attribue aussi l'introduction, parmi nous, des chiffres arabes. Il passa, de son temps, pour un magicien, parce qu'il savait l'arithmétique et quelques éléments de géométrie. L'invention de la musique à plusieurs parties fut due, une trentaine d'années après, à un moine d'Arrezzo nommé Gui. Ce fut lui qui trouva le gamme et les notes *ut, ré, mi, fa, sol, la,* dont chacune est le commencement d'un vers de l'hymne de saint Jean [1]. Un Parisien, nommé

---

[1] L'invention du *si* est de beaucoup postérieure ; il fut ima-

de Mœurs, les exprima plus tard par les figures ou caractères qu'on a appelés *notes*. Les Romains avaient jadis introduit le latin dans les Gaules ; les Francs et les autres Barbares le corrompirent en y mêlant leur langage. Il en résulta un jargon qu'on appela d'abord le *roman*, et qui, perfectionné par le temps et le goût, est devenu la langue française que nous parlons aujourd'hui.

A la mort de Henri Ier, arrivée en 1060, Philippe son fils n'était âgé que de huit ans. La tutelle de cet enfant fut confiée à Baudoin, comte de Flandre, à l'exclusion de la reine Anne qui jouissait de peu de crédit, en sa qualité d'étrangère, et de Robert son oncle, auquel on avait à reprocher sa rébellion contre le feu roi. La régence de Baudoin commença par une campagne contre les Gascons qui s'étaient révoltés, et qu'il contraignit à faire l'hommage qu'ils refusaient à la couronne. Il saisit enfin habilement toutes les occasions d'assurer l'autorité et d'augmenter les domaines de son jeune pupille. Pendant ce temps, le fils de Robert *le Diable*, ce Guillaume *le Bâtard*, dont je vous ai promis de vous entretenir encore, méditait la vaste entreprise qui lui valut le surnom de *Conquérant*.

Edouard *le Confesseur*, roi d'Angleterre, étant mort sans enfants, Guillaume produisit un testament de ce prince qui l'instituait héritier de la couronne d'Angleterre. Mais un compétiteur re-

giné, il n'y a guère qu'un siècle et demi, par un nommé Lemaire.

doutable pour Guillaume se présentait dans la personne d'Harold, descendant des anciens rois du pays. Le Normand manquait en outre d'argent pour suffire aux immenses préparatifs qu'exigeait une descente. Il réussit pourtant, à force de flatteries et de promesses, à gagner un grand nombre de seigneurs à sa cause. Séduits par le prestige glorieux qui s'attachait à cette expédition, les comtes d'Anjou, de Poitou, de Ponthieu, le duc de Bourgogne, tous vassaux de la couronne de France, consentirent à se joindre à lui avec leurs hommes d'armes et leurs vassaux. Le régent de France lui-même seconda puissamment l'entreprise, et tandis que le duc de Normandie empruntait de tous côtés à usure, offrant la victoire pour hypothèques du capital et des intérêts, la plupart des barons vendaient leurs meubles et engageaient leurs terres. Partout on levait des hommes, on construisait des vaisseaux : les soldats, les munitions, les armes arrivèrent de tous côtés ; une flotte formidable s'organisa rapidement.

Le 14 octobre 1066, le signal du départ est enfin donné : les ancres sont levées, les voiles s'enflent et les navires, encombrés d'hommes, de chevaux et d'armures, s'élancent fièrement sur les flots. Une tempête perdrait tout peut-être ; mais on arrive sans accident de l'autre côté du détroit. Les Normands ont touché le sol avec leurs robustes coursiers, les hommes d'armes s'affermissent sur la selle, et les bannières flottent au vent. Mais Harold et son armée les attendent à Hastings ; là, se livre la bataille qui décide du sort de l'Angleterre, et cette bataille est un combat de géants. Les Normands ne regardent point en arrière, car leur flotte n'existe plus. En brûlant les vaisseaux qui l'ont déposé sur la côte, leur chef a invoqué la victoire ou la mort... c'est la victoire qui répondra. Au premier rang de l'armée normande, un homme d'armes, nommé Taillefer, entonne soudain la chanson de Rolland, que ses compagnons répètent en chœur ; puis il se jette au milieu des Anglais. Les Normands se précipitent en foule sur ses pas ; mais Harold reçoit bravement le choc avec les siens. Pendant six heures on se bat de part et d'autre avec un acharnement incroyable. Guillaume est à pied au fort de la mêlée ; Harold, à son exemple, a quitté son cheval, et sa valeur intrépide soutient longtemps le courage des Anglais qui chancelle. Il tombe enfin avec ses deux frères ; mais il n'a cédé la couronne qu'avec la vie. Un mois suffit à son heureux vainqueur pour établir sa domination, et Guillaume le Conquérant impose ses dures lois [1] à l'Angle-

---

[1] Guillaume abolit toutes les lois du pays pour y établir celles de Normandie. Il voulut même que la langue du vainqueur fût la seule qu'on parlât dans toute l'étendue de son nouveau royaume. Plusieurs révoltes étouffées, des irruptions des Danois repoussées, des règlements rigoureux sévèrement exécutés signalèrent son règne. Il partagea les terres des vaincus entre les Normands qui avaient contribué à la victoire. On lui reproche d'avoir asservi la nation à ses caprices tyranniques. Les Anglais regardaient comme un des plus arbitraires la loi du *couvre-feu*, par laquelle il fallait, au son de la cloche, éteindre le feu dans chaque maison, à huit heures du soir. Il est plus juste de penser que cet ordre du conquérant n'était qu'une sage mesure de police pour éviter les incendies dans un pays où la presque totalité des habitations était construite en bois.

terre soumise. Vous verrez bientôt qu'en fournissant ainsi à un vassal de la couronne de France les moyens d'augmenter sa puissance, les barons et le régent armaient, contre leur patrie, un ennemi qui devait plus tard ne devenir que trop redoutable pour elle.

Philippe eut bientôt lieu de sentir vivement la faute de son tuteur. Celui-ci était mort, l'année qui suivit l'expédition de Guillaume, laissant l'autorité aux mains d'un roi de quinze ans. Les premières années du règne de celui-ci ne furent qu'une suite de bouderies entre les deux souverains. Une raillerie maladroite alluma la guerre, et c'est de là qu'il faut dater les longues inimitiés entre la France et l'Angleterre : Guillaume, affligé d'un embonpoint extraordinaire, était depuis quelque temps réduit à garder le lit. — *Quand est-ce que ce gros homme accouchera?* demanda un jour Philippe en plaisantant. Ce mot, répété au duc de Normandie, le mit en fureur. — *Eh bien!* s'écria-t-il, *j'irai faire mes relevailles à la cathédrale de Paris, avec dix mille lances en guise de cierges!* Guillaume entra aussitôt avec ses troupes sur les terres de France qu'il ravagea. L'irascible Normand, après avoir brûlé Mantes, se préparait enfin à marcher sur Paris, quand une maladie qu'il avait gagnée, en s'échauffant dans cette campagne, vint tout à coup mettre un terme à sa vie et à ses projets de vengeance.

La chaire pontificale était alors occupée par le fougueux Hildebrand, ou Grégoire VII, qui proclamait l'omnipotence du saint-siége et sa suprématie sur tous les trônes. Les rois ne devaient plus être que les grands vassaux des papes, et Grégoire prétendait, en cas de désobéissance de la part des souverains, délier leurs sujets du serment de fidélité. Ces principes furent l'occasion de troubles et de guerres atroces, qui se perpétuèrent longtemps dans toute l'Europe. Philippe s'attira bientôt de nombreuses querelles avec l'impérieux et turbulent pontife. Dégoûté de Berthe sa femme, le roi la répudia, sous prétexte qu'elle était un peu sa parente. Quelque temps après, étant devenu amoureux de Bertrade comtesse d'Anjou, il l'enleva à son mari, et l'épousa. Excommunié par le pape, il se sépara de Bertrade, puis la reprit. L'anathème fut maintenu par le successeur de Grégoire. Il ne paraît pas pourtant que l'excommunication lancée contre Philippe ait eu les mêmes effets que celle qui avait frappé le roi Robert ; mais cette affaire dura de longues années, pendant lesquelles elle fut la cause de désordres sans nombre. Les évêques et les seigneurs en vinrent une fois jusqu'à se battre à coups de pierre dans un concile tenu à Poitiers. Enfin, les évêques crurent qu'il était de leur intérêt de donner l'absolution au roi. Le pape Pascal II y consentit, et Philippe vint l'obtenir, en hiver, et nu-pieds, dans un concile qui eut lieu à Paris en 1104.

Mais pendant cet intervalle, une étrange exaltation religieuse s'était emparée des imaginations : l'Europe, ébranlée dans ses fondements, éprouvait les premiers symptômes de cette fièvre ardente qui, durant deux siècles consécutifs, la précipita sur l'Asie. Depuis quelques années les pèlerinages étaient devenus nombreux parmi les populations, et le désir de visiter le saint sépulcre attirait beaucoup de monde en Palestine. Ces voyages n'étaient pourtant pas sans dangers; car les Sarrasins, qui étaient maîtres du pays, faisaient chèrement payer aux chrétiens la permission de parvenir jusqu'aux lieux saints, et ne leur épargnaient pas les vexations de toute espèce. Quand les pieux voyageurs racontaient leurs souffrances au retour, ils faisaient passer dans tous les cœurs la plus vive indignation contre les oppresseurs ; chacun, en écoutant le récit de leurs cruautés, formait tout haut mille projets de vengeance ; mais on s'en était tenu jusque-là à des vœux stériles.

Un gentilhomme Picard, nommé Pierre l'Ermite, voulut tenter quelque chose de plus pour la délivrance de la Terre-Sainte. Préoccupé de cette pensée, tout le temps de son pèlerinage, il avait visité en observateur les contrées qu'il parcourait, examinant avec soin quelles seraient les routes les plus sûres ou les points de débarquement les plus commodes pour une expédition du genre de celle qu'il méditait. Ce n'est que muni de précieux renseignements sur les ressources que pouvait offrir le pays, et sur les forces qu'on aurait à combattre, qu'il revint dans sa patrie. La tête encore échauffée par le souvenir des maux qu'il avait soufferts et des profanations dont il avait été témoin, partout, sur son passage, Pierre traçait le tableau pathétique des peines infligées par les infidèles aux malheureux pèlerins; appelant les Chrétiens au secours de leurs frères d'Orient, et prêchant dans toutes les villes et toutes les cours de l'Europe. Pierre l'Ermite se présenta ainsi au pape Urbain II; il lui fit part de son projet, lui déroula ses plans, ses observations, et parvint à communiquer son enthousiasme au saint-père. Urbain convoqua aussitôt un concile dont il fixa la réunion à Clermont en Auvergne, et il somma non-seulement les évêques, mais tous les seigneurs du royaume, d'avoir à s'y rendre, toute affaire cessante, sans daigner même consulter le roi de France dans les états duquel il ordonnait ainsi en maître [1].

Une multitude innombrable de princes, de seigneurs, de chevaliers et d'évêques répondirent à cet appel. Le pape prit la parole avec une véhémence qui entraîna toute l'assemblée; annonçant la guerre sainte comme un moyen d'expier tous les crimes, et promettant des indulgences, au nom de l'église, à quiconque prendrait les armes. Il y eut dans toute cette foule un moment d'exaltation singulière, où le désir de venger la religion, l'amour des aventures chevaleresques et peut-être un peu celui du pillage s'emparèrent de tous les esprits. La parole animée du saint-père, ses sanglots quand il dépeignit le triste état des chré-

---

[1] Tel était alors le pouvoir du saint-siége sur la couronne, que non-seulement Urbain ne s'inquiéta pas de l'assentiment de Philippe; mais encore il ouvrit le concile par une nouvelle sentence d'excommunication contre ce prince, qui persistait dans son refus de se séparer de Bertrade.

triens de la Palestine, parvinrent à émouvoir les plus impassibles; brûlant de se baigner dans le sang des infidèles, les assistants s'écrièrent en masse : *Dieu le veut!* Soudain le pontife leur distribue des croix d'étoffe rouge que chacun attache sur ses vêtements. Ce signe est en peu de temps adopté dans les villes et dans les chaumières, dans les monastères et dans les châteaux.... Les moines l'ont cousu sur leur froc, les chevaliers le portent sur leurs armes, les femmes en ont fait un objet de parure; elles en décorent même la poitrine de leurs enfants. Chacun, enfin, veut obtenir le nom de *croisé* [1], et l'on se prépare en tous lieux à partir pour la *croisade*.

Je vous ai parlé, au commencement de cette histoire, des émigrations continuelles de ces hordes accourues jadis de l'Orient vers l'Occident, pour se partager les débris de l'empire romain; mais les essaims de *croisés* que, par un étrange rapprochement, l'Occident à son tour lança pendant deux cents ans vers l'Orient, surpassèrent encore en nombre toutes ces nations ensemble. Et remarquez bien, camarades, que comme un puissant auxiliaire à l'enthousiasme religieux qui entraînait alors les populations de l'Europe, se joignit absolument le même mobile que celui qui avait déterminé le déplacement des autres : c'est-à-dire qu'aux deux époques que nous citons, ces multitudes diverses avaient ressenti le même besoin

---

[1] Nom qui résulta naturellement de l'adoption du signe, en forme de croix qu'on s'attachait sur la poitrine, en *croisant* deux bandes de drap rouge.

d'aller chercher au loin des adoucissements à l'existence misérable qu'elles menaient dans leur patrie. Les masses accueillirent donc, en France, avec ardeur le projet de cette entreprise aventureuse : les serfs, pour fuir l'esclavage ; les vassaux, pour échapper au despotisme des suzerains ; les débiteurs, pour se liquider par cet honnête moyen, qui trouve bien encore des imitateurs de nos jours, et tous enfin pour gagner le paradis. On vendit terres, seigneuries, fiefs, châteaux, mobiliers, afin d'équiper des hommes d'armes et de subvenir aux frais du voyage.... Vieillards, femmes, enfants, princes, moines, seigneurs, évêques, se mirent en marche, en 1097, en répétant le cri, *Dieu le veut !*

Environ un million d'individus des deux sexes, de tout âge et de toute condition, se dirigeaient ainsi, en plusieurs bandes, vers les contrées orientales. Ces hordes indisciplinées, dont l'une avait Pierre l'Ermite pour général, portèrent partout la dévastation sur leur passage, et crurent se rendre agréables à Dieu, en préludant, par le massacre de tous les juifs, à la délivrance de Jérusalem.... Mais pas une d'elles ne devait y arriver. Dans les pays que ces tourbes armées traversèrent, les peuples se levèrent contre elles ; tout ce qui ne fut pas exterminé périt de misère, avant d'avoir atteint le terme du pieux voyage. La seule armée qui parvint en Terre-Sainte fut celle où s'étaient réunis les seigneurs français et allemands, qui avaient choisi Godefroi de Bouillon, duc de basse Lorraine, pour leur chef. C'étaient nécessairement des troupes un peu plus régulières : on y voyait les bannières de Hugues, frère du roi de France, de Raymond, comte de Toulouse, de Robert, duc de Normandie, d'Etienne, comte de Chartres, et d'une foule d'autres seigneurs souverains, avec leurs chevaliers, leurs vassaux et leurs hommes d'armes. Après des combats, des souffrances et des maladies qui la réduisirent de moitié, cette armée réussit enfin à s'emparer de la ville sainte en 1099, et son chef Godefroi de Bouillon fut élu roi de Jérusalem.

Demeuré froid au milieu de l'effervescence générale, Philippe avait eu la prudence de ne pas s'associer à cette pieuse excursion : la sagesse défendait en effet à ce prince de quitter ses états, où la présence du maître était si nécessaire, pour une expédition lointaine dont il n'avait d'autres fruits à recueillir que des indulgences. Encore sa position d'excommunié en rendait-elle le bénéfice douteux. Pendant que la plupart des seigneurs s'en allaient ainsi conquérir la Palestine, l'autorité royale, si souvent troublée, jusqu'alors, par leurs rébellions, profita de leur absence pour s'accroître des sacrifices auxquels cette entreprise les avait réduits. Presque tous les grands vassaux avaient divisé et vendu leurs fiefs, pour se procurer de l'argent ; et le roi ne négligea pas cette occasion d'agrandir ses domaines. Les barons avaient affranchi, pour le même motif, les serfs qui avaient pu se racheter : c'était diminuer leurs forces d'autant. Le royaume put aussi recouvrer un peu de tranquillité par le départ d'une quantité de vagabonds et de brigands qui désolaient les provinces, et qui prirent heureusement, des premiers, la croix. La communication avec l'Orient, devenue plus fréquente, accoutuma enfin les Français à aller chercher eux-mêmes, les belles étoffes de l'Inde et les épiceries dont auparavant les Génois et les Vénitiens accaparaient seuls le commerce.

Sur la fin du règne de Philippe, beaucoup de nobles pèlerins revinrent dans leurs châteaux. De tous ces pages, ces varlets, ces hommes d'armes, qui en étaient sortis, à la suite de leur seigneur, bien montés, bien équipés et portant la croix rouge sur l'épaule, peu rentrèrent avec lui au manoir féodal.... Et parmi les serfs qui se groupaient pêle-mêle, au départ, autour de sa bannière et qui l'avaient suivi à pied dans les combats, la dévorante ardeur du climat et le fer des Sarrasins avaient moissonné plus largement encore. Bien des vassales pleuraient, au hameau, un frère, un époux, ou un fils dont les ossements blanchissaient les sables du désert; mais avec leur front bronzé par le soleil de Syrie, et leurs corps maigris par les fatigues et les maladies, ceux que le sort de la guerre avait épargnés étaient devenus pour le pays les objets d'une sorte d'admiration dont ils jouissaient avec une fierté naïve. La dame châtelaine se parait avec orgueil d'un collier merveilleux que son noble époux avait eu pour sa part du butin... ou bien, au mur de la grande salle, le sire chevalier avait appendu, au milieu des armures et des trophées de chasse, la dépouille de quelque émir tué de sa main. Il avait rapporté sa bannière brodée de signes extraordinaires, dont ceux qui le suivirent en Palestine possédaient seuls d'abord la signification, mais qui furent, au bout de peu de temps, une langue comprise de tout le monde, quand l'usage des *armoiries* devint général en France.

Confondus dans le même camp et tous également couverts de fer, les hommes d'armes des divers seigneurs avaient imaginé ce moyen de reconnaissance entre eux. Sur le fond, primitivement uni, de sa bannière, chaque chef jeta une profusion d'emblèmes qui faisaient allusion à une prouesse personnelle, ou bien aux plantes, aux animaux, ou aux coutumes de l'Orient[1]. Ils firent de même peindre ou graver ces *armoiries* sur leur bouclier, et les gens de leur suite s'en chamarrèrent le dos et la poitrine. Cette mode fit fureur en France, aussitôt qu'elle y fut connue. Les dames chargèrent leurs vêtements des armoiries du chevalier qui était leur amant ou leur mari; on les sculpta partout, sur le lambris et la façade des châteaux. Les familles, en s'alliant entre elles, se communiquèrent mutuellement ces emblèmes d'illustration, et les fondirent ensemble, d'après certaines conventions, qui forment la science du *blason*. Seulement, pour éviter la confusion dans

---

[1] C'était par exemple un pont que le chevalier avait défendu, une tour qu'il avait prise d'assaut, l'armure d'un Sarrasin vaincu par lui, les chaînes qu'il avait portées comme captif, l'or qui avait été le prix de sa rançon; d'autrefois c'était un palmier, un lion, un chameau, etc., etc., selon la circonstance particulière qui avait déterminé ce choix.

l'espace resserré d'un écusson, ou réduisit les objets à une plus petite dimension; ainsi une arche représenta un pont, un casque signifia une armure, etc., etc.

Cinquième Soirée.

Louis VI. — Ligue de Montlhéry. — Bataille de Brenneville. — Premières chartes des communes. — Suger. — Louis VII, dit *le Jeune*. — Massacre de Vitri. — Saint-Bernard. — Deuxième croisade. — Renvoi d'Eléonore de Guyenne. — Progrès des lumières. — Abeilard. — Fondation de l'Université. — Trouvères ou troubadours. — Le Code Justinien retrouvé. — Fabrication du papier. — Architecture gothique. — Superstitions. — Fêtes de l'âne et des fous. — Ignorance absolue de l art militaire. — Mépris général pour l'infanterie. — Réflexions sur les guerres d'Orient. — Les Templiers et les Hospitaliers.

Bien qu'il se fût un peu accru, comme nous venons de le voir, le domaine des rois de France ne s'étendait guère que dans une circonférence de quinze ou vingt lieues autour de Paris, cernée de toutes parts par les possessions des grands vassaux. Dès sa plus tendre jeunesse, Louis VI, qui succéda à Philippe Ier, déploya une activité extraordinaire dans ses expéditions continuelles contre les barons révoltés, et Philippe avait trouvé en lui le plus ferme soutien de son autorité. Lorsqu'en 1108, Louis posséda seul le trône qu'il avait partagé plusieurs années avec son père, il poursuivit sans relâche la tâche qu'il avait commencée sous le règne précédent. Sa corpulence l'avait fait surnommer *le Gros*, mais il puisait dans l'étonnante énergie de son âme les ressources physiques que ce gênant enbompoint lui refusait : passant tour à tour d'un combat au siége de quelque château féodal, ou d'un siége à une bataille, toujours à cheval, toujours à la tête de ses hommes d'armes, ne s'arrêtant jamais que le rébellion ne fût entièrement domptée et punie, Louis *le Gros* reçut aussi de ses contemporains le surnom de *batailleur*.

Il eut d'abord à guerroyer dans l'Orléanais, dans la Normandie et jusque dans l'île de France, où les barons continuaient leur brigandage armé, et dévalisaient les voyageurs sur les routes. Les vassaux étaient soutenus dans leurs révoltes par le roi d'Angleterre, auquel son duché de Normandie offrait les moyens de leur fournir aisément des secours, tandis que les ressources de Louis étaient si restreintes, qu'il lui fallut trois ans pour prendre le seul château du Puiset qui était le repaire de l'un de ces nobles détrousseurs de grands chemins. Environné de tant d'ennemis dont les forteresses étaient si près de Paris, qu'on pouvait de cette ville en apercevoir les tours, ce monarque eut à se défendre des entreprises d'une faction formidable qu'avaient réussi à former contre lui tous les seigneurs qu'il avait châtiés isolément.

Ceux d'entre vous, camarades, qui connaissent la capitale et ses environs, ont sans doute remarqué l'effet pittoresque d'une tour que le temps semble avoir oubliée au sommet de la montagne d'où elle commande encore aux compagnes voisines : c'est la tour de Montlhéry, dernier

CINQUIÈME SOIRÉE.

débris d'une de ces forteresses, si redoutables aux habitants de la contrée, et que Louis eut tant de peine à réduire. Dans l'enceinte formidable de ce château, conspirait contre son suzerain l'un des seigneurs les plus puissants de tous ceux qui prirent part à cette levée de boucliers, appelée, de son nom, la *ligue de Montlhéry*. Ce fut, pendant six ans, une lutte de tous les jours; à peine l'un des barons révoltés était-il vaincu, qu'un autre, et quelquefois plusieurs autres, à la fois, entraient dans la lice. Louis parvint pourtant à les lasser, et les contraignit à vivre en paix dans leurs domaines.

Mais le roi d'Angleterre était un ennemi plus tenace et moins facile à dompter. Trompé dans ses espérances par la soumission des seigneurs qui avaient pris part à la ligue de Montlhéry, il cherchait constamment à inquiéter la France. Louis se repentit alors trop tard de la faute qu'il avait faite en ne s'opposant pas à ce que Henri, déjà roi d'Angleterre, s'emparât de la Normandie, au préjudice de son frère aîné auquel elle devait appartenir. Guillaume, fils de ce dernier, étant venu réclamer auprès de lui son héritage, Louis, en qualité de suzerain, cita le roi d'Angleterre à comparaître devant sa cour des pairs. L'Anglais vint, mais en tête d'une armée dans les rangs de laquelle on comptait encore de traîtres vassaux de la couronne. Le *batailleur* ne fut pas longtemps à voler à sa rencontre dans la plaine de Brenneville; mais sa valeur ne devait pas cette fois réussir à fixer la victoire. Louis, qui s'était jeté, tête baissée, au milieu des ennemis, faillit être fait prisonnier.

Un soldat tenait déjà la bride de son cheval, en criant à ses compagnons : *Le roi est pris ! — Ne sais-tu pas,* répond le monarque français d'une voix terrible, *qu'au jeu d'échecs, on ne prend pas le roi !...* Et l'Anglais roule au même instant dans la poussière, frappé d'un coup de hache qui lui a fendu le crâne. La bataille était perdue, la nuit vint, et le roi, séparé des siens, errait à l'aventure dans les bois, appuyé sur un tronçon de sa lance brisée... Une vieille femme lui servit de guide pour rejoindre ses troupes qui s'étaient ralliées aux Andelys.

C'était là le commencement de ces guerres désastreuses qui durèrent l'espace de trois siècles et demi, entre la France et l'Angleterre. Louis continua à combattre avec des chances diverses ; mais si la fortune se déclara parfois contre lui, l'on peut affirmer que son courage ne se démentit jamais. On fit cependant la paix ; pressé de retourner dans ses états où s'étaient élevés quelques troubles, le roi d'Angleterre consentit en, 1120, à renouveler son hommage à la couronne de France pour le duché de Normandie. Malgré cette cessation momentanée des hostilités, Henri d'Angleterre n'en conservait pas moins de mauvaises dispositions contre la France, et cherchait secrètement à seconder celles de tous ses ennemis. Une de ses filles était mariée à un autre Henri, empereur d'Allemagne. Il s'entendit avec lui pour tenter une irruption formidable des troupes allemandes par la Lorraine et des Anglais par la Picardie. L'empereur d'Allemagne violait le territoire français, sous le prétexte absurde qu'un concile réuni à Reims l'avait excommunié, et qu'il voulait effacer de la surface de la terre la ville où son déshonneur avait été prononcé.

Louis le Gros, instruit à temps de cette ligue, prit sur-le-champ des mesures qui attestent à la fois son énergie et son activité. Les grands vassaux furent convoqués et prévenus du danger commun. Les barons comprirent que c'était là une guerre nationale; nul ne voulut manquer au rendez-vous que leur assignait la couronne sous les murs de Reims. Une armée innombrable parut tout à coup sortir de terre; les ecclésiastiques et les moines eux-mêmes s'étaient mis à la tête des sujets de leurs abbayes, et il se trouva plus de trois cent mille hommes réunis dans les plaines de la Champagne. Jamais on n'avait vu un rassemblement de troupes aussi considérable. L'empereur d'Allemagne effrayé repassa le Rhin, sans oser rien tenter.

Henri d'Angleterre, engagé seul dans la lutte, eût été facilement écrasé; mais les barons, qui n'avaient pas hésité à prendre les armes pour défendre le pays d'une invasion allemande, s'entendirent pour refuser leur concours à leur suzerain contre Henri d'Angleterre. En qualité de duc de Normandie, ce prince était un des grands vassaux de la couronne, et comme tel, il faisait cause commune avec eux. Aider Louis à l'abattre, eût été ajouter à l'autorité suprême une nouvelle force dont elle aurait pu se servir ensuite contre eux-mêmes. Ils retournèrent donc dans leurs domaines, et cette puissante armée se trouva dispersée presque aussi promptement qu'elle avait été levée. Louis le Gros fut bien forcé de traiter avec Henri. Toute cause de mésintelligence avait d'ailleurs disparu par la mort du neveu de ce souverain, dont Louis soutenait les légitimes prétentions sur le duché de Normandie, et le monarque anglais en demeura le légitime possesseur.

L'indocilité des grands vassaux inspira à Louis le Gros le projet d'un mode de recrutement jusqu'alors inconnu des Français. Il était évident en effet que l'autorité royale serait toujours à la merci des barons, tant qu'ils disposeraient seuls des levées ; mais le contraire devait arriver aussitôt que les souverains pourraient réunir des forces imposantes, sans l'intervention de ces capricieux seigneurs. L'établissement de la milice des *communes* eut donc pour but d'opposer à leurs violences toute la classe de la population qui, depuis, a composé le tiers état. Avant d'examiner cette innovation sous son point de vue militaire, essayons d'abord, camarades, de reconnaître les avantages généraux qui en résultèrent pour la nation. Au siècle où régnait Louis le Gros, il n'existait, comme vous savez, en France, d'hommes véritablement libres que les ecclésiastiques et la noblesse. Chaque cité avait son seigneur, et ses habitants, de même que ceux des campagnes, étaient soumis aux droits tyranniques et à toutes les exactions que je vous ai déjà signalées. Il y avait bien des tribunaux auxquels ils pouvaient porter plainte ; mais comme les juges étaient nommés par le maître et dépendaient absolument de lui, vous sentez que la justice de leur cause était difficilement reconnue. Diverses insurrections avaient eu lieu dans quelques villes; les révoltés avaient recouru plus d'une fois directement au roi comme à leur seigneur suzerain, pour en appeler des jugements iniques rendus contre eux.

Louis, toujours en guerre et sans forces par lui-même pour les protéger avec efficacité, leur permit enfin par une charte de s'armer pour leur propre défense : ils eurent le droit de s'assembler, de choisir leurs magistrats, de fixer leur impôt, et ainsi administrées par leurs *maires*, leurs *échevins*, ou leurs *consuls*, ces diverses confédérations de bourgeois prirent le nom de *communes*. Il est vrai que le roi leur vendit, à beaux deniers comptants, ces priviléges que vous trouverez aujourd'hui si naturels; mais c'était déjà beaucoup pour eux de les obtenir, et de disposer librement d'eux-mêmes comme de leur fortune.... Des gens qui ne pouvaient changer de place ni se marier sans la permission de leur seigneur ne durent pas regretter un argent si bien employé. Il n'y eut de mécontents que parmi les barons, les évêques et les moines qui se regardèrent comme lésés par cette émancipation des sujets dépendants de leurs domaines. Le besoin de restaurer leurs finances engagea pourtant plusieurs souverains féodaux à imiter le roi; d'autres, en partant pour la croisade, vendirent la liberté aux serfs de leurs bourgs, pour se procurer les fonds nécessaires à cette expédition; dans beaucoup d'endroits enfin, les bourgeois s'insurgèrent eux-mêmes contre leurs seigneurs, et établirent de force leurs *communes*.

Il n'est pas besoin d'être bien profond politique pour apprécier combien l'introduction de ce nouveau pouvoir dans l'état fut un utile auxiliaire au rétablissement de l'autorité royale. Les maires du palais avaient perdu les rois de la première race; la féodalité perdit ceux de la seconde; le but constant des rois de la troisième devait donc être de détruire la féodalité. Louis le Gros commença ce grand ouvrage, en favorisant l'établissement des communes, qui formèrent insensiblement une puissance capable de balancer celle des grands vassaux. Il sut en outre s'attacher les habitants des cités, en établissant l'appel des sentences seigneuriales, dans certains cas devant des juges royaux, et en envoyant des officiers éclairés dans les provinces (de même que les *missi dominici* institués par Charlemagne), pour y surveiller l'action de ces tribunaux et défendre le peuple de la violence des seigneurs. Les communes, de leur côté, s'empressèrent, en toute occasion, de faire acquérir au monarque un degré d'autorité suffisant pour arrêter l'oppression des barons et s'unirent fidèlement à lui, pour porter de rudes atteintes à la féodalité, leur commune ennemie. Vous allez voir les rois et la nation marcher ainsi dans la même voie et se prêter longtemps un mutuel appui, jusqu'à ce que, trouvant tous les obstacles aplanis, la royauté se croie assez forte pour se substituer à toutes les tyrannies partielles, sans en prévoir assez les funestes conséquences.... Vous savez, camarades, comment cette terrible réaction s'est opérée à la fin du siècle dernier : époque sanglante, et pourtant féconde en grandes choses, que nos pères ont traversée, environnés de tant de périls et de gloire, et dont notre génération a pu, chaque jour, leur entendre raconter une merveille autour du foyer domestique.

Louis le Gros mourut en 1137, dans la soixantième année de son âge. Quelques instants avant d'expirer, on dit qu'il adressa à son fils ces belles paroles : — *Souvenez-vous que la royauté n'est qu'une charge publique dont vous rendrez dans l'autre vie un compte rigoureux.* Les importantes améliorations introduites dans le royaume par ce prince y produisirent un grand bien et préparèrent pour l'avenir des résultats dont ses successeurs recueillirent les fruits. Il dut au reste beaucoup au concours éclairé de Suger, abbé de Saint-Denis dont il avait fait son premier ministre, et dont la tête prudente savait mûrir les projets accomplis ensuite par le roi batailleur.

Louis, qu'on appelait le *Jeune*, pour le distinguer de son père, succéda à celui-ci. Les domaines de la couronne se trouvèrent alors considérablement augmentés par son mariage avec Eléonore, héritière de la Guyenne, du Poitou, de la Gascogne, de la Biscaye et de plusieurs autres provinces. Mais le nouveau monarque ne possédait pas, au même degré que son prédécesseur, la constance et la fermeté qui l'avaient soutenu au milieu des orages sans cesse amoncelés autour du trône. Le début de ce règne fut troublé par une querelle avec le pape Innocent II, parce que Louis voulut s'opposer à l'élection d'un archevêque de Bourges faite sans son consentement. Les intrigues de Thibaud, comte de Champagne, n'avaient pas été étrangères à ce débat, à la suite duquel Innocent mit le royaume en interdit : Louis pénétra aussitôt avec ses troupes dans les états de son vassal rebelle; Vitri fut emporté d'assaut; mais le suzerain déshonora sa juste colère par un acte de la plus odieuse barbarie. Fuyant au hasard devant les soldats ivres de sang et de pillage, la plupart des habitants avaient cherché un asile dans l'église, et femmes, vieillards, enfants, entassés au pied des autels, imploraient grâce pour une faute dont ils n'étaient pas complices; le roi, exaspéré, donna ordre de mettre le feu à cet édifice......

Mais la réflexion ne tarda pas à montrer au monarque toute l'horreur de cette action, et quand il vint à songer que, sous ces débris encore fumants, étaient engloutis treize cents cadavres auxquels ses remords ne pouvaient plus rendre la vie, il se prit à maudire son forfait, et ne connut plus de repos, jusqu'à ce qu'il eût trouvé moyen de l'expier.

Dans ce siècle d'exaltation religieuse, où des essaims de croisés s'élançaient par milliers vers les champs de la Palestine, il n'est pas étonnant que le roi ait cru racheter suffisamment son crime en accomplissant lui-même le saint pèlerinage. Cette résolution fut surtout confirmée dans son esprit par les exhortations de saint Bernard, abbé de Clairvaux, dont la haute réputation de sainteté s'étendait dans toute l'Europe. En vain un autre moine, ce Suger, abbé de Saint-Denis dont les sages conseils avaient contribué à la gloire de Louis le Gros, chercha-t-il à rappeler à son fils, en cette circonstance, les vrais intérêts de sa couronne; en vain l'homme d'état représenta-t-il au monarque qu'avant d'aller si loin soutenir la cause des chrétiens d'Orient, il était plus juste de songer à maintenir l'ordre et la paix dans son royaume, où tant de germes de troubles existaient encore; le zèle aveugle de Bernard l'emporta sur les prudents avis de son rival et la croisade fut décidée. Du haut d'un échafaud, dressé dans la plaine de Vézelai en Bourgogne, le moine enthousiaste en distribua le signe aux populations accourues pour l'entendre : ne pouvant même suffire à la foule immense qui l'entourait, le fougueux prédicateur déchira ses vêtements dont il offrait les fragments taillés en croix aux évêques et aux barons. Le roi, la reine et toute la cour s'en parèrent les premiers. Deux cent mille hommes prirent ainsi la croix et l'on partit au mois d'août 1147.

Comme les hordes qui l'avaient précédée, cette multitude se livra sur sa route à tous les excès ; comme elles aussi, le fer, la faim et la misère la décimèrent avant qu'elle eût touché le terme du voyage. Nous n'essaierons pas de suivre les croisés dans leur marche et leurs contre-marches, au milieu des sables brûlants de la Syrie, où partout une longue traînée de cadavres marquait leur passage. Une sorte de fatalité semblait s'être attachée, dès l'origine, à ce genre d'entreprise : formées d'un ramas confus d'hommes étrangers, pour la plupart à la profession des armes, et différents de mœurs, d'habitude et de langage, ces expéditions étaient à peine commencées, que tous les germes de destruction se développaient aussitôt dans leur sein. L'insouciance des pèlerins pour les différents documents qu'exigeait une pareille guerre, leur inconcevable oubli des précautions nécessaires au transport et à la subsistance de bandes aussi nombreuses, les dissensions enfin qui s'élevaient continuellement entre eux, et le manque d'unité dans le commandement étaient des obstacles trop réels aux succès. Les croisés avaient apporté avec eux en Palestine toutes les passions mauvaises qui engendraient depuis si longtemps l'anarchie dans leur pays, et l'Asie devint, comme l'Europe, une sanglante arène où les enfants de l'Occident venaient se détruire les uns les autres. Les Sarrazins profitèrent avec habileté des querelles de leurs ennemis : plus intelligents, plus rusés que les chrétiens, ils savaient temporiser et attendre l'occasion favorable pour prendre l'offensive. Les croisés, au contraire, incapables de maîtriser jamais leur bouillante ardeur, commettaient sans cesse des fautes graves dont presque toujours un désastre était la suite.

Une imprudence de ce genre faillit coûter la vie au roi Louis le Jeune, après avoir forcé le passage du Méandre de la manière la plus brillante. Ayant pris quelques jours de repos sur les bords de ce fleuve, les Français continuèrent leur route à travers un pays coupé de montagnes, où les Sarrazins n'avaient pas cessé de cotôyer leur marche. L'ennemi saisit, pour attaquer, l'instant où l'avant-garde, chargée d'éclairer l'armée, l'avait laissée bien loin derrière elle et s'en trouvait séparée par un défilé. La nuit, qui survint, ajouta encore au désordre de cette surprise; les chrétiens dispersés tombèrent de tous côtés moissonnés par le fer musulman, avant qu'ils pussent se reconnaître. Le roi, séparé des siens et poursuivi par un groupe d'ennemis qui s'attachait à lui, se réfugia à la pointe d'un rocher, où il soutint une espèce de siége. Assailli de toutes parts, ayant son écu criblé de traits, il ne dut la vie qu'à la bonté de son armure, et à ce que les infidèles, ignorant l'importance de cette capture, aimèrent mieux se retirer que de prolonger une lutte dans laquelle un grand nombre d'entre eux étaient tombés sous le redoutable cimeterre du guerrier inconnu.

Après une absence d'un peu plus d'un an, Louis regagna ses états, suivi de quelques serviteurs ; le reste de sa brillante armée avait trouvé son tombeau dans cette déplorable expédition, qui ne fut pour lui qu'une source de chagrins et de scandaleux désordres pour Eléonore de Guyenne, dont le cœur, toujours brûlant d'une flamme adultère, lui choisit des rivaux jusque parmi les infidèles. Heureusement le digne abbé Suger, demeuré régent du royaume, avait continué la tâche commencée sous son ministère, du temps de Louis le Gros. Constamment occupé des intérêts du peuple, il rendit la France aussi florissante qu'elle pouvait l'être alors, et mérita le surnom glorieux de *Père de la patrie*. Malgré les torts que le roi reprochait si justement à Eléonore, le prudent abbé de Saint-Denis, pressentant bien qu'en la répudiant, il faudrait renoncer aux provinces qu'elle avait apportées à la couronne, s'opposait de tout son pouvoir à ce renvoi. Mais il mourut, et nulle considération ne put empêcher Louis de repousser la coupable épouse. Six semaines après, celle-ci contractait un nouveau mariage avec Henri Plantagenet, auquel elle apporta ses nombreux domaines. Ce prince, déjà duc de Normandie, et qui devint plus tard souverain d'Angleterre, se trouva ainsi, par cette faute du roi de France, possesseur des plus belles provinces du royaume où, jusqu'au règne de Charles VII, vous aurez trop souvent occasion de constater les désastres causés par l'Anglais.

Cependant les lumières commençaient à poindre de toute part : la bourgeoisie émancipée devenait riche, industrieuse et singulièrement curieuse de s'instruire. Des écoles s'établissaient sur divers points. Celles de Paris passèrent bientôt pour les plus fameuses de l'Europe. Vous savez tous la touchante histoire d'Abeilard, que ses malheurs et sa passion pour Héloïse ont rendue populaire : il fut un des hommes supérieurs qui travaillèrent avec le plus de succès à cette œuvre de civilisation. Persécuté, comme il arrive toujours au mérite, et une fois repoussé de la capitale, le professeur vint pourtant s'y fixer en 1118. Sa réputation ne tarda pas d'être immense ; on accourait, pour l'entendre, de toutes les parties de la France et de l'Allemagne : plus de trois mille étudiants écoutaient ses leçons en plein air. Avouons que l'instruction qu'ils y puisaient se produisait encore bien imparfaite, étouffée qu'elle était sous les interminables controverses théologiques, si fort à la mode dans ce siècle dominé par la puissance ecclésiastique. A travers cet amas de sophismes absurdes et de dogmes incompréhensibles, Abeilard, le premier, fit briller quelques étincelles de vraie philosophie et de saine raison : de là, ses ennemis presque aussi nombreux que ses admirateurs. Au nombre de ces derniers, une femme, Héloïse nièce du chanoine Fulbert, se montra surtout enthousiaste de sa gloire... Le jeune savant lui dut un autre genre de triomphe encore plux doux. Mais les amants payèrent trop chèrement les courts instants de bonheur qu'ils avaient goûtés ensemble : jaloux de la grande renommée du professeur, le chanoine Fulbert prit le prétexte de venger l'honneur de sa famille. Des assassins, armés par lui, pénétrèrent une nuit chez Abeilard... Là, s'accomplit, sur la personne de l'infortuné philosophe, la mutilation la plus barbare, à la suite de laquelle il se retira dans une abbaye. Héloïse imita son exemple, et devint abbesse du Paraclet. Séparés pendant leur vie, ils furent réunis par la mort, et la même sépulture les reçut tous deux dans l'église de ce monastère [1].

D'autres professeurs, dont les noms sont moins éclatants que celui d'Abeilard, méritent pourtant d'être cités à la fin du onzième et au commencement du douzième siècle. Au premier rang, il faut compter Pierre Champeaux, maître de ce savant illustre, Adam de Petit-Pont, Pierre-le-Mangeur et Michel de Corbeil. Sous le nom d'*Université*, Pierre Lombard fonda enfin, en 1158, une société d'hommes appliqués à propager l'étude de toutes les sciences. Ce corps enseignant acquit bientôt une réputation immense, et les rois de France lui octroyèrent de nombreux priviléges. La langue romane s'était singulièrement adoucie dans le midi de la France, où le goût de la poésie était généralement répandu. Les *trouvères* ou *troubadours* provençaux parcouraient les villes et les châteaux, en répétant leurs chants de galanterie et d'amour. La législation, encore absurde et féroce, s'était pourtant enrichie depuis quelques années d'un ouvrage précieux, et le Code Justinien, retrouvé dans la Pouille, fut apporté en France, où il devint plus tard, droit écrit. Dans le même temps, Pierre le Vénérable, abbé de Cluny, apprenait des Arabes la fabrication du papier avec de vieux chiffons. Aux masses lourdes et disgracieuses des édifices religieux sous les deux premiè-

---

[1] Transférées au cimetière du Père Lachaise, après la démolition du Paraclet, leurs cendres reposent sous une élégante chapelle gothique construite avec les débris de cet édifice.

res races, à celles plus gracieuses dans leurs détails, qu'on a nommées architecture *bysantine*, avait succédé, vers le milieu du douzième siècle, l'architecture gothique ou sarrasine [1], avec ses ogives si délicatement découpées, ses hardis clochetons, ses frêles colonnettes, ses rosaces aux mille couleurs et tous les prodiges de sa dentelle de pierre. C'est sous le règne de Louis le Jeune, en l'année 1163, que furent jetées les premières fondations de l'église Notre-Dame de Paris, monument imposant et grandiose, où l'architecte a développé toute la richesse de ce nouveau style, et dont la construction dura deux cents ans.

Les croisades n'avaient pas été sans quelque influence sur les efforts de l'esprit humain pour sortir des ténèbres au douzième siècle. Transportés tout à coup du fond de leurs provinces dans les contrées de l'Orient, les pèlerins y avaient rencontré une nature toute nouvelle, ainsi qu'une civilisation plus avancée. Ils s'étaient trouvés en contact avec d'autres hommes, d'autres mœurs; le cercle de leurs idées s'agrandit par la comparaison. Les phénomènes observés sous un ciel étranger étaient parvenus de même à dissiper chez eux bien des terreurs accréditées dans leur patrie par l'ignorance et la superstition. Les éruptions du Vésuve et de l'Etna, par exemple, le mi-

---

[1] Il ne faut qu'avoir égard à l'époque de ce changement, apporté dans la manière de construire les édifices publics, pour demeurer convaincu que le style gothique avait été apporté de l'Orient à la suite des croisades. Ce serait donc avec raison qu'on l'appellerait *Sarrazin*, car en vérité il n'y avait rien de *goth* dans ses inspirations.

rage du désert, les aurores boréales et une foule de merveilles dont ils avaient entendu, au loin, expliquer, tant bien que mal, les causes, formèrent nécessairement leur intelligence à mieux comprendre d'autres effets mystérieux de la nature souvent exploités par l'imposture, et que leurs compatriotes tremblants regardaient encore comme l'œuvre de terribles maléfices, ou des signes non équivoques de la colère du ciel.

Mais si les pluies de sang ou de pierres, les éclipses ou les tremblements de terre, perdirent ainsi quelque chose de leur prestige effrayant, il ne faut pas croire que l'expérience et la raison aient réussi à triompher aussi vite de toutes les superstitions. Les croyances les plus funestes ou les plus insensées demeurèrent obstinément enracinées dans les esprits jusqu'au dix-septième siècle, et les enchantements, la magie conservèrent longtemps tout leur crédit, malgré les cruelles persécutions suscitées aux prétendus sorciers, dont plusieurs soutenaient, jusqu'au milieu des flammes, leur imaginaire pouvoir. Sous les noms de *fête de l'âne* et de *fête des fous*, on pratiquait, à certaines époques, des rites grossiers, où les plus saintes cérémonies de la religion étaient parodiées d'une manière grotesque, par le clergé lui-même : les chants licencieux, les danses folles s'emparaient des églises en ces jours d'orgie ; on amenait un âne en procession devant l'autel, où chacun lui rendait les hommages les plus ridicules. A l'issue de la messe enfin, au lieu de dire *ite, missa est*, le prêtre se mettait à braire trois fois de toutes ses forces, et le peuple répondait par le même cri [1]. Ce qui va bien vous paraître étrange, c'est que personne n'attachait la moindre idée de profanation à tout ceci. Quelques historiens affirment même que cette scène grotesque cachait un sens profond et mystique, dont j'avoue, camarades, avoir vainement cherché le secret.

Le moment n'était pas non plus arrivé où l'art militaire entrerait dans la voie de progrès qui s'ouvrait alors. L'établissement de la milice des communes fut, à la vérité, le premier pas de cette marche si lente vers une organisation et des méthodes meilleures dans les armées françaises; mais, pendant encore environ trois cents ans, la bouillante ardeur chevaleresque qui dominait tous les esprits, dédaignant l'art de diriger les masses, n'apprécia que la force physique et le courage personnel. Chaque bataille jusque-là ne présente guère que le tableau d'une infinité de faits d'armes isolés, où les rois et les chefs, lancés au plus fort de la mêlée, ne s'occupent qu'à porter de grands coups de lance, et sont exposés aux mêmes dangers que le dernier des soldats. Au milieu de

---

[1] On a conservé toute entière une hymne en grossier latin, qu'on chantait dans cette cérémonie burlesque, en voici le commencement, avec la traduction :

       Orientis partibus
       Adventavit asinus
       Pulcher et fortissimus.

    Eh, sire âne, eh! eh! eh! etc., etc.

« Un âne d'une force et d'une beauté singulière est arrivé des contrées de l'Orient. Eh, sire âne, etc., etc. »

cette confusion, point de commandements, point de manœuvres possibles ; les diverses chances du combat échappent à la réflexion de ceux qui, seuls, pourraient les modifier... c'est le hasard qui décide, pour ainsi dire, du succès.

En s'affranchissant du joug des seigneurs, les communes contractèrent envers le roi l'obligation de lui fournir un certain nombre de gens de guerre ; il fut arrêté que chaque cité lèverait elle-même son contingent de combattants à pied et à cheval, que l'on ferait marcher par paroisse, les curés à leur tête avec la bannière de l'église. L'établissement de cette milice ne dispensait pas les barons d'obéir à l'appel de leur suzerain : non-seulement ils continuèrent à être tenus de s'y rendre en personne ; mais ils durent encore s'y faire accompagner d'un nombre limité de guerriers à cheval, pris parmi la noblesse qui tenait d'eux des fiefs en sous ordre [1]. C'est à ces guerriers qu'on donnait le nom de *chevaliers* et d'*écuyers*... Nous parlerons d'eux tout à l'heure plus en détail.

Les armées se composaient donc d'un rassemblement informe et spontané d'hommes d'armes et de gens de traits, à pied ou à cheval ; les uns amenés par les barons, les autres fournis par les communes. L'importance de la cavalerie s'était

---

[1] Les nobles menaient aussi à la guerre les serfs levés sur leurs terres ; car l'affranchissement des communes ne s'étendait point aux populations rurales, mais seulement aux villes fermées. Les habitants de la campagne continuèrent d'obéir exclusivement à leurs seigneurs jusqu'à la fin du régime féodal, et c'étaient ces seigneurs qui les conduisaient sous la bannière royale.

accrue de plus en plus sous la seconde race ; elle seule jouait le principal rôle dans les combats ; mais, par suite de la fausse direction des idées militaires de ce temps, elle poussait la manie des armures jusqu'à l'extravagance. Devenus en quelque sorte invulnérables, grâce à cette profusion de moyens défensifs, les cavaliers perdirent en même temps une grande partie de l'énergie et de l'agilité si nécessaires pour l'offensive, qu'il faut considérer avant tout comme le véritable but de l'homme de guerre.

Quant à l'infanterie, elle comptait à peu près pour rien, et était généralement méprisée ; inhabiles à donner ou à recevoir le choc, ses bandes, mal vêtues, mal armées, étaient toujours disposées à piller, mais jamais à combattre, et, lorsque l'action s'engageait, elles se groupaient confusément en arrière des chevaliers et des écuyers, épiant le moment de dépouiller ceux qui tomberaient, ou prêtes à fuir, suivant que le sort de la journée allait être favorable ou contraire aux hommes d'armes de leur parti. Nous chercherons au reste à vous offrir le coup d'œil plus complet d'une action au moyen âge, dans le récit de la bataille de Bovines, la première sur laquelle les chroniqueurs nous aient laissé des documents positifs.

Les croisades, que vous auriez pu naturellement regarder comme capables d'avoir fourni quelque instruction aux gens de guerre, demeurèrent pourtant sans profit pour eux. Outre les principaux obstacles au succès que je vous ai déjà signalés plus haut, une foule de préjugés de toute espèce venaient étouffer le jugement et l'esprit d'observation qui auraient pu conduire les chrétiens à d'utiles améliorations appropriées à la nature du climat et à celle de l'entreprise. En vain l'expérience avait démontré que c'était de l'infanterie qu'il fallait, et non des cavaliers tout couverts de fer, eux et leurs chevaux, pour soumettre un pays partout accidenté... pour traverser ces longs déserts de sable, où un soleil à donner des vertiges frappait d'aplomb sur l'enveloppe métallique dans laquelle les chrétiens s'enfermaient. La fureur de la chevalerie absorbait trop les imaginations pour qu'on voulût reconnaître ces inconvénients, et le mépris pour l'infanterie était trop général parmi ces fiers barons pour qu'on songeât aux services qu'aurait pu rendre cette arme organisée plus régulièrement. On dédaigna de même de former des gens de trait pour l'attaque et la défense des villes. Aussi, lorsqu'on se fut emparé de Jérusalem et d'autres places importantes, les chrétiens ne purent s'y maintenir, tandis que le fanatisme musulman défendait jusqu'à la dernière extrémité quelques bicoques devant lesquelles les croisés se morfondirent inutilement.

Une singularité remarquable, c'est que, parmi les chrétiens qui combattaient en Orient pour la foi, ceux qui montrèrent le plus d'intelligence de cette guerre furent de pauvres moines, qui s'étaient d'abord voués à soigner les pèlerins malades. Devenus soldats, ils formèrent les ordres religieux et militaires des *Hospitaliers de Saint-*

Jean, depuis chevaliers de Malte, et des *Templiers*[1], dont les brillants faits d'armes et la terreur qu'ils inspiraient aux infidèles augmentèrent rapidement l'importance. Fiers des services qu'ils rendaient, enrichis par des donations multipliées et le butin enlevé aux Sarrasins, les nouveaux chevaliers perdirent bientôt leurs vertus monastiques au milieu de la licence des camps. Leurs rangs se recrutèrent d'une foule de jeunes seigneurs attirés par l'éclat de leur réputation militaire; et de la Palestine ils se répandirent bientôt dans les différents états de l'Europe, où leurs nombreuses commanderies élevèrent leurs tours et leurs créneaux plus haut qu'aucun château féodal. Les Templiers, surtout, comblés de biens et de priviléges, se montrèrent redoutables par les plus orgueilleuses prétentions; et le grand-maître de cet ordre, qui, dans l'origine, était destiné à fournir des infirmiers aux hôpitaux de la Palestine, marcha presqu'à l'égal des rois.

---

[1] L'ordre des Templiers fut fondé en Orient, sous le règne de Louis le Gros, en 1118.

Sixième Soirée.

Philippe II, surnommé Auguste. — Bannissement des Juifs. — Les Routiers, Cottereaux, Brabançons. — Agrandissements et embellissements de Paris. — Cours plénières. — Chevalerie. — Tournois. — Troisième croisade. — Puissance de Saladin. — Richard Cœur de Lion. — Prise de Saint Jean-d'Acre. — Retour de Philippe. — Nouvelles guerres avec l'Anglais. — La reine Ingelburge et Agnès de Méranie. — Jean sans Terre. — Arthur de Bretagne. — Confiscation des fiefs anglais. — Prise de Constantinople par les barons francs. — Croisades contre les Albigeois. — Simon de Montfort. — Saint Dominique. — L'inquisition. — Révolte du comte de Flandres. — Ligue contre la France. — Bataille de Bouvines. — Guérin, évêque de Senlis et Philippe, évêque de Beauvais. — Expédition du prince Louis en Angleterre. — Mort de Philippe Auguste.

Frappé depuis quelque temps d'une paralysie qui le priva successivement de l'usage de ses membres, Louis VII était mort en 1180. Pendant tout le temps de la maladie de son père, le jeune Philippe que le roi avait eu de sa troisième femme Alix de Champagne, fut chargé, presque seul, des soins du gouvernement. Il n'était pourtant encore âgé que de quinze ans, et Louis VII, en expirant, laissa la régence du royaume au comte de Flandre, au préjudice de la reine sa veuve. Cette disposition testamentaire du feu roi excita, pendant quelque temps, des troubles, jusqu'à ce que Philippe surnommé *Auguste,* ayant atteint sa dix-huitième année, eut pris enfin seul dans ses mains les rênes de l'état.

Ce règne commença par un acte criant d'injustice dont on ne peut au surplus s'étonner, à cette époque de superstition et de pillage. Maîtres du peu de commerce qui se faisait alors les juifs avaient amassé de grandes richesses. Malgré le mépris avec lequel on les traitait partout, ils étaient devenus les seuls banquiers auxquels on eût recours dans un besoin d'argent, et on leur reprochait des usures exorbitantes. Philippe les bannit du royaume, ne leur accordant que trois mois pour sortir des terres de son obéissance; leur créances furent déclarées illégitimes et les Français déchargés des obligations contractées à leur égard, en payant au trésor royal la cinquième partie de la dette. Pour justifier cet édit évidemment dicté par le désir de s'emparer des dépouilles de ces israëlites, on les accusait de crimes invraisemblables, tels que d'atroces dérisions de la religion chrétienne et de l'assassinat de petits enfants mis en croix dans leurs secrets conciliabules. Cette mesure ne s'exécuta pas sans quelque opposition de la part des barons, dont plusieurs ne se faisaient aucun scrupule d'accorder leur protection à ces ennemis de la foi, à la condition de participer à leurs bénéfices; mais le jeune monarque refusa obstinément de céder. Il déploya bientôt la force de son caractère d'une manière plus louable en réprimant la violence et les brigandages de ces mêmes seigneurs, et en réunissant le Vermandois à la couronne, malgré le comte de Flandre, son ancien tuteur. Ce dernier, croyant intimider le roi, s'était jeté sur la Picardie où ses troupes commirent d'affreux ravages. Philippe se mettant aussitôt en campagne, eut promptement forcé le comte à un accommodement. Il punit de même le duc de Bourgogne, qui s'était déclaré contre lui dans cette querelle, par la confiscation de deux de ses plus forts châteaux qu'il garda comme gage de la fidélité à venir de son vassal.

Vous avez eu déjà maintes fois occasion de remarquer que tous les maux de ces guerres intestines des barons entre eux ou contre leur souverain retombaient toujours sur le peuple : l'incendie et le pillage étaient le seul plan que suivissent les parties belligérantes, et les hommes d'armes du vainqueur comme du vaincu, saccageaient à l'envi les villes et les campagnes. Les malheureux habitants chassés de leurs chaumières en cendres, ou réduits au désespoir par le massacre de leur famille erraient çà et là sans asile et sans pain... réunis par les mêmes calamités ils s'armèrent à leur tour, et leurs bandes portèrent partout d'effroyables représailles dans le royaume. Le roi fut obligé de marcher en personne contre eux : malgré leur défense opiniâtre, ces brigands qu'on appelait *Brabançons*, *Cottereaux* ou *routiers* furent en partie exterminés. Ceux qui échappèrent prirent presque tous du service sous les bannières du roi d'Angleterre et son fils.

L'issue de ces expéditions permit à Philippe

Auguste de revenir dans sa capitale. Paris cité d'un ordre très-secondaire sous les deux premières races des monarques francs, n'avait pris une certaine importance que lorsque ses comtes ceignirent la couronne des rois. Vous savez quelle était son étendue avant Hugues Capet; sous les successeurs de ce prince, la ville franchit les murs de son ancienne enceinte et s'avança rapidement sur les deux rives du fleuve. Au nord l'immense enclos du Temple, le Bourg l'Abbé, le Louvre et Saint-Honoré s'élevèrent sur l'emplacement des quartiers qui portent encore ces noms; tandis que, du côté du midi et du couchant, grandissaient peu à peu les bourgs de Saint-Eloi, de Saint-Marcel et de Saint-Germain-des-Prés. Ces divers accroissements de la capitale décidèrent Philippe Auguste à lui donner une nouvelle enceinte, pour la mettre à l'abri des déprédations continuelles des seigneurs qui désolaient la campagne aux environs. Un mur épais et flanqué de grosses tours renferma les nouvelles constructions les plus rapprochées de la cité. Ornée de quelques édifices gothiques, la ville n'offrait encore que des masses de maisons irrégulièrement amoncelées en rues étroites, tortueuses et infectes; les bourgeois aisés n'y circulaient que montés sur leur mule, et les pauvres piétons enfonçaient péniblement leurs jambes dans une boue noire et profonde. Le monarque voulut que toutes les rues fussent pavées et débarrassées des immondices. Des améliorations non moins importantes s'achevèrent par son ordre. Les croisés avaient rap-

SIXIÈME SOIRÉE.

porté d'Asie une maladie affreuse et la France était alors couverte de lépreux. Philippe Auguste établit des léproseries closes de murailles sur lesquelles une police prudente veilla avec soin pour empêcher la contagion de se répandre davantage. Le roi fit aussi fermer de hautes murailles le cimetière des Innocents qui était devenu une espèce de foire indécente, où toute sorte de gens venaient, nuit et jour, traiter de leurs affaires et de leurs plaisirs, sans respect pour la cendre des morts. Des halles se construisirent, en même temps, en divers endroits de la ville, et de notables embellissements changèrent enfin l'aspect de Paris qui perdit dès lors son ancien nom de *Lutèce* que sa malpropreté n'avait que trop bien justifié jusque-là [1].

Pendant que ces importants travaux s'exécutaient dans la capitale, les fêtes de la chevalerie brillaient de tout leur éclat, et le vieux palais de Notre-Dame, la nouvelle tour du Louvre, les parcs de Vincennes et de Fontainebleau étaient les témoins de ces pompes magnifiques dont les rois de France avaient coutume d'entourer leurs *cours plénières*. A l'approche de ces fêtes, les barons, leur faucon sur le poing, suivis des nobles dames et damoiselles montées sur leurs blanches haquenées, quittaient leur manoir, et se dirigeaient, de toutes les parties de la France, vers la *cour plénière*. Là s'empressaient aussi d'accourir les joyeuses bandes de troubadours, de trouvères, de ménestrels et de

---

[1] Lutèce signifie en effet *boue*.

jongleurs de toutes sortes. L'hospitalité la plus somptueuse et les divertissements les plus variés attendaient les nobles hôtes du seigneur suzerain. Les festins, les chasses, les tournois se succédaient sans interruption pendant le jour ; le soir, autour de l'immense foyer, commençaient les chants des ménestrels et les tours des jongleurs..... les sons de la *gigue*, du *psaltérion*, les rauques accents de la vielle se mêlaient aux *sirventes* d'amour, au récit des anciennes légendes ou des vieilles prouesses, et les éclats d'une joie bruyante faisaient retentir les voûtes.

Ici vient naturellement la place des détails que je vous dois sur la brillante chevalerie qui se rendait à ces réunions avec ses amis, ses devises ingénieuses et ses grands chevaux de bataille noblement caparaçonnés : s'armer de la lance pour défendre son pays et son roi, protéger l'innocence des damoiselles et l'honneur des dames, jurer enfin de sacrifier sa fortune et sa vie pour le maintien des droits de l'église, telles étaient les obligations imposées aux membres de la chevalerie. Nul ne pouvait espérer d'arriver à cette dignité, s'il n'était gentilhomme ; le candidat devait en outre s'en rendre digne par son courage et avoir atteint sa majorité. Les chevaliers se partageaient en deux classes : les *bannerets* et les *bacheliers* (ou bas chevaliers.) Dans la première on comprenait ceux qui étaient assez puissants en domaines et en vassaux pour lever bannière, c'est-à-dire pour marcher escortés d'un certain nombre d'hommes d'armes et de gens de trait. Les possesseurs de fiefs de moindre importance restaient dans la seconde catégorie, et se rangeaient en temps de guerre sous le *gonfanon* du banneret leur voisin ou leur seigneur. A cette classe, nécessairement plus aventureuse que la première, appartiennent sans doute les héros de nos vieux romans de chevalerie, qui s'en allaient chercher fortune par le monde, redressant en chemin tous les torts des mécréants, et rompant des lances en l'honneur de leur dame... Parfois, il faut bien le dire aussi, les chevaliers oubliaient les vertueuses maximes de cette institution, et ces dignes réparateurs de l'injustice donnèrent trop souvent l'exemple des torts auxquels ils avaient juré la guerre.

La réception d'un chevalier était accompagnée de certaines cérémonies religieuses : le candidat devait jeûner tout un jour ; il se confessait, recevait ensuite la communion, et ses armes étaient bénies par le prêtre après avoir été déposées, pendant toute une nuit, dans une église ou une chapelle. Ce candidat lui-même devant y rester pendant ce même espace de temps, cela s'appelait *la veillée des armes*. Le *parrain*, chargé de recevoir le chevalier, lui donnait trois coups du plat de son épée sur le cou, au nom de Dieu, de saint Michel et de saint Georges ; puis on lui attachait les éperons et toutes les pièces de l'armure. Il n'appartenait d'abord qu'aux rois de conférer la chevalerie; mais, dans la suite, tout membre de l'ordre eut cette prérogative. Cette cérémonie était suivie de fêtes superbes ; les seigneurs des grands fiefs imposaient une taxe sur leurs sujets, pour le jour où ils armaient leurs fils chevaliers.

Pour se préparer à obtenir un jour cette distinction, les jeunes gentilshommes allaient faire leur éducation auprès de quelque chevalier en renom, parent ou ami de la famille. On les appelait alors *pages* ou *varlets*; mais aussitôt que l'âge leur permettait de rompre une lance, ils étaient élevés aux fonctions plus importantes d'*écuyers*. Ces derniers suivaient les chevaliers à l'armée et dans les tournois, portant leur bouclier et leur lance, ou tenant en laisse leur *destrier* [1], car les chevaliers ne montaient ce noble animal qu'à l'instant du combat, et voyageaient d'ordinaire sur un autre.

Les chevaliers se préparaient à la guerre par des exercices auxquels on donnait les noms de *tournois* ou de *joutes*. La nouvelle d'une de ces solennités consacrées à la prouesse et à la galanterie mettait tout en émoi dans le manoir féodal : les écuyers fourbissaient les armes, lavaient les chevaux; les barons s'apprêtaient à déployer toute leur magnificence; on préparait les bannières, les écus richement armoriés et brillants des plus vives couleurs ; pour paraître enfin avec plus d'éclat à ces fêtes militaires, maint noble seigneur engageait ses fiefs et ses châtellenies.

Ne vous semble-t-il pas, camarades, assister à l'un de ces grands spectacles dont les anciens chroniqueurs nous ont tracé de si vives peintures?...

---

[1] Cheval de bataille.

Les dames, parées de leurs plus beaux atours, ont pris place sur des échafaudages ornés de banderolles et de tentures; les seigneurs, les juges du camp, les vieux barons experts en prouesse se rangent à leurs côtés, tandis que la multitude des serfs et des vilains, accourue de toutes les contrées environnantes, se presse autour de la lice entourée de barrières fermées par des cordes. Les trompettes sonnent, les barrières s'ouvrent et les chevaliers se précipitent dans l'arène. Ils fournissent d'abord quelques coups de lance, comme essai de leur force et de leur valeur, puis s'engagent enfin les combats singuliers où vont ressortir l'adresse et l'expérience de chacun. Entendez-vous le tonnerre d'applaudissements qui éclate à chaque passe?... Les damoiselles, agitant leurs écharpes, accablent de leurs dons les chevaliers qui se distinguent par quelque beau coup de lance. Dans l'enthousiasme qui les gagne, elles ont détaché successivement chacun de leurs atours pour en parer les vainqueurs : joyaux, guimpes, chaperons tout a pris cette destination nouvelle, et cela s'est fait de si bon cœur, qu'elles ne s'aperçoivent pas du désordre de leur parure..... Mais voilà que plus d'un beau visage a pâli ; des cris de détresse ont tout à coup retenti au milieu de l'ivresse générale..... Car, bien que les champions n'aient apporté que des armes courtoises [1], dans

---

[1] C'est-à-dire des épées dont la pointe était émoussée, et des lames dont on retirait le fer. Il arrivait pourtant que les passes d'armes avaient lieu à *fer émoulu;* mais dans ce cas on en était prévenu d'avance.

ces batailles simulées, il arrive souvent que de funestes accidents viennent ensanglanter la joute. Renversé de son coursier et foulé aux pieds des chevaux, plus d'un bon chevalier expira dans ces joyeuses journées, en maudissant son fatal destin.

Cependant des causes nombreuses de rivalité existaient toujours entre la France et l'Angleterre. La puissance redoutable d'un vassal possesseur de la moitié du territoire de la monarchie, et les troubles de sa minorité avaient contraint le jeune monarque français à ménager jusque-là Henri II. Il avait même formé avec lui le projet d'une croisade ; mais des brouilleries en retardèrent l'expédition. Richard, fils de Henri, s'étant révolté contre son père, Philippe ne manqua pas de le soutenir. Le roi d'Angleterre vaincu fut obligé de se soumettre aux conditions qu'on lui imposa ; mais ce prince étant mort quelque temps après, Richard surnommé *Cœur de Lion* lui succéda, et la croisade fut décidée entre les rois de France et d'Angleterre.

Les plus tristes nouvelles étaient arrivées d'Orient. Les barons qui possédaient des fiefs dans la Palestine venaient d'éprouver une sanglante défaite auprès de Tibériade. Le trône de Jérusalem n'existait plus ; la ville sainte elle-même était tombée de nouveau au pouvoir des infidèles. Le récit de ces désastres répandit un deuil universel dans toute la chrétienté. Des liens de religion, de chevalerie ou de famille unissaient les barons d'Occident à ceux d'outre-mer : pas un seul castel de France, d'Angleterre et d'Allemagne qui n'eût à regretter un parent, un ami, un frère d'armes parmi les seigneurs, ou les chevaliers des ordres religieux tombés sous le glaive des Sarrasins à Tibériade..... Pas un noble lignage qui ne comptât quelqu'un de ses membres parmi les milliers de chrétiens que le fameux Saladin emmenait esclaves en Syrie et en Egypte, ou parmi les châtelaines qui gémissaient captives au fond du sérail de ses émirs. Un long cri de vengeance retentit dans toute l'Europe féodale ; l'exemple de Philippe et de Richard, entraîna ceux qui hésitaient encore à prendre la croix. Revêtus du signe sacré, les deux rois s'embrassèrent en jurant de respecter mutuellement leurs fiefs héréditaires ; on prescrivit dans la même assemblée, la levée d'une dîme qu'on appela *saladine*, à cause des conquêtes du sultan Saladin qui l'avait nécessitée, et en vertu de laquelle tous ceux qui ne prirent pas la croix, quels qu'ils fussent, durent, sous peine d'excommunication, donner au moins la dixième partie de leurs biens. Les règlements suivants, adoptés ensuite pour établir quelque discipline parmi les croisés, attestent qu'on avait réfléchi sur les causes des revers éprouvés dans les expéditions précédentes : *Défense aux femmes, même aux épouses légitimes de suivre l'armée; sont seules exceptées de cette prohibition, les blanchisseuses et les femmes au-dessus de cinquante ans. Celui qui aura tué un homme sera lié au cadavre et jeté avec lui dans la mer. Si le meurtre a été commis sur terre, le criminel sera tout vivant enseveli avec le mort.*

Quiconque tirera son couteau pour en frapper un homme ou l'aura blessé, aura le poing coupé. Quiconque frappera, sera plongé trois fois dans les flots. Quiconque aura commis un vol sera tondu, on lui versera de la poix bouillante sur la tête, on y adaptera des plumes, et il sera abandonné, dans cet état, au premier rivage.

Vers le milieu de l'été 1190, Philippe s'embarqua à Gênes sur des navires italiens qu'il avait loués, tandis que la marine anglaise, déjà considérable, fournit à Richard assez de vaisseaux pour le transport de ses troupes. Malgré leur promesse réciproque de bien vivre ensemble, ces princes éprouvaient plus de jalousie que de bienveillance l'un pour l'autre ; leurs secrètes dispositions ne tardèrent pas à se dévoiler. Les deux flottes avaient été contraintes par les vents d'aborder en Sicile, où le mauvais temps les retint tout l'hiver. Il y eut une querelle entre les habitants de Messine et les Anglais ; l'impétueux Richard assiégea la ville, la prit d'assaut et fit arborer sa bannière sur les murs de sa conquête. Ce fut une première cause de discorde : Philippe trouva mauvais que son vassal eût pris une telle liberté en sa présence. L'affaire s'accommoda pourtant ; mais il resta dans le cœur de chacun des deux monarques un germe de mésintelligence qui éclatait en toutes occasions [1].

---

[1] Richard Cœur de Lion, qui avait engagé sa foi à une sœur de Philippe-Auguste, sembla longtemps se faire un jeu de ces fiançailles, et méprisa la princesse qu'il devait épouser. L'humiliation que cette conduite du monarque anglais faisait re-

SIXIÈME SOIRÉE.

C'est ainsi que Richard refusa de suivre Philippe, lorsqu'il partit enfin de Messine.

Débarqués les premiers sur le rivage de Ptolémaïs ou Saint-Jean-d'Acre, les chevaliers français furent accueillis avec des cris de joie par la troupe nombreuse des pèlerins armés de toutes les nations, dont les tentes entouraient la ville; et les Sarrasins consternés comprirent l'importance du chef qui venait de planter sa bannière dans le camp des croisés. La place fut investie de tous côtés, les machines de guerre, les béliers se dressèrent bientôt contre divers points des murailles; mais le roi perdit un temps précieux à attendre l'arrivée de Richard. Saladin était alors à l'apogée de sa puissance et de sa gloire : à la voix du sultan tous les Musulmans prirent les armes; dans les mosquées et jusque sous les tentes du désert, les imans firent entendre les paroles du Koran aux fidèles, et du fond de l'Asie-Mineure, de la Perse et de l'Afrique, une multitude innombrable accourut sous les drapeaux de *l'Élu de Dieu* pour prendre part aux mérites de la guerre sacrée.

La flotte anglaise arriva enfin : la nouvelle du débarquement de Richard causa une impression plus grande encore aux Musulmans que ne l'avait fait l'apparition de Philippe-Auguste. La valeur éprouvée, le caractère indomptable de ce prince étaient connus des Sarrasins auprès desquels sa réputation était immense : quoique inférieur pour

---

jaillir jusque sur le roi de France, ne contribua pas peu à perpétuer l'animosité qui exista toujours entre ces deux souverains.

la dignité et la puissance au roi de France, il passait parmi eux, pour plus riche que lui, plus brave et d'une plus grande expérience dans la guerre. Jaloux de conquérir son estime, Saladin, dont le noble caractère et la générosité étaient dignes de son brillant courage, entretint avec Richard un échange de politesses et de procédés chevaleresques qui firent naître l'opinion exprimée dans les fabliaux du temps, que le sultan avait reçu de lui l'ordre illustre de la chevalerie. Le siége de Ptolémaïs n'en fut pas moins poussé avec vigueur. L'armée de Saladin essaya vainement de lui porter des secours; la place était trop étroitement resserrée pour que ses continuelles attaques contre le camp des croisés servissent à prolonger plus longtemps la résistance des assiégés. En proie à toutes les angoisses de la faim, ils furent réduits à capituler, et les gonfanons de Philippe et de Richard flottèrent enfin sur les plus hautes tours de la ville. Léopold, duc d'Autriche, avait aussi fait placer sa bannière sur une des tours de la ville, en signe de suzeraineté; l'irascible Richard l'arracha avec violence et la déchira en présence des barons. Léopold, trop faible pour lutter avec l'Anglais, dissimula l'injure; mais il conserva au fond de l'âme un sombre ressentiment que vous allez voir porter ses fruits.

Cette conquête et quelques avantages partiels furent les seuls résultats de cette croisade. Las de la conduite impérieuse et hautaine du roi d'Angleterre dont les exploits, pendant le siége, avaient presque effacé sa supériorité suzeraine, voyant avec douleur les ravages que faisaient la guerre et les fièvres parmi ses chevaliers, affaibli d'ailleurs par une maladie cruelle qui lui fit perdre les ongles et les cheveux, Philippe prit la résolution de retourner en Occident. Les violentes représentations de Richard ne purent le détourner de son dessein, et laissant quelques hommes d'armes au roi d'Angleterre sous le commandement du duc de Bourgogne, il regagna son royaume en emmenant ce qui restait de son armée. La plupart des princes croisés suivirent cet exemple avec leurs troupes; Richard, furieux de cette défection, se vit lui-même forcé à la retraite, malgré ses succès contre Saladin, qu'il défit dans une sanglante bataille. Comme à son départ, la tempête l'attendait au retour : ayant fait naufrage dans le golfe Adriatique, il essaya de traverser l'Allemagne sous le déguisement d'un chevalier du Temple; mais il fut arrêté sur les terres du duc d'Autriche, qui, joyeux de venger l'affront qu'il avait reçu de Richard en Palestine, le livra, pour une somme d'argent, à l'empereur Henri VI dont cet orgueilleux caractère s'était fait également un ennemi.

Durant une captivité de quinze mois, le prisonnier put méditer à loisir sur la folle imprudence de sa conduite. Pendant ce temps, Philippe profitait de son absence pour se rendre maître d'une partie de la Normandie. Jean, frère de Richard, qui, n'ayant pas reçu d'apanage de leur père était surnommé *Sans Terre*, saisit aussi cette occasion de susciter des troubles en Angleterre, secrètement soutenu dans sa révolte par le roi de France. Une lettre de ce dernier vint tout à coup surprendre le prince anglais au milieu de ses entreprises ; elle ne contenait que ces mots : *Prenez garde!... le lion est déchaîné!* Richard, en effet, après bien des traverses, était parvenu à recouvrer sa liberté, moyennant une grosse rançon. De retour dans ses états en 1194, et ne respirant que la vengeance, il se laissa pourtant fléchir par la feinte soumission du perfide Jean, qui sut habilement tourner toute la colère de son frère contre Philippe. La guerre recommença donc avec fureur entre les deux monarques et continua plusieurs années, sans produire d'autres résultats que des ravages, des incendies et des excès de tout genre.

Ces sanglantes hostilités, que signalèrent de part et d'autre des actions d'une bravoure chevaleresque, étaient souvent mêlées de trêves pour reprendre haleine ; ce fut pendant une de ces suspensions d'armes que Richard mourut devant le château de Chalus en Poitou. Le bruit s'était répandu que le seigneur de ce lieu avait trouvé un trésor considérable. Richard, comme comte de Poitou, voulut le forcer de lui en donner sa part, et, sur son refus, il assiégea le château. La place allait être emportée, quand le bouillant monarque, qui s'exposait toujours inconsidérément, fut tué d'un coup de flèche en l'an 1199.

Pendant cette période de guerre avec l'Anglais, Philippe eut en même temps sur les bras une affaire qui ne lui causa pas moins d'embarras et d'inquiétudes : sa première femme étant morte, il avait choisi pour la remplacer une sœur du roi de Danemark nommée Ingelburge; mais dès le lendemain de ses noces, une cause inexplicable ou plutôt inexpliquée, lui fit répudier tout à coup cette princesse, qui joignait pourtant la jeunesse à la beauté. Une assemblée des évêques prononça le divorce, et le roi épousa Agnès de Méranie. Ingelburge obtint alors du pape une sentence qui condamnait Philippe à renvoyer Agnès et à lui rendre ses droits. Le monarque essaya vainement d'opposer des délais; le souverain pontife lança contre lui une excommunication, et le royaume fut mis en interdit.

Comme au temps du roi Robert, un voile lugubre s'étendit de nouveau sur la France; les églises se fermèrent, les prêtres suspendirent leurs fonctions sans que les mauvais traitements de Philippe pussent les forcer à les reprendre. Pour mettre un terme aux désordres qui s'ensuivirent, le roi parut enfin vouloir entrer en accommodement, il demanda une nouvelle révision de l'affaire, et, dans ce but, une seconde assemblée d'évêques se réunit à Soissons. Mais pendant qu'ils délibèrent, Philippe va tout à coup trouver Ingelburge qui était dans un couvent de la ville, l'embrasse, la met en croupe et l'emporte au galop à Paris, d'où il envoie dire aux évêques qu'ils peuvent se retirer, et que tout est fini. Les deux époux vécurent depuis, dit-on, en bonne intelligence; et la pauvre Agnès, délaissée à son tour, après ce singulier rapprochement, périt bientôt de chagrin.

Richard n'ayant pas laissé d'enfants, Jean sans Terre s'empara de la couronne d'Angleterre, qui revenait à Arthur, duc de Bretagne son neveu. Le jeune homme fit valoir ses droits à la protection du roi de France : celui-ci, enchanté au fond du cœur des divisions qui s'élevaient entre les princes anglais, lui promit beaucoup, et n'envoya en réalité que de faibles secours. Les hostilités durèrent quelque temps entre l'oncle et le neveu avec une égale animosité, et l'avantage allait demeurer à Arthur, quand ce dernier tomba dans une embuscade où il fut fait prisonnier. Jean lui demandait pour rançon la cession absolue de tous ses droits; mais le jeune prince refusa courageusement d'y consentir. Traîné de prisons en prisons, il fut enfin enfermé dans une tour isolée sur le bord de la mer. Jean vint une nuit y visiter le captif. Ce qui se passa entre eux est demeuré un mystère; mais la porte de la tour se rouvrit quelques instants après; un homme parut, traînant un cadavre palpitant sur la plage... c'était Jean qui, se penchant sur le corps de la victime, y attacha froidement une grosse pierre, et le précipita ensuite dans les flots...

Quoique commis dans les ténèbres, ce crime affreux fut bientôt connu. Il excita une indignation universelle; la mère d'Arthur et toute la noblesse de Bretagne vinrent en demander vengeance au roi de France, en sa qualité de suzerain. Les lois féodales, qui d'ailleurs faisaient naître tant de désordres, servirent en cette occasion à un acte mémorable de justice : Jean, comme vassal, fut traduit devant la cour des pairs. La citation lui ayant été signifiée à Londres par les sergents d'armes de Philippe, le roi, accusé, envoya un évêque lui demander un sauf-conduit, et s'il y aurait sûreté pour le retour. *Oui, si le jugement des pairs le permet*, répondit le suzerain. Jean n'osa pas s'exposer à la rigueur du tribunal, il ne comparut pas et fut condamné à mort comme contumace. Par le même arrêt, toutes ses terres situées dans le royaume furent déclarées confisquées. Philippe s'empara donc de la Normandie et la réunit à la couronne. Il en fit autant de la Touraine, de l'Anjou, du Maine, du Poitou, en sorte qu'il ne resta guère en France au roi Jean que la Guyenne. Le pape voulut s'ériger en juge suprême dans cette affaire, et commanda plusieurs fois à Philippe de retirer ses troupes, mais le monarque brava ses menaces et lui fit entendre que les querelles des princes n'étaient pas du domaine de l'Église.

Cependant le goût des expéditions en Orient n'était pas encore passé : non contents de figurer au milieu des guerres qui déchiraient leur patrie, les Français continuaient à aller chercher de nouveaux combats en Asie. Une quatrième croisade fut prêchée en 1204 ; mais les barons de France, qui prirent la croix pour combattre les infidèles s'écartèrent étrangement de leur but. Ce fut contre des chrétiens qu'ils tournèrent leurs forces, et, réunis aux Vénitiens, qui s'étaient chargés de transporter leurs troupes en Palestine, ils s'emparèrent de Constantinople, dont l'un d'entre eux, Baudouin de Hainaut, fut élu empereur. Cette domination nouvelle, que l'on nomma empire *latin*, dura sans force et sans gloire, l'espace de cinquante-six ans, entre les mains de cinq successeurs de Baudouin. Après eux, la famille grecque des Paléologues s'empara de la suprême puissance, qu'elle garda encore cent quatre-vingt-treize ans. Hâtons-nous de dire, pour n'avoir plus à revenir sur Constantinople, qu'au bout de ce temps, cette ville devint la conquête des Turcs, qui en sont encore aujourd'hui les maîtres.

Une croisade plus déplorable fut dirigée deux ans après, au sein même de la France, contre les chrétiens de la langue d'oc [1]. On appelait alors indistinctement de ce nom ou de celui de Provence, toutes les provinces au midi de la Loire. Une race d'hommes à part habitait ces contrées, qu'une ligne bien tranchée dans les institutions et les mœurs séparait des enfants du Nord. Aussi l'inimitié la plus vive existait-elle d'un bord du fleuve à l'autre; ni les croisades, ni les mariages, qui rapprochaient les Provençaux des barons francs, n'avaient pu complétement éteindre ces vieilles antipathies. Les grands fiefs territoriaux du Midi relevaient à la vérité de la couronne; mais son action s'y faisait à peine sentir. Un commun esprit d'indépendance animait les populations des cités et les seigneurs féodaux, et la langue d'oc était restée tout à fait en dehors du mouvement qui commençait à centraliser l'autorité, par tout le royaume, entre les mains du suzerain.

[1] La langue d'oïl comprenait les provinces du nord.

De nouveaux dogmes religieux, en opposition avec les doctrines orthodoxes, prirent naissance dans ce pays, où la situation du clergé, ses richesses et la vie dissolue qu'il menait n'étaient pas de nature à protéger la ferveur catholique. Les habitants de ces provinces n'avaient d'abord protesté que par de joyeuses satires contre ces abus des ministres de l'Église, et par leur mépris hautement exprimé de la cour de Rome; puis, préférant les exhortations des hommes simples qui professaient dans le désert et ne demandaient ni dîmes, ni redevances cléricales, ils désertèrent en foule les églises. Malgré les efforts des conciles et les prédications constantes des prêtres, les nouvelles croyances jetèrent de profondes racines dans les esprits, non-seulement parmi les classes simples de la campagne et les bourgeois des villes, mais encore chez la plupart des chevaliers, des barons et des seigneurs. Le comte de Toulouse lui-même, le plus puissant, le plus riche des barons de langue d'oc, favorisait ouvertement les hérétiques qu'on appelait *Albigeois*, parce que le canton d'Albi se déclara en masse pour ces principes. Le souverain pontife essaya en vain de faire rentrer toute cette grande population sous l'autorité du saint-siège; les efforts des prédicateurs qu'il envoya demeurèrent sans fruit, l'éloquence passionnée de saint Bernard lui-même vint échouer sur cette terre stérile. Non-seulement Pierre de Castelneau, légat du saint-siége envoyé dans ce pays avec des pleins pouvoirs, n'obtint pas plus de succès; mais encore il périt assassiné par un homme de la suite du comte de Toulouse, qui fut soupçonné d'avoir trempé dans cet attentat.

Le pape eut alors recours à un moyen extrême, que la colère lui suggéra : il fit prêcher une croisade contre les hérétiques, dans les mêmes termes et avec les mêmes indulgences que pour les grandes expéditions contre les Sarrasins. Des lettres furent adressées à tous les barons et les évêques de France, ainsi qu'à Philippe-Auguste, pour les engager à prendre les armes contre les Albigeois et à dépouiller un vassal infidèle de ses domaines. Mais Philippe, vivement préoccupé de s'affermir dans ses récentes conquêtes et d'assurer à la couronne les fiefs anglais confisqués au roi Jean, refusa de prendre part à cette croisade, octroyant seulement licence à ses barons d'aller combattre pour l'Église.

Une grande partie de la chevalerie de France se leva aussitôt avec un enthousiasme au moins autant excité par l'appât de conquérir des fiefs dans cette belle contrée que par l'esprit religieux du temps. Un légat du pape donna le commandement de cette armée à Simon de Montfort-l'Amaury, qui s'était distingué dans la Palestine. Les croisés s'avancent rapidement dans le pays, tombant sur les villes et les châteaux où les Albigeois se sont établis, et, en général sur tout ce qui est à leur convenance; le comte de Toulouse, excommunié et dépouillé de ses domaines, est forcé de prendre la croix contre ses propres sujets. Pour obtenir l'absolution, ce malheureux seigneur est réduit, en outre, aux soumissions les plus honteuses. Traîné la corde au cou, comme une bête de somme, en pleine église, il est publiquement fouetté par le légat, et si rudement que, suivant la chronique, il ne peut retenir ses cris.

La guerre continuait pendant ce temps avec une barbarie dont vous chercheriez vainement à vous faire idée. Les hérétiques massacraient impitoyablement leurs ennemis, et principalement les prêtres et les moines, qu'ils accusaient d'être les principaux auteurs des atrocités exercées par les croisés. Ceux-ci, de leur côté, faisaient main-basse sur les Albigeois qui tombaient entre leurs mains.—*Tuez tout!* leur criait au siége de Béziers l'abbé de Cîteaux, voyant des catholiques confondus avec les hérétiques, *Dieu connaîtra bien ceux qui sont à lui!* Là s'exécuta le plus grand massacre que les annales des peuples aient peut-être jamais retracé; car on n'épargnait ni vieux ni jeunes; on jetait les femmes dans les puits; on égorgeait les enfants à la mamelle... et pendant cette affreuse boucherie, les prêtres de Simon de Montfort chantaient le *Veni, Creator.*

Mais un fléau plus cruel encore, apporté par les croisés aux malheureux habitants de ces contrées, ce fut l'établissement de l'*inquisition.* Saint Dominique, moine austère et fanatique, en fit bientôt une arme terrible suspendue au sein de chaque famille, et les recherches tyranniques de ce tribunal, ses procédures mystérieuses qui finissaient toujours par de sanglants supplices, inspiraient plus de terreur que les chevaliers francs, dont la lourde épée frappait, du moins, au grand jour.

Nous ne nous appesantirous pas davantage sur les scènes d'horreur enfantées par la superstition sous ce beau ciel du Midi, où elles succédaient si brutalement aux joyeux chants des troubadours : la civilisation, plus avancée dans ces provinces que dans le reste du royaume, reçut, au milieu de ces guerres d'extermination, un coup funeste dont elle ne se releva pas de longtemps; mais l'établissement des seigneurs francs qui y acquirent des fiefs, habitua peu à peu les Provençaux à reconnaître l'autorité royale, méconnue dans le pays depuis Charlemagne.

Cependant la puissance pontificale, de plus en plus hautaine avec les rois, prétendait s'arroger sur eux une sorte de suzeraineté féodale. A la suite de troubles et de différends survenus, en 1208, en Angleterre, avec des moines, Jean sans Terre ayant été excommunié, le pape, Innocent III, délia les sujets de ce prince du serment de fidélité, et transféra ses états à Philippe en héritage perpétuel; l'assurant de la rémission de ses péchés, s'il réussissait à s'emparer de ce royaume. Le souverain pontife accordait de plus, pour cela, les mêmes indulgences qu'à ceux qui allaient en terre sainte. Philippe, si souvent en querelle lui-même avec le saint-siége, se prépara cette fois de grand cœur à obéir à sa sentence : il employa une année à faire construire une flotte de dix-sept cents voiles; le prince Louis, son fils, se mit à la tête d'une nombreuse armée, destinée à passer le détroit, et la chevalerie de France conçut un moment l'espoir de posséder les terres d'outremer autrefois conquises par les Normands.

Pour prévenir l'orage, Jean sans Terre ne trouva pas d'autre expédient que de se déclarer vassal de la cour de Rome, et il prêta serment de fidélité entre les mains du légat Pandolfe. Celui-ci vint alors à Boulogne déclarer au roi de France qu'il ne pouvait plus rien contre un royaume devenu le patrimoine de l'Église. Mais Philippe, bouillant de colère, s'écria qu'il poursuivrait l'expédition contre le pape lui-même. Il porta d'abord toutes ses forces contre le comte de Flandre qui, seul de tous ses vassaux, s'était opposé à son entreprise.

Pendant ce temps une flotte partie d'Angleterre se mit à la poursuite de la sienne, et la détruisit presque en entier. Le roi lui-même donna l'ordre de brûler le reste. La navigation en Angleterre avait fait plus de progrès que sur le continent; plus de vingt mille ouvriers s'y occupaient déjà de la construction des navires, de leurs manœuvres, du transport des marchandises... En France, on ne voyait que quelques pêcheurs sur la Seine et les pirates qui désolaient les côtes de la Normandie et de la Bretagne. Mais tandis que des tourbillons de feu annonçaient la destruction des navires français dans le petit port de Dam, Philippe et ses chevaliers hissaient leurs gonfanons sur les hautes tours des riches cités du pays de Flandre, dont les bourgeois étaient forcés de payer les frais de la guerre. Le système féodal ne permettait pas, comme vous savez, de longs services militaires; les barons obtinrent après cela, la permission de regagner leurs fiefs et leurs castels. Il ne resta, pour garder les tours, qu'un petit nombre de sergents d'armes du roi ; on leur adjoignit seulement quelques compagnies de *routiers* qu'il avait prises à sa solde, et qui furent les premières troupes stipendiées, mais seulement pendant la guerre.

Le comte de Flandres, ne tarda pas à vouloir reconquérir ses états : une ligue menaçante se forma contre la France. Jean sans Terre, le comte de Flandre et l'empereur Othon IV réunirent plus de deux cent mille hommes sous quinze cents bannières de toutes couleurs. Cette espèce de croisade contre la France excitait partout un enthousiasme général : les villes de Flandre, qui devaient une immense opulence à leur industrie, offraient des hommes, de l'argent, des chevaux, des étoffes et des armes. Les dames brodaient des écharpes pour leurs chevaliers et distribuaient leurs couleurs. Mais au premier signal du danger, les vaillants hommes de France se rendirent de toutes parts au rendez-vous que le roi leur assignait à Péronne. A la *monstre* ou revue qui y fut passée, on compta cinq mille chevaliers et cinquante mille servants d'armes ; là vinrent aussi se réunir aux barons les bourgeois des communes.

L'armée française campait devant Tournai, lorsque les confédérés, étendant leur ligue, débouchèrent par Courtray, Mons et Lille, afin de l'envelopper. Ils se croyaient si sûrs de la victoire, qu'ils portaient sur des chariots des cordes,

des lacets, pour conduire enchaînés les principaux barons de France et le roi lui-même. Philippe jugeant que la position qu'il occupait n'était pas favorable pour la cavalerie, se décida à rétrograder sur Péronne, préférant livrer la bataille dans les grandes plaines qui s'étendaient derrière le pont de Bouvines auprès de Cambrai. La retraite fut donc ordonnée, et les chevaliers, obéissant aux ordres du roi se retirèrent devant les masses anglo-allemandes. Celles-ci, continuant à s'avancer avec précipitation, se trouvèrent bientôt en vue de l'arrière-garde française. A ce poste était resté, pour observer les mouvements de l'ennemi, Guérin, évêque de Senlis qui, ayant toute sa vie combattu en Orient, sous la bannière des chevaliers du Temple, avait acquis des connaissances militaires supérieures à celles de son temps. En apercevant à l'horizon cette forêt de lances qui se prolongeait à perte de vue, l'évêque vint en toute hâte avertir le roi : on tint aussitôt conseil, et l'avis des barons fut de continuer la retraite jusqu'à ce qu'on eût passé le pont de Bouvines. Mais tandis que le roi se reposait à l'ombre d'un frêne, auprès d'une petite chapelle, deux cavaliers accoururent à bride abattue annoncer que l'attaque était déjà commencée à l'arrière-garde. — *Eh bien, il faut combattre!* s'écria le monarque, en sautant sur son cheval. Aussitôt, les hérauts d'armes crient: *Aux armes, barons, aux armes!* Les prêtres qui sont derrière le roi entonnent les psaumes de David; les trompettes, les clairons sonnent dans toutes les directions, et les chevaliers, qui avaient déjà passé le pont, reviennent au galop sur leurs pas, pour se ranger en bataille...

Othon, surpris de voir les Français faire aussi subitement face en tête, déploya promptement ses masses, embrassant le plus de terrain possible. Le belliqueux évêque, que Philippe avait chargé de ranger l'armée française, si inférieure en nombre, vit bien qu'il fallait étendre également ses ailes pour ne pas se laisser déborder. C'était à l'heure de midi, le dimanche 27 juillet 1214, par une des plus chaudes journées de l'année ; les casques et les armures des confédérés, frappés en plein par les rayons du soleil, répandaient une vive lumière, et leur ligne semblait une vaste barre d'acier luisant. Les Allemands aveuglés dans cette position désavantageuse, cherchèrent à en sortir ; mais Guérin eut l'adresse de rendre infructueuses toutes les manœuvres qu'ils tentèrent dans ce but.

Othon s'était placé au milieu d'un carré de lances profond ; près de lui se trouvait l'étendard de l'empire, traîné sur un vaste charriot à quatre roues : c'était une longue perche qui supportait un dragon sur lequel s'élevait une aigle de bois doré. Dans les rangs français, et précisément en face, l'oriflamme balançait dans l'air son tissu de soie d'un rouge éclatant. Derrière cette bannière, était venue se former ce qu'on appelait la bataille du roi, où se trouvait Philippe entouré d'une nombreuse chevalerie [1]. L'évêque de Senlis

---

[1] L'oriflamme était la bannière de l'abbaye de Saint-Denis, que les comtes de Paris, comme avocats et protecteurs de ce

acheva de ranger les hommes d'armes en bataille, mettant toujours les plus hardis en avant et ceux dont le cœur était moins ferme en arrière. — *Sires chevaliers*, répétait-il, *le champ est grand, espacez-vous bien afin que les ennemis ne vous enlacent. Arrangez-vous de telle manière que vous puissiez combattre tous ensemble et sur une même ligne.* Pendant que le guerroyant prélat s'occupe avec zèle de cette tâche importante, de longues acclamations accueillent le roi qui parcourt les rangs des chevaliers en exhortant chacun à bien faire son devoir [1]. La bataille s'engage enfin par cent cinquante sergents d'armes à cheval des communes de Soissons qui fondent sur les chevaliers allemands et flamands.

Vous aurez peine à croire ce qui suit, tant un pareil fait serait extraordinaire de nos jours.... Cette fière noblesse dédaigna de repousser cette charge, et son orgueil, humilié d'avoir été premièrement attaqué par des manans et non par

---

monastère, avaient toujours portée pour soutenir les droits et les terres de l'abbaye au jour où ils étaient menacés. Depuis l'avènement de la race des Capets au trône, les abbés de Saint-Denis avaient coutume de la remettre, en grande pompe, au roi lorsqu'il partait pour une guerre nationale.

[1] Plusieurs historiens ont raconté qu'avant la bataille, Philippe, détachant sa couronne, l'offrit à celui qui se croirait le plus digne de la porter et de la défendre. Cette action a même servi de sujet à un beau tableau de M. Horace Vernet ; mais on ne trouve ce fait nulle part dans les anciennes chroniques ; les auteurs modernes les plus judicieux le révoquent en doute comme complétement étranger aux mœurs du treizième siècle, au système de fidélité féodale, et surtout à l'idée qu'on se faisait alors de la suprême puissance, confiée par Dieu lui-même à une race qui ne se serait pas cru le droit de la céder, quand même elle en aurait eu la volonté.

des chevaliers, s'obstinait d'abord à ne pas riposter aux coups de ces gens du menu peuple, jusqu'à ce que, voyant plusieurs des siens renversés et foulés aux pieds par les braves bourgeois qui y allaient bon jeu, bon argent, elle se décida à les charger à son tour avec ses lourds chevaux bardés de fer qui les eurent bientôt dispersés. Les chevaliers flamands s'élancent alors dans la plaine, et viennent provoquer les barons de France. Ceux-ci, s'affermissant sur leurs étriers, baissent leur lance et s'ébranlent pour voler à leur rencontre. Le combat s'engage alors corps à corps. Aux lances brisées succède le poignard de miséricorde ou la longue épée; les haches d'armes sont levées sur les hauts cimiers ou retombent avec bruit sur les cuissards et les boucliers. Mille cris de guerre se croisent dans la mêlée; chaque chevalier répète le sien pour exciter ses gens et s'en faire reconnaître, au milieu du nuage de poussière qui enveloppe les combattants; et celui du roi, *Mont-joie Saint-Denis!* se fait entendre au plus épais des rangs allemands où le monarque s'est précipité, suivi de ses fidèles barons.

Les communes de Corbie, d'Amiens, d'Arras, de Beauvais, de Compiègne ont reçu l'ordre de traverser la ligne des bannières et d'attaquer l'infanterie allemande; mais cette manœuvre n'a pas réussi; les bourgeois vigoureusement repoussés et poursuivis de près, se sont retirés avec une telle hâte, qu'ils ont un instant jeté le désordre parmi la troupe d'élite qui entoure le monarque. Dans cette confusion un petit nombre de sergents à pied des villes de Flandre étant passé derrière Philippe, quelques-uns d'entre eux saisissent les joints de son armure avec des crocs, et parviennent à le renverser de cheval. Le roi demeure ainsi quelque temps couché par terre entouré d'ennemis qui s'acharnent après lui avec des armes de toute espèce sans pouvoir réussir à le blesser. Les chevaliers de France s'aperçoivent enfin du danger de leur souverain ; celui qui porte l'étendard royal auprès de lui hausse et baisse sa bannière, à plusieurs reprises, pour rappeler les plus éloignés à son secours ; un effort terrible les dégage et Philippe est remonté[1]. Presqu'au même instant Othon, trois fois désarçonné sur un autre point, était saisi au corps par un chevalier français ; le dragon impérial gisait brisé sur la poussière, et l'empereur allait être pris quand un fidèle serviteur, lui donnant son coursier, parvint à l'entraîner loin du champ de bataille.

Les Allemands s'enfuient de tous côtés ; partout leurs bannières orgueilleuses s'abaissent, déchirées en mille lambeaux par les flèches, les masses et les lances... A peine y a-t-il une place sur le champ de bataille où l'on ne trouve des cadavres étendus et des chevaux expirants. Les bourgeois et les vilains ne pouvant atteindre les nobles hommes, tant ils ont revêtu leur corps de mailles de fer, de pièces de cuir et de dures armures, s'attachent à leurs

---

[1] Parmi les seigneurs qui se portèrent le plus promptement au secours du roi, on doit citer Guy de Dampierre, sire de Bourbon, qui avait combattu avec une rare valeur auprès de ce souverain.

coursiers et les piquent de leurs javelots, ou leur coupent adroitement les jarrets. La plupart des chevaliers ennemis, ainsi entourés, roulent sur la terre avec le fidèle animal qui les portait et sont faits prisonniers. Le duc de Flandre et le comte de Boulogne, vassaux rebelles de Philippe, essaient en vain de résister, pour ne pas tomber entre les mains de leur suzerain irrité. La bataille se prolonge encore quelque temps du côté où le second de ces seigneurs combat à la tête des Anglais. Celui qui commande pour la France en cet endroit est encore un prélat guerrier : Philippe, évêque de Beauvais est là, armé d'une lourde massue de fer; car il se fait un scrupule ecclésiastique de verser le sang, et se croit pieusement à l'abri du reproche, parce qu'il se contente d'assommer les ennemis. Ce qui n'est pas moins curieux, c'est que le comte de Boulogne, qui a rallié un assez bon nombre de ses gens de pied, ne trouve rien de mieux à en faire que d'en former un bataillon creux et circulaire, au milieu duquel il se retire pour reprendre haleine après avoir chargé. Demeuré seul avec six chevaliers, qui ne voulurent pas l'abandonner, ce chef fut pris enfin ainsi que le comte de Flandre. Le roi les fit charger de fers et les traîna à sa suite pour servir à son triomphe. Les trompettes retentirent alors, annonçant la victoire, les Français ne songèrent plus qu'à ramasser le butin.

Les communes de France rendirent d'éminents services dans cette mémorable journée: les hautains barons, qui riaient sous leur casque de l'air peu martial de ces vilains *habillés de vert et de gris* sans cuirasses ni cottes de mailles, armés de masses, d'arbalètes, d'arcs et de bâtons ferrés, les virent pourtant, au fort de la bataille, se porter partout où le danger était menaçant... et lorsque le gonfanon royal, hissé et abaissé tour à tour, indiqua le péril du roi, ce furent encore les bourgeois qui coururent des premiers à son secours. On rapporte que les confédérés perdirent plus de cinquante mille hommes; mais très-peu de chevaliers furent tués, car ce n'était pas une besogne facile que de les frapper, enveloppés comme ils étaient de fer. Une fois démontés, par exemple, on pouvait aisément les faire prisonniers, parce que le poids de leur armure ne leur permettait plus de se relever : les fantassins les garottaient alors avec des cordes, et les emmenaient pour en tirer rançon, tandis qu'ils faisaient rarement quartier aux hommes de leur classe, dont ils n'avaient rien à espérer, qu'en les massacrant pour avoir leurs dépouilles.

Celui qui perdit le plus à cette bataille, fut le roi d'Angleterre, dont Othon semblait la dernière ressource. Pendant que l'empereur combattait à Bouvines, Jean avait essayé de reconquérir ses provinces confisquées au delà de la Loire; mais Louis, fils de Philippe, avec ses fidèles barons, le repoussèrent partout, et ses fiefs de France demeurèrent perdus pour l'Anglais. Réconcilié avec le pape, Jean ne l'était pas avec ses sujets, les barons le forcèrent de signer ce qu'on appelle la grande charte, qui établissait la liberté nationale; mais ce monarque, aussi lâche que violent s'étant avisé peu après de la révoquer, les Anglais se révoltèrent et appelèrent le fils de Philippe à régner sur eux. Innocent III soutenait son vassal contre le prince français et les barons d'Angleterre; mais Louis s'embarque sans tenir compte de ses menaces. Il arrive à Londres où il est proclamé roi. Presque tout le pays était conquis lorsque Jean mourut en 1216. Cet événement changea la face des affaires : les barons, déjà mécontents de la conduite de leur nouveau souverain, couronnèrent sous le nom de Henri III le jeune fils de Jean sans Terre, et cette aventureuse expédition, qui mieux conduite aurait pu amener de si grands résultats, se termina par le rembarquement des Français dont un légat du pape régla les conditions en maître.

Parvenu à sa cinquante-sixième année, Philippe-Auguste termina en 1223 sa longue et brillante carrière, après avoir occupé le trône pendant quarante ans. Si, durant cet intervalle, sa conduite politique ne fut pas exempte de reproches, il faut moins en accuser ce monarque que son siècle. Le caractère de Richard Cœur de Lion, dont les proportions vous paraîtront peut-être plus grandioses, laisse percer les mêmes taches, à travers sa brillante enveloppe chevaleresque, et l'influence de ce dernier sur la civilisation fut loin d'égaler celle de son rival de gloire. sous Philippe-Auguste, l'autorité royale s'affermit; de nouveaux coups portés à la féodalité comprimrent les efforts de cette oligarchie titrée avant lui si répétés; les droits des communes sont réglés; un ordre, bien qu'imparfait s'établit enfin dans l'administration intérieure du royaume, et ce règne a jeté pour l'avenir les bases d'un système plus complet de gouvernement.

Septième Soirée.

Louis VIII, dit le Lion. — Louis IX, ou saint Louis. — Bataille de Taillebourg. — Cinquième croisade. — Les pastoureaux. — Conquête du royaume des Deux-Siciles, par le comte d'Anjou. — Frédéric et Coradin. — Sixième et dernière croisade. — Mort du roi. — Ses sages ordonnances. — Pragmatique sanction. — Fondations remarquables. — Hôpital des Quinze-Vingts. — Philippe III, dit le Hardi. — Vêpres siciliennes. — Philippe IV, dit le Bel. — Boniface VIII. — Etats généraux. — Défaite de Courtrai. — Bataille de Mons-en-Puelle. — Procès des Templiers. — Tiers-état. — Parlement fixe. — Annoblissements. — Roger Bacon. — Chambre obscure. — Lunettes. — Boussole. — Navigation. — Géographie. — Costumes. — Solennités publiques. — Mystères. — Révolte des trois cantons suisses. — Louis X, ou le Hutin. — Marguerite de Bourgogne. — Supplice d'Enguerrand de Marigny. — Affranchissement des serfs. — Philippe V, dit le Long. — Charles IV, dit le Bel.

Louis VIII était âgé de trente-six ans, quand il monta sur le trône. Appelé aux conseils de Philippe-Auguste et au commandement de ses armées, il avait, comme vous l'avez vu, puissamment secondé son père dans ses guerres pour l'agrandissement du domaine royal. La valeur chevaleresque dont il fit preuve dans ces diverses expéditions lui mérita le surnom du *Lion;* mais il est permis de douter que ses talents aient été à la même hauteur que son courage. Son règne, qui ne dura que trois ans, présente au surplus fort peu d'événements importants. Notons seulement, en passant, l'affranchissement d'un grand nombre de serfs et l'apparition d'une foule de nouveaux ordres religieux, moines mendiants, qu'on vit bientôt pulluler dans le royaume et ne relevant directement que du pape. Cette milice pontificale, qui s'établit ainsi au cœur de tous les états de l'Europe, se montra partout fort dangereuse. Pour son début, Louis recommença la guerre avec les Anglais. Au lieu d'assister au sacre de son suzerain, comme les lois de la féodalité le lui prescrivaient, le jeune Henri III s'en abstint, et choisit même cet instant pour sommer le monarque français de lui restituer la Normandie, confisquée et réunie à la couronne par Philippe-Auguste. Ce fut un prétexte pour mettre à exécution le projet que le fils de ce prince avait formé de chasser entièrement les Anglais de la France.

Louis, parti avec une nombreuse armée, s'empare de Saint-Jean-d'Angely, de Niort et de tout le pays en deçà de la Garonne. Il ne lui restait plus à soumettre que la Gascogne et Bordeaux, lorsque, sur les instances du pape Honorius III et d'Amaury de Montfort, fils de celui que je vous ai fait connaître, il se laissa entraîner dans une nouvelle expédition contre les Albigeois, abandonnant ainsi une entreprise utile et glorieuse pour aller prendre part au massacre de malheureux incrédules. Le succès ne répondit pas à ses espérances : le jeune comte de Toulouse, excommunié comme son père l'avait été, ne pouvant résister par la force aux croisés, se retira devant eux, après avoir saccagé le pays.

SEPTIÈME SOIRÉE. 205

Partout les habitants, réduits au désespoir, portaient eux-mêmes la flamme dans leurs maisons, bouleversaient leurs prés, coupaient les moissons en herbe, et bouchaient les fontaines. Les chevaliers de France ne trouvèrent sur leur passage qu'un vaste désert semé de ruines silencieuses ou encore fumantes. La fatigue, la faim et la dévorante chaleur du climat causèrent promptement des maladies contagieuses dans l'armée. Louis en fut attaqué et mourut en 1226, en Auvergne, avant d'avoir pu rejoindre sa capitale, n'emportant pour tout avantage de cette cruelle et impolitique croisade, que la satisfaction d'avoir, après un siége de trois mois, renversé les murs d'Avignon qui lui avait refusé le passage.

Louis IX, dont l'église a fait saint Louis, n'avait que douze ans lorsque son père perdit ainsi la vie. Comme sous la minorité de Philippe-Auguste, l'avénement de ce prince au trône fut un signal de révolte pour plusieurs des grands vassaux; mais la sage fermeté de la régente Blanche de Castille, mère du roi, parvint à apaiser ces factions. Le comte de Toulouse, qui était entré l'un des premiers dans cette coalition, fut battu et poursuivi à outrance: les bûchers se rallumèrent dans ses domaines, où les Albigeois avaient trouvé protection et appui.. lui-même n'eut la paix qu'en aidant à exterminer ces malheureux, et en consentant à faire amende honorable en chemise, et la corde au cou, comme jadis son père. On le contraignit de plus à abandonner au roi et au pape la plupart de ses possessions.

Après avoir employé la force avec une partie des confédérés, la reine gagna les autres par ses présents ou par des promesses. Thibaud, comte de Champagne, fut celui qu'elle eut le moins de peine à séduire : ce seigneur ressentait depuis longtemps pour elle une passion dont il ne faisait pas mystère, et l'on a conservé de lui des vers fort tendres qu'il lui adressait ; le dépit de voir sa flamme repoussée, l'avait jeté dans le parti des révoltés : un mot de Blanche le ramena à ses pieds... Non-seulement il abandonna ses amis ; mais encore il ne put cacher leurs secrets à la dame de ses pensées... la régente obtint enfin de l'amoureux Thibaud, tous les sacrifices qu'elle exigea, et malgré ses rigueurs, dont elle refusa, dit-on, toujours de se départir à son égard, ce digne chevalier lui céda ses beaux comtés de Blois, de Sancerre, de Chartres et de Châteaudun, comme il lui aurait sans hésiter donné sa vie, si elle la lui eût demandée.

Pierre Mauclerc restait encore à soumettre, en Bretagne : ce confédéré était d'autant plus dangereux qu'il avait appelé les Anglais à son aide. Heureusement Henri III, débarqué à cet effet, en 1234, avec une armée, ne l'appuya que mollement, et perdit tout l'hiver en fêtes et en plaisirs à Nantes. Pendant ce temps, Louis tenait la campagne avec sa mère, en dépit du froid rigoureux. Le roi d'Angleterre dut ramener ce qui restait de ses troupes dans son royaume sans avoir rien fait, et Mauclerc fut réduit à venir implorer sa grâce aux pieds du trône de son suzerain.

Quant Louis eut atteint sa majorité, Blanche

SEPTIÈME SOIRÉE.

lui remit les rênes du gouvernement; le jeune monarque se montra dès lors un prince aussi parfait qu'il pouvait l'être dans ce temps: à un courage militaire à toute épreuve, il unissait une constance et une fermeté rares dans ses vues politiques. On ne saurait trop louer surtout son amour pour la justice et la manière dont il rendait ses jugements, assis dans le bois de Vincennes, au pied d'un chêne qui a longtemps conservé le nom d'arbre de saint Louis. Les principes sacrés de justice que le Ciel avait gravés au cœur de Louis n'étaient pourtant pas assez forts pour résister à l'influence de la superstition générale, et ce souverain, qui condamnait son propre frère le comte d'Anjou, dans un procès avec un simple gentilhomme, renouvela, dans ses lois contre les juifs, tout ce qu'avaient eu d'arbitraire et de cruel les ordonnances de ses prédécesseurs. Mais ces arrêts de proscription demeurèrent néanmoins impuissants contre cette nation : l'appât du gain compensait pour elle les avanies et les humiliations continuelles dont elle était l'objet. Pour faciliter la circulation de leurs fonds et les soustraire plus aisément aux yeux de leurs persécuteurs, les juifs inventèrent la lettre de change, à laquelle le commerce dut une nouvelle vie.

Louis estimait et protégeait les savants. C'est Robert de Sorbon, son confesseur, qui a fondé l'école fameuse à laquelle on donna le nom de *Sorbonne*. L'université fut également comblée de faveurs sous ce règne : déjà Philippe-Auguste lui avait accordé d'immenses priviléges au nombre desquels on peut regarder comme le plus grand celui d'exercer la police elle-même sur ses membres, à l'exclusion de toute autre juridiction. Mais à mesure que ce corps croissait en honneurs et en réputation, on le vit, par ses prétentions, donner de fréquents sujets d'inquiétude et de mécontentement à ses bienfaiteurs; plus d'une fois aussi la turbulente jeunesse qui suivait ses cours ensanglanta les rues de Paris dans ses rixes avec les bourgeois; et par leur conduite désordonnée les écoliers abusèrent étrangement des franchises qu'ils avaient obtenues de nos rois. Malgré sa dévotion, dont les pratiques minutieuses remplissaient son temps lorsqu'il ne le passait pas à étudier, Louis eut la force de s'opposer aux abus du pouvoir ecclésiastique et punit, par la confiscation de leurs biens temporels, les évêques qui mésusaient des armes sacrées remises entre leurs mains par l'Eglise. La cour de Rome enfin, habituée depuis longtemps à l'aveugle soumission de ses devanciers, trouva le saint roi en opposition avec elle toutes les fois que ses démarches furent contraires aux intérêts de l'Etat.

Hugues de Lusignan, comte de la Marche, était encore en rébellion; le roi convoqua, dans cette circonstance, un parlement devant lequel Hugues fut déclaré déchu de ses fiefs. Louis étant parti en 1242 pour mettre cet arrêt à exécution, le roi d'Angleterre, qui prêtait toujours assistance aux vassaux révoltés, vint avec des troupes nombreuses soutenir la cause de celui-ci, à laquelle plusieurs barons du Poitou et de la Saintonge s'étaient déjà joints. Cette armée se rencontra avec celle de

Louis sur les bords de la Charente, auprès du château de Taillebourg qui commandait le pont établi dans cet endroit. Maîtres de ce point important, les Anglais avaient pris position sur la rive, protégés par les machines de guerre du fort, qui lançaient des traits et des pierres jusque sur l'autre bord, où ces projectiles jetèrent quelque désordre parmi les chevaliers français. Le jeune monarque forme à la hâte une petite troupe de ses plus braves chevaliers et s'élance avec eux sur le pont. On franchit au pas de course cet étroit passage où pleut une grêle meurtrière ; Louis, parvenu au bout du pont, regarde autour de lui... huit chevaliers ont seuls accompli le périlleux voyage... les autres sont tombés sur la route, pour ne plus se relever. Mais sur leurs pas se précipitent avec de grands cris, chevaliers et varlets, nobles hommes et vilains, électrisés par cet exemple... En vain les catapultes et les archers du château choisissent, à loisir, leurs victimes dans cette masse compacte, on se heurte, on s'étouffe sur le pont pour arriver plus tôt au secours du roi.

Louis, pendant ce temps entouré d'ennemis, combat en désespéré ; son bouclier est hérissé de traits, son armure est faussée en vingt endroits ; mais sa formidable épée continue à tracer dans les rangs anglais un sanglant sillon... Ses forces épuisées vont à la fin trahir cet autre Horatius Coclès, quand les premiers qui sont sur le pont réussissent à se faire jour ; d'autres ont gagné le bord, entassés dans de frêles nacelles... C'en est fait, Louis est sauvé, les Anglais fuient dans toutes les directions, et une autre victoire non moins glorieuse pour le roi assure le lendemain son triomphe. Le Comte de la Marche se trouva trop heureux d'obtenir son pardon par l'abandon qu'il fit, au roi, de la Saintonge. Ainsi chacune de ces luttes imprudentes où la féodalité osait désormais entrer en lice avec l'autorité royale fournissait à cette dernière une occasion de s'agrandir; et les successeurs de Capet, continuant l'œuvre ébauchée par le héros, restituaient peu à peu à la couronne des monarques francs les brillants fleurons que l'usurpation des seigneurs en avait détachés.

La France eût été heureuse sous un souverain tel que saint Louis, sans ce funeste entraînement vers les croisades auquel il céda comme tous ceux de son siècle. Peu de temps après la victoire de Taillebourg, le roi tomba malade à Pontoise, et, en danger de mourir, fit vœu de partir pour la Terre-Sainte, s'il en échappait. A peine sa santé fut-elle rétablie qu'il voulut prendre la croix : ni les représentations que lui fit la reine-mère, ni celles des évêques ne purent le dissuader d'entreprendre cette expédition. L'expérience du passé ne faisait que trop prévoir de nouveaux désastres; aussi les tentatives du monarque français pour réchauffer l'enthousiasme des autres princes de l'Europe, et pour les engager à se joindre à lui, furent-elles entièrement inutiles. Réduit à ses seules forces, Louis IX partit le 12 juin 1248. La reine Marguerite sa femme et ses trois frères s'embarquèrent avec lui à Aigues-Mortes. La reine Blanche eut une seconde fois, la régence du royaume.

Bien que le sort de cette pieuse expédition ait été d'échouer comme les précédentes, et plus complétement encore, il faut pourtant reconnaître qu'elle était la mieux conçue et la mieux dirigée de toutes, puisqu'il y eut unité dans le commandement. Le premier rendez-vous avait été fixé à l'île de Chypre, où régnait Henri de Lusignan. Le roi, avec autant de prudence que de sagacité, fit d'abord choix de ce point pour place d'armes et centre d'action, et il y établit d'immenses magasins de vivres. Un grave inconvénient, qui dut influer sur les suites de cette campagne, résulta pourtant du séjour des croisés à l'île de Chypre : l'armée s'y abandonna aux égarements de l'amour et de la débauche, à tel point, que le courage des plus vaillants chevaliers s'y énerva. Une multitude de jeunes seigneurs périrent au sein d'une épidémie, qui fut la funeste conséquence de ces excès... On partit enfin. Des considérations militaires judicieuses déterminèrent le roi à diriger sa première attaque contre l'Egypte, dont le soudan tenait la Palestine sous ses lois. En effet, les succès des croisés en Asie n'avaient, jusqu'ici, offert aucune espèce de durée ; parce qu'une fois qu'ils étaient partis, l'Egypte fournissait aussitôt aux Sarrasins de nouvelles forces pour ressaisir leur conquête, et les chrétiens, restés à la garde des places dont on s'était emparé, les reperdaient aussi vite qu'on les avait prises. Le pieux monarque comprit que porter la guerre au siège même de l'empire du soudan était le seul moyen de donner quelque stabilité au trône de Jérusalem, qu'il voulait rétablir. Dans une seconde campagne Louis, se proposant de franchir l'isthme de Suez, devait attaquer la Palestine à revers. Mais des fautes capitales, jointes à la famine et la peste, firent échouer ce plan si bien tracé, et anéantirent sans retour les espérances des croisés.

Débarquée à l'embouchure du Nil, l'armée française s'empara de Damiette après un combat opiniâtre. On marcha de là sur le Caire. Arrivés au bord du Thanis, les croisés, ayant trouvé un gué, se préparèrent à passer le fleuve. Ce fut là, sous les murs de Mansoure, que la témérité du comte d'Artois fut la cause des premiers désastres de l'expédition. Ce prince, l'aîné des frères du roi, demanda à tenter le premier le passage avec l'avant-garde. Louis, qui se défiait de son impétuosité, n'y consentit que sous la condition expresse qu'il n'attaquerait pas que lui-même fût à portée de le secourir. Le comte, impatient d'atteindre un ennemi qui jusqu'alors avait fui sans combattre, oublie sa promesse ; une fois sur l'autre bord, à la vue d'un corps de Sarrasins porté en avant de la ville, il fond avec ses chevaliers sur les infidèles, qui, selon leur coutume, s'enfuient encore à toute bride. Le grand maître du Temple et quelques vieux guerriers plus expérimentés redoutant un piège essaient vainement d'arrêter la fougueuse ardeur du prince : il continue son imprudente poursuite de toute la vitesse de son cheval, sans s'apercevoir que déjà les Mamelucks occupent ses derrières et lui coupent la retraite. Des prodiges de valeur ne peuvent plus le sauver ; il succombe, et avec lui périssent presque tous ceux qui l'ont accompagné. L'armée, avertie du danger que courait son avant-garde, commit à son tour la faute grave d'envoyer successivement des détachements que le fer musulman moissonna les uns après les autres.

Louis passa enfin le fleuve.... il ne lui restait plus qu'à venger ceux qu'ils n'avait pu secourir. L'ennemi éprouva à la vérité une perte immense ; mais une moitié de l'armée française était restée sous les murs de Mansoure ; l'autre, frappée de stupeur, se retrancha dans son camp, où les excès, l'indiscipline et les maladies achevèrent promptement l'ouvrage des Sarrasins. L'affreuse situation des croisés empirait de jour en jour ; car tous les convois étaient interceptés par l'ennemi : il fallut songer à la retraite. Ces hommes, affaiblis par des blessures encore vives, exténués par la misère et la faim, s'ébranlèrent pour regagner Damiette. Contraints de combattre à chaque pas.... à la queue comme à la tête et sur les flancs de la colonne, qui se traîne languissamment sur ce sol aride, les croisés se voient enfermés dans un cercle d'infidèles avides de leur sang. Longtemps leur vaillant chef résiste en héros ; il est enfin contraint de se rendre, avec ce qui reste des siens. La ville de Damiette fut le prix de sa rançon, et 400,000 livres rachetèrent ses chevaliers. Témoins de son courage pendant le combat, les Sarrasins admirèrent bientôt la noble fermeté du prisonnier, de même que sa sainte résignation et sa douceur excitèrent, au plus haut point, leur étonnement. Délivré de captivité, après avoir rempli les conditions que je viens de vous dire, Louis se retira en Palestine, et y demeura près de quatre ans avec les débris de ses vaisseaux et de son armée, relevant les fortifications de plusieurs villes, et calmant les perpétuelles dissensions des princes chrétiens. Les religieux templiers et hospitaliers, par exemple, se faisaient entre eux, en Asie, une guerre si cruelle, que dans une rencontre de ces moines militaires, il ne resta pas un seul Templier en vie.

La reine Blanche était morte depuis près de deux ans, quand Louis revint en France. La paix du royaume n'avait été troublée pendant son absence que par les désordres des *Pastoureaux*, dont il faut que je vous dise l'origine et les actions. Fanatisés par les exhortations véhémentes d'un ancien moine de Citeaux, cent mille bergers et habitants de la campagne se levèrent tout à coup; ils allaient partout, prêchant la croisade, non aux nobles et aux riches, dont le Ciel repoussait, disaient-ils, l'orgueilleux concours; mais aux pauvres et aux petits, auxquels était réservé l'honneur de délivrer les lieux saints. A mesure que leur nombre grossissait, leurs chefs s'imaginèrent de réformer la religion à leur guise, et se mirent à exercer les fonctions ecclésiastiques; confessant, faisant et défaisant les mariages sur leur passage, et invectivant contre les moines et les évêques. Ils vinrent ainsi à Paris, où la régente les reçut bien d'abord, parce qu'elle voyait dans ces rassemblements un secours pour son fils. Les églises de la capitale retentirent des déclamations furibondes de ces singuliers prédicateurs, toujours environnés d'une troupe de leurs acolytes prêts à se jeter sur celui qui oserait les contredire. L'Université manifesta d'abord l'envie d'entamer avec eux quelques-unes de ces obscures questions théologiques qui provoquaient, dans ce temps, d'interminables disputes [1]; mais un clerc d'Orléans ayant eu la tête fendue d'un coup de hache en réponse à un de ses arguments pour réfuter le *maître*, les savants, effrayés, renoncèrent sur-le-champ à ce mode de discussion, et se barricadèrent dans leurs colléges. L'arrogance de ces fanatiques devint enfin telle, et un libertinage si affreux s'introduisit dans le ramas d'hommes grossiers et ignorants qu'ils traînaient à leur suite, que la régente se repentit de ne pas les avoir arrêtés dans le principe, et s'empressa d'ouvrir un passage à ce torrent, afin qu'il pût s'écouler ailleurs. On prit sur-le-champ de sages mesures pour faciliter leur embarquement ou leur sortie du royaume par tous les moyens possibles. Ils partirent, et, comme ils commettaient d'atroces brigandages dans les pays qu'ils traversèrent, ils furent exterminés par les habitants.

---

[1] Les questions les plus oiseuses, dont plusieurs même ne présentaient aucune solution possible, fournissaient la plupart du temps le sujet de ces discussions où les acteurs apportaient un acharnement incroyable ; c'était par exemple les difficultés suivantes : *Quelle est la structure intérieure du Paradis ? — Jésus-Christ monta-t-il au ciel avec ses vêtements ? — Son corps est-il nu ou habillé dans le sacrement de l'Eucharistie ?*

Le roi, à son retour, eut encore à punir quelques vassaux révoltés. Depuis la réunion de la Normandie et des autres provinces à la couronne, beaucoup de seigneurs possédaient des fiefs en Angleterre, pour lesquels, en vertu des lois féodales, ils étaient tenus à un hommage et au service militaire envers le monarque anglais ; Louis, se basant sur ce passage de l'Evangile, qu'*on ne peut servir deux maîtres à la fois*, força les barons qui se trouvaient dans ce cas à opter entre Henri III et lui : presque tous renoncèrent aux fiefs d'Angleterre. La réputation de haute sagesse du roi de France était si grande, que les princes ses voisins avaient recours à ses décisions dans leurs querelles : c'est ainsi que les barons anglais, voulant déposer leur souverain parce qu'il n'avait pas observé la grande charte, Louis fut pris pour arbitre. Il prononça en faveur de l'autorité royale unie aux libertés nationales, dont la première devait être la gardienne fidèle.

De graves événements agitaient le royaume de Naples et de Sicile, fondé jadis par les fils d'un vieux seigneur normand nommé Hauteville. Depuis ce temps les empereurs d'Allemagne étaient devenus maîtres de ce pays, pour lequel ils rendaient hommage au saint-siége. Cette pieuse cérémonie n'était d'abord qu'un prétexte des premiers conquérants pour mettre leurs nouveaux états sous la protection de l'Eglise, et arrêter, par la crainte de l'excommunication, quiconque serait tenté de les leur disputer ; mais les papes, profitant des fautes de ceux qui leur succédèrent, réussirent à en faire une suzeraineté réelle. Urbain IV, ayant interdit Mainfroi, roi de Naples et de Sicile, donna sa couronne au duc d'Anjou, frère de Louis IX, moyennant un tribut annuel de huit mille onces d'or. Une croisade est prêchée contre Mainfroi. Le comte d'Anjou, déjà possesseur par alliance de la Provence et d'une partie du Languedoc, part avec une armée, et se fait couronner à Rome, en 1266. Il livre ensuite bataille à Mainfroi dans les plaines de Bénévent, où ce dernier est tué en combattant.

Le prince français usa durement de la victoire, et se montra aussi cruel que son frère saint Louis était humain. Le jeune Coradin, neveu de Mainfroi et véritable héritier du royaume de Naples, était en Allemagne pendant qu'on lui ravissait ainsi son patrimoine. Il n'avait encore que quinze ans, mais son courage était au-dessus de son âge, il se mit, avec Frédéric, duc d'Autriche, son parent, à la tête de ses partisans, et vint soutenir ses droits. Battu à son tour, et fait prisonnier avec le prince autrichien, cet infortuné jeune homme paya de sa vie cette tentative, et Frédéric, pour l'avoir soutenu, fut exécuté avec lui. Leur sentence portait qu'ils méritaient la mort *pour avoir pris les armes contre l'Église*[1]. Coradin déclara sur l'échafaud qu'il cédait ses droits à quiconque le ven-

---

[1] L'histoire offre quelquefois d'étranges similitudes : le jeune Coradin essaya de ressaisir la couronne de Naples absolument dans la même situation où devait se trouver, six siècles plus tard, le roi Joachim Murat ; et les deux prétendants périrent de la même manière, à peu près sur le même sol.

gerait, et jeta son gant au milieu de la foule en signe de défi. Nul alors n'osa ramasser son gage, mais vous verrez bientôt, camarades, que le sang de ces deux victimes ne tarda pas à être cruellement vengé.

Pendant les quinze années qui s'écoulèrent depuis le retour de saint Louis, la France jouit d'une prospérité qui n'aurait fait que s'accroître, si le zèle religieux de son roi ne l'eût encore arraché aux soins du gouvernement, pour aller tenter une nouvelle guerre contre les infidèles. Bien que le monarque fût déjà vieux, et si affaibli par les maladies, qu'à peine pouvait-il supporter le poids de son armure, rien ne put le détourner de cette expédition. Ce fut, cette fois, sur la côte d'Afrique qu'il résolut de porter ses armes, dans l'étrange espoir de convertir le roi de Tunis à la religion chrétienne, et d'y former un établissement qui pourrait plus tard servir à reconquérir la Palestine. Il reprit donc publiquement la croix qu'il n'avait jamais cessé de porter sous ses habits, et ses trois fils, Philippe, son aîné, Jean-Tristan, comte de Valois, et Pierre, comte d'Alençon, l'imitèrent. Le frère de Louis, devenu roi de Sicile, promit aussi de le suivre, et les principaux seigneurs du royaume se déterminèrent également au voyage avec leurs épouses. Cette troupe brillante débarqua sur la plage africaine au mois de juillet 1270.

L'histoire de cette entreprise est, à peu de chose près, la même que celle de toutes les autres. Le monarque convertisseur ne trouva chez Omar, roi de Tunis, qu'un néophyte peu empressé, et, à la proposition qu'on lui fit du baptême, le Sarrasin répondit qu'il viendrait le recevoir à la tête de cent mille hommes. Les Français n'étaient pas gens à s'intimider d'un pareil rendez-vous, le mécréant endurci fut bientôt assiégé dans sa capitale. Comme la ville était trop bien défendue pour qu'on pût espérer la prendre autrement que par la famine, les assaillants avaient commencé par ravager le pays; mais ils éprouvèrent les premiers les maux qu'ils voulaient faire souffrir aux ennemis. Battus dans toutes les rencontres, ces derniers n'en continuaient pas moins à harceler les chrétiens, et fatiguaient nuit et jour les malheureux soldats. Les cruelles maladies qui avaient fait tant de ravages parmi les croisés en Egypte se reproduisirent avec les mêmes causes. La dyssenterie, les flux de sang, la fièvre chaude moissonnèrent un si grand nombre de victimes que l'armée fut réduite de moitié en un mois. Le légat du pape et Tristan, l'un des fils du roi, moururent; le souverain lui-même, attaqué d'un flux de sang et d'une fièvre violente, expira sur un lit de cendre avec le courage d'un soldat et la résignation d'un chrétien.

Le règne de Louis IX est l'époque de grandes améliorations: mettons au premier rang l'abolition du duel judiciaire, monstrueux monument de la barbarie des premiers temps de la monarchie, auquel il substitua la preuve par témoins; puis ses édits sévères contre les guerres privées de famille à famille que l'anarchie féodale avait fait naître, et que la haine perpétuait quelquefois de génération en génération. Depuis que les Capitulaires de Charlemagne étaient tombés en désuétude, il n'y avait plus de lois dans le royaume; chaque province était régie par le caprice des seigneurs, ou bien par des usages non écrits qu'on appelait *coutumes*. Louis IX entreprit de débrouiller ce chaos en rédigeant des lois générales nommées *établissements*, pour la partie de la France qui lui obéissait directement. C'est à ce monarque qu'est due enfin la *fameuse pragmatique sanction*, ordonnance qui réprimait les exactions ruineuses de la cour de Rome, et les empiétements du pouvoir ecclésiastique dans le royaume. Notons encore un édit contre les filles de mauvaise vie que le saint roi obligea de porter à l'avenir une ceinture dorée, comme enseigne de leur profession[1]. Une preuve que la lèpre continuait à faire de terribles ravages, c'est que Louis VIII avait, dans son testament, laissé des fonds pour doter mille léproseries; saint Louis augmenta encore ce chiffre; il fit en outre plusieurs fondations pieuses, parmi lesquelles on peut regarder comme une des plus louables, un célèbre hôpital pour les aveugles qu'on appela les *Quinze-Vingts*, parce qu'on y entretenait, aux frais du roi, quinze fois vingt ou trois cents guerriers qui avaient perdu la vue en Palestine[2].

[1] De là le proverbe: *Bonne renommée vaut mieux que ceinture dorée*.
[2] Nous avons vu de nos jours ces pertes de vue se renouveler après la campagne d'Égypte, et les *Quinze-Vingts*, hôpital fondé par saint Louis, purent recevoir des guerriers aveuglés en Orient auprès de Napoléon.

A peine saint Louis venait-il de rendre le dernier soupir que les vaisseaux siciliens abordèrent en Afrique avec le renfort que le comte d'Anjou avait promis d'amener. Cet heureux incident permit de continuer la guerre contre Tunis avec plus d'avantage. Le jeune roi, Philippe III, dit *le Hardi*, fils de saint Louis, reçut aussitôt le serment de fidélité de tous ceux qui étaient présents, et, empressé d'aller prendre possession de son héritage, il conclut la paix avec les assiégés moyennant un tribut qu'ils s'engagèrent à payer. Telle fut l'issue de la sixième et dernière de ces croisades, qui avaient creusé en Orient le tombeau de plus de deux millions d'Européens. Le peu de chrétiens qui restaient encore en Syrie fut bientôt exterminé ou réduit en servitude. Saint-Jean d'Acre, leur dernier asile, ne put résister aux forces du soudan d'Égypte; au commencement du quatorzième siècle enfin, il n'y avait plus en Asie aucune trace apparente de ces émigrations de chrétiens.

Philippe revint en France en 1271, emportant les restes de son père, qui furent transférés en grande pompe à Saint-Denis. Ce prince avait également perdu son épouse en revenant de cette fatale expédition, ainsi qu'Alphonse son oncle, comte de Toulouse, dont le vaste apanage revint à la couronne. Point de famille en France qui n'eût de même laissé quelqu'un des siens sur cette plage funeste... Plusieurs provinces restèrent longtemps épuisées et entièrement dépeuplées. Comme il arrive presque toujours après une grande crise, une sorte d'affaissement général se fit ressentir dans tout le royaume : à part quelques démêlés qui n'eurent pas de suites avec Alphonse, roi de Castille, ce règne, qui avait commencé sous d'aussi tristes auspices, demeura paisible pendant les quinze années qu'il dura. Le principal mérite de Philippe III consiste, pour dire vrai, à avoir été fils de saint Louis, et ce prince se laissa gouverner par Pierre de la Brosse, chirurgien barbier du roi son père, auquel il donna la charge de grand chambellan et de premier ministre. Le favori ayant suscité, pourtant, d'injustes soupçons contre la reine, fut convaincu de trahison, et pendu. Mais si les événements de l'intérieur, à cette époque, offrent peu d'intérêt, on ne peut passer sous silence l'affreuse catastrophe qui arriva sous le règne de Philippe, au dehors.

Charles d'Anjou, vainqueur, régnait en tyran sur la Sicile. Au lieu de ménager les habitants, ses Provençaux et lui les irritèrent par leur oppression. Leurs mœurs débauchées, leur mépris insultant pour la religion et les coutumes du pays, les rendirent odieux à ces peuples. Le mécontentement général fut exploité par Don Pèdre, roi d'Aragon, qui se prétendait des droits, comme héritier de l'infortuné Coradin, cousin de sa femme, et la révolte s'apprêtait dans l'ombre, secrètement organisée par un gentilhomme sicilien, nommé Jean Procida. Rien n'était pourtant encore fixé, quand un brutal attentat à la pudeur, sur la personne d'une jeune fille qui se rendait à vêpres, le lundi de Pâques 1282, fit éclater à Palerme cette haine si longtemps contenue dans les cœurs... Tout s'arme en un instant contre les étrangers; on les massacre dans les rues, dans les maisons, et jusqu'au pied des autels; le son des cloches qui appelle les fidèles à vêpres devient un signal de mort pour les Français. Prêtres, femmes, enfants, vieillards, c'est à qui jouera le rôle le plus sanglant dans cette effroyable scène : on poignarde les victimes dans les bras de leurs épouses siciliennes... les pères fendent le ventre à leurs filles séduites, pour en arracher le fruit des amours d'un Français, et l'écraser contre les murailles...

La rage reproduisit dans toute la Sicile ce massacre, qu'on appela les Vêpres *siciliennes;* la ferme contenance de la garnison de Messine put seule la sauver d'un pareil sort...; mais elle fut obligée d'évacuer l'île. Le comte d'Anjou était absent : le roi d'Aragon voulut aussitôt profiter de cet odieux événement pour s'emparer de ses états. Le pape l'excommunia, comme envahisseur d'un fief de l'Église; une croisade fut prêchée contre lui, et le roi de France passa en Espagne à la tête des vengeurs du saint siège. Les commencements de cette expédition furent assez brillants; mais, décimée par les maladies, l'armée fut contrainte de revenir sur ses pas, et Philippe le Hardi mourut à Perpignan, le 6 octobre 1285.

Philippe IV, dit *le Bel*, son fils, âgé seulement de dix-sept ans, alla sur-le-champ se faire sacrer à Reims. Il portait déjà le titre de roi de Navarre, comme époux de la princesse Jeanne, héritière de ce royaume. La guerre avec l'Espagne se termina par un accommodement général, et la couronne de Naples demeura dans la maison d'Anjou ; mais séparée de celle de Sicile, qui devint le partage d'un frère du roi d'Aragon. Edouard Ier, roi d'Angleterre, parent ou allié de la plupart des princes intéressés dans cette querelle, avait favorisé ces arrangements pacifiques de tout son pouvoir ; il vécut d'abord en bonne intelligence avec le jeune Philippe, il vint même à Paris lui faire hommage pour la Guienne, qu'il reconnut posséder à titre de vassal de la couronne de France. Mais, ces démonstrations amicales ne furent pas de longue durée entre les deux souverains : une rixe survenue à Bayonne entre quelques matelots anglais et normands devint la cause d'une rupture. Edouard ayant refusé de comparaître devant la cour des pairs pour répondre de cette insulte envers la France, Philippe saisit ce prétexte pour s'emparer de la Guienne en 1295. Le roi d'Angleterre unit ses forces à celles du comte de Flandre ; mais ils furent battus tous deux, et la Flandre, conquise, vit encore une fois les bannières françaises flotter sur les remparts de ses industrieuses et opulentes cités.

Boniface VIII, pape qui ne le cédait en orgueil à aucun de ses prédécesseurs, fut le second adversaire contre lequel Philippe eut à lutter : dans un pressant besoin d'argent, le souverain avait mis une légère taxe sur le clergé ; Boniface lance aussitôt une bulle, où il défend à tout ecclésiastique de payer aucun impôt sans la permission du pape.

Philippe à son tour ordonne à ses sujets de ne rien payer aux ecclésiastiques, et défend sévèrement de transporter de l'argent hors du royaume. Cette querelle, un instant assoupie, se réveille bientôt avec plus d'acharnement encore : un évêque français, légat du pape, pousse l'insolence à tel point envers le roi, que celui-ci le fait arrêter et mettre en jugement comme coupable de haute trahison. Le pape, furieux, se répand en menaces et en invectives : son arrogance va jusqu'à prétendre obliger le monarque à reconnaître que sa souveraineté lui vient des pontifes romains..... De pareilles prétentions aujourd'hui n'exciteraient que quelques-unes de ces piquantes ironies que nous savons si bien aiguiser ; Philippe traita d'abord Grégoire d'*extravagant*... Mais le souverain français vivait dans un temps où la raison publique, encore enveloppée des langes de la superstition, avait peine à démêler la juste portée de ces choses, et Philippe fit sagement de s'appuyer sur la nation pour mettre un terme à ces dangereux débats.

Une assemblée générale fut convoquée en 1302 : l'on vit, pour la première fois, les communes, ou le *tiers-état*, en faire partie, avec les barons et le clergé qui seuls, avaient, jusque-là, composé ces réunions. Il n'est pas besoin de vous expliquer toute l'importance de cette innovation, et les immenses résultats dont elle devait doter l'avenir. Le besoin d'argent qui avait engagé les rois à favoriser leur émancipation, fut aussi le motif qui fit admettre les communes à l'honneur d'être ainsi consultées dans les affaires de l'état, parce que la royauté comprit combien leur concours devait lui être utile dans ces assemblées, où les impôts étaient votés. Le tiers-état se montra digne de sa mission en cette circonstance : les trois ordres se prononcèrent pour le maintien de l'indépendance de la couronne, et déclarèrent que le beau royaume de France ne dépendait que de Dieu. Le pape, après cette décision, n'en lança pas moins une bulle d'excommunication contre Philippe, et eut l'audace d'offrir la couronne de ce monarque à un prince d'Autriche. Mais les foudres de l'Église commençaient à s'user, parce qu'on en avait trop abusé : la France, indignée, ne reçut qu'avec mépris cette sentence. Une troupe de partisans, commandés par Nogaret et Colonne, entreprit de venger l'outrage fait au roi : ils s'emparèrent de la personne de Boniface à Anagni ; mais, délivré par le peuple, le fougueux pontife se retira dans Rome, où il expira dans un accès de rage.

Pendant le cours de ces discussions orageuses avec le saint-siège, d'autres sujets d'inquiétude non moins sérieux mirent la fermeté de Philippe le Bel à l'épreuve. La conduite tyrannique de Jacques de Chatillon, gouverneur de la Flandre pour le roi, devint la cause d'une sanglante révolte dans ce pays : guidés par un vieux tisserand de Bruges, nommé Pierre Leroi, les corps de métiers tombèrent avec fureur sur les gens du gouverneur, égorgèrent tous les Français qu'ils purent atteindre, et renouvelèrent pour eux les vêpres siciliennes. Le peuple également mécontent en France, se soulevait en même temps, dans diverses provinces, à Paris surtout ces troubles avaient pris un caractère menaçant de gravité. La multiplicité des impôts et l'altération des monnaies ne justifiaient que trop les murmures. L'expulsion des Juifs et la confiscation de leurs richesses n'avaient pu satisfaire l'avidité du monarque, il porta si loin ses exigences fiscales et les exactions qui en furent la suite, que les monnaies n'offraient plus que le septième de la valeur intrinsèque qu'elles avaient du temps de saint Louis, tandis que leur cours demeurait sur le même pied que sous le règne de ce souverain. La capitale devint le théâtre de fâcheuses émeutes, où l'on donnait tout haut à Philippe le nom de *faux monnayeur*: le peuple, avide de vengeance, se porta aux plus grands excès contre les membres du conseil du roi qui avaient pris part à ces actes déplorables : on pilla leurs maisons ; celle de Pierre Barbette, le plus signalé d'entre eux, fut démolie ; le roi lui-même, contraint de se réfugier au Temple, y resta deux jours investi par la populace.

Philippe, n'osant s'éloigner de ses états dans ces graves conjonctures, confia la conduite de la guerre contre les Flamands révoltés à Robert d'Artois, petit-fils de Louis. Le prince partit avec l'élite de la chevalerie française, jurant, du haut de son grand cheval de bataille, qu'il aurait bon marché de cette *canaille*, et les barons couverts de fer qui l'entouraient se flattèrent, comme lui, de n'avoir qu'à paraître pour disperser ce ramas de bourgeois et de vilains, inhabiles au métier des armes... Mais la déroute de Courtrai vint donner à cette orgueilleuse noblesse un sanglant démenti. Là encore une imprudence devient une cause fatale de défaite pour les Français : arrivé en vue des Flamands retranchés derrière un fossé bourbeux, le comte d'Artois refuse d'écouter aucune remontrance sur le danger d'attaquer l'ennemi dans cette position avec de la cavalerie : aux observations du connétable de Nesle et de quelques autres barons, le prince ne répond qu'en leur portant le défi de pénétrer plus avant que lui dans la mêlée, sans songer même à tourner l'obstacle où lui et les siens vont s'engloutir ; il charge en aveugle sur les Flamands, entraînant avec lui tous ses chevaliers : lancés en avant, sans pouvoir ralentir leur course furieuse, ils viennent tous s'enfoncer comme lui dans ce gouffre, d'où les hommes et les chevaux, renversés les uns sur les autres, s'efforcent vainement de sortir. Ceux qui parviennent enfin à s'arrêter au bord du fossé se replient brusquement sur les gens de pied qui suivent. Ils jettent ainsi le désordre dans les rangs de ces derniers et ouvrent une large voie aux Flamands. Quatre mille paires d'éperons dorés, enlevés à autant de gentilshommes français, deviennent le trophée de cette bataille, où le comte d'Artois périt avec sa brave et imprudente noblesse, qui refuse de recevoir le quartier offert par l'ennemi.

A la nouvelle de la funeste journée de Courtrai, Philippe-le-Bel convoque le ban et l'arrière-ban du royaume, résolu de continuer la guerre en personne. Selon la coutume observée dans les grandes expéditions, le monarque alla prendre solennellement l'oriflamme à Saint-Denis et entra en Flandre à la tête de cinquante mille hommes d'infanterie et douze mille chevaux. L'ennemi, beaucoup plus nombreux, mais moins aguerri, ne peut résister à leur choc : forcés dans leurs retranchements auprès de Mous-en-Puelle, les Flamands s'enfuirent après une lutte acharnée, et les vainqueurs les poursuivirent vivement jusqu'à la chute du jour. Mais une nouvelle faute impardonnable faillit perdre les incorrigibles guerriers de la France, au sein même de leur triomphe. La nuit venue, ils rentrèrent fatigués de carnage dans leur camp, où chefs et soldats se livrèrent au repos avec autant de sécurité que si l'ennemi eût été à cent lieues de là. A peine disposa-t-on, à la hâte, quelques gardes avancées, pour veiller à la sûreté de l'armée, et ceux qui en faisaient partie, partageant la sécurité générale, se laissèrent aller comme les autres au sommeil.... Bref on se gardait si mal, que les Flamands, revenus de leur frayeur, purent se rallier en assez grand nombre pour tenter à l'improviste un coup de main désespéré : des cris de mort et d'effroi retentissent soudain, au milieu de la nuit, dans le camp... Les Flamands!.. les Flamands!.. répète la voix de quelques fuyards éperdus... mais déjà l'ennemi est parmi les Français, égorgeant tout devant lui... les soldats, éveillés à ce bruit, sortent à demi vêtus de leurs tentes et s'enfuient épouvantés. Le désordre est à son comble; chacun ne songe qu'à se sauver. Philippe-le-Bel, sur le point d'être pris, n'a que le temps de sauter sur son épée pour se défendre contre la multitude qui l'entoure. Quelques chevaliers, aussi mal armés que le roi, se joignent à lui : cette poignée de braves fait ainsi tête à l'orage, jusqu'à ce que le comte de Valois, frère du monarque, qui est parvenu à former un corps de cavaliers, soit venu charger avec rage sur les assaillants. Les soldats accourent de tous côtés se rallier à cette troupe : vigoureusement attaqués, les Flamands reculent à leur tour... La honte et la colère ont doublé les forces de leurs adversaires; la chance est complétement tournée, et l'ennemi, qui paye cher son succès d'un moment, essaye en vain d'échapper à l'épouvantable boucherie qui lui succède.

Le massacre des Flamands fut si grand, que les historiens portent leur perte à trente-six mille hommes restés sur le champ de bataille. Ce peuple, malgré cette défaite, n'en continuait pas moins à défendre pied à pied son territoire; le roi prit le parti de traiter : il rétablit le comte de Flandre, en retenant seulement quelques villes; mais la cessation des hostilités ne put éteindre la haine que les deux nations se portaient, et dont elles devaient encore se donner en plus d'une occasion la preuve.

Un des événements les plus importants de ce règne est le procès de l'un de ces ordres religieux et militaires dont je vous ai raconté l'origine au temps des Croisades. On n'avait point encore renoncé à ces sanglantes et trop vaines expéditions. Philippe le Bel lui-même devait encore en préparer une à la fin de son règne ; mais, en attendant, les Templiers, dont la lourde épée reposait dans le fourreau, avaient mis le temps à profit pour augmenter leurs richesses et leurs priviléges. Or, l'influence et l'orgueil de ces moines guerriers portaient depuis longtemps ombrage au roi, et peut-être, en effet, commençaient-ils à devenir dangereux pour la sûreté de l'état. Mais, si la politique demandait qu'on abolît un ordre trop puissant, la justice et l'humanité voulaient aussi qu'on épargnât les personnes et qu'on respectât les biens [1]. Philippe déploya au contraire, dans cette affaire, un esprit de cruauté et de vengeance implacable. Le pape Clément V, qui devait son élection au roi de France, montra la même animosité.

Les mesures avaient été prises avec tant de secret et d'habileté, que, le 13 octobre 1307, le grand-maître, Jacques de Molay, fut saisi à Paris avec soixante chevaliers, et qu'au même instant les autres étaient arrêtés par toute la France. Les accusations les plus invraisemblables ou les plus ridicules fournirent le prétexte ostensible de cette rigueur : c'était de renier Jésus-Christ en entrant dans l'ordre, de cracher sur la croix, d'adorer une tête de bronze doré, de se livrer enfin, sous les voûtes souterraines de leurs commanderies, aux excès de la plus hideuse débauche. Les inquisiteurs nommés pour instruire le procès obtiennent d'abord de la plupart des

---

[1] Les Templiers s'étaient signalés tout récemment encore à la bataille de Mons en Puelle, et avaient contribué puissamment à la victoire de cette journée.

chevaliers l'aveu de toutes les atrocités qu'on a entassées contre eux; car ce sont des bourreaux qui les aident à poser les questions...

> La torture interroge et la douleur répond[1].

Mais, quand les affreux tourments qu'on leur avait fait subir eurent cessé, presque tous se hâtèrent de se rétracter, et protestèrent de nouveau de leur innocence. Cinq ans s'écoulèrent ainsi à interroger et à juger ce nombre prodigieux d'accusés; un atroce dénouement termina enfin ce drame terrible. Le pape supprima l'ordre entier dans le concile de Vienne; cinquante-neuf chevaliers furent brûlés vifs, en un jour, auprès de l'abbaye de Saint-Antoine de Paris. Le grand-maître, Jacques de Molay, et Guy, grand-prieur de Normandie, deux des principaux seigneurs de l'Europe, l'un par sa naissance, l'autre par sa dignité, furent également brûlés à petit feu, à la pointe de l'île de la Cité, sur l'emplacement où s'élève à présent la statue équestre de Henri IV.

Quand les victimes eurent rendu le dernier soupir, on s'occupa de partager leurs dépouilles; le roi, après s'être fait une large part pour lui et les siens, donna le reste de leurs biens à l'ordre des Hospitaliers, qui s'était toujours montré l'ennemi des Templiers. Philippe le Bel ne survécut que peu de temps à ces infortunés chevaliers. Ce prince mourut, en 1314, sans laisser de regrets à ses

[1] Tragédie des *Templiers*, par M. Raynouard.

peuples qu'il avait accablés d'impôts. L'altération des monnaies, sa cruauté envers les Juifs et les Templiers sont des actes que la postérité a justement flétris ; mais le règne de Philippe fut néanmoins une grande époque pour la France : ce monarque lui fit beaucoup de bien en admettant le tiers-état aux assemblées de la nation, et en rendant le *Parlement* sédentaire à Paris. Ce nom, que l'on donnait, comme vous savez, jadis aux anciennes assemblées du Champ de Mai, fut ensuite celui d'un tribunal ambulatoire, c'est-à-dire, qui suivait la cour et qui se composait de gentilshommes nommés par le roi. Mais, comme l'étude des lois romaines, qui commençaient à se répandre depuis la découvertes des *Pandectes* de Justinien, n'eût pas été chose facile à ces hommes de guerre, dont nul ne savait lire ni écrire, on leur adjoignit des gens de loi, qui leur servaient de conseillers ; c'était sur le rapport de ceux-ci que tout se décidait. Ils se trouvaient ainsi les vrais juges, et devinrent bientôt après les juges uniques. Les lettrés et les gens de robe formèrent dès lors une nouvelle puissance, qui balança en partie celle que les seigneurs possédaient depuis le commencement de la monarchie. Les anoblissements portaient, vers le même temps, une atteinte non moins grave à la féodalité, en élevant de simples bourgeois au niveau des orgueilleux barons qui possédaient toutes les terres. Philippe le Hardi en avait donné le premier exemple, en 1274, en faveur de Raoul, son argentier ou orfèvre.

Le flambeau de la civilisation brillait chaque

jour d'un plus vif éclat, et s'était rallumé enfin pour ne plus s'éteindre. Les études scientifiques devenaient de plus en plus communes, bien que dominées par une foule de systèmes absurdes. Si l'on observait par exemple les divers aspects des corps célestes, c'était parce qu'on se persuadait qu'ils exerçaient une action secrète sur les événements de la vie. La recherche des sciences occultes présidait à tous les travaux astronomiques, auxquels se mêlaient toujours de sombres théories sur l'art d'évoquer les morts dans le silence de la nuit, lorsque la lune apparaît comme sanglante, à demi voilée par les nuages. La croyance d'une influence mystérieuse attachée aux nombres popularisait de même la connaissance des mathématiques, dont de puérils calculs cabalistiques servirent à développer les progrès. Les préjugés de l'alchimie n'étaient pas moins communs ; les esprits les plus avancés de ce temps s'évertuaient à faire de l'or ; on travaillait sur les éléments ; on cherchait dans les métaux et dans les corps des vertus mystérieuses....; et, quelque futiles qu'ils paraissent, ces travaux donnèrent naissance aux principales découvertes du treizième siècle. Roger Bacon, moine anglais, d'une érudition prodigieuse, parvint ainsi à arracher à la nature le secret d'une partie des sciences physiques. A ce savant sont dues les inventions de la chambre obscure et des verres à foyer, qui devaient un jour amener la découverte des lunettes. Il reconnut la propriété de la poudre à canon, bien qu'on n'ait fait que plus tard l'application de ce terrible agent de destruction qui changea la face du monde. L'importante découverte de la boussole vint, à la même époque, opérer une véritable révolution dans la navigation. Les vaisseaux anglais se hasardèrent sur les mers les plus orageuses, et de cette activité résultèrent des notions géographiques jusqu'alors inconnues. Le moine Rubruquis et Marco Paolo, célèbres voyageurs, parcoururent également toute l'Asie, et leurs intéressantes relations rendirent d'immenses services à la science.

Après ce long récit des combats et des malheurs de nos pères, l'esprit se repose à examiner comment ils sortirent peu à peu de cette grossièreté dont la rouille avait couvert toute l'Europe depuis la chute de l'empire romain. Le costume même de ces générations passées ne saurait être sans intérêt pour nous, qui leur avons succédé; on aime à voir défiler, en idée, devant soi cette société si animée du moyen âge : nobles, chevaliers et servants d'armes, écoliers, moines de toutes les couleurs et corporations de marchands, chacun précédé de sa bannière.... Les barons avec leur riche armure et leur casque au cimier élevé, ou leurs robes traînantes fourrées d'hermine ; les bourgeois et les vilains avec leur chaperon et leur surcot de tiretaine acheté à la foire du Landit,[1] où se vendaient encore les guimpes et les robes de serge foncée de leurs dignes épouses, les toques brillan-

---

[1] Cette foire, qui avait une grande célébrité au moyen âge, et attirait un immense concours d'étrangers, se tenait dans la plaine de Saint-Denis.

tes, les toiles de lin, les longs corsets des nobles dames, et jusqu'à ces étranges souliers *à la poulaine* des élégants d'alors, dont l'extrémité, ridiculement relevée en pointe, dépassait quelquefois deux pieds de long. Rien de plus curieux que le tableau de cette population bigarrée, non moins avide qu'aujourd'hui de solennités et de fêtes; se pressant sur les places et les carrefours à la naissance ou au mariage de ses rois; se ruant sous les chevaux des hommes d'armes et des archers, pour mieux voir, ou couronnant le sommet des clochers et le toit des maisons d'une galerie humaine. Partout des acclamations bruyantes saluent les corps de métiers qui passent gravement, magnifiquement vêtus et portant les emblèmes de leur profession; puis viennent les tours des jongleurs, les fabliaux des ménestrels, les fontaines qui coulent du lait ou du vin.... Mais ce qui attire surtout l'affluence des spectateurs, ce sont les théâtres en plein vent, ornés de superbes tapisseries, où sont représentés des sujets tirés de l'Ecriture sainte. On y voit *Dieu dire ses patenôtres avec ses apôtres, ressusciter et juger les morts... Les damnés qui pleurent dans l'enfer et les diables qui rient de leur infortune....* Adam et Eve, au Paradis terrestre, y apparaissent également dans l'exactitude la plus naïve de leur costume primitif. On y retrace encore le massacre des innocents, le martyre de saint Jean-Baptiste, Caïphe devant son tribunal, Pilate se lavant les mains, etc. Sur ce canevas religieux les auteurs de ces sortes de pièces ne se faisaient aucune scrupule de broder des scènes plus que grotesques dans lesquelles leur imagination s'abandonnait sans entraves à toute licence de formes et d'expression. Ces parades grossières, appelées *mystères*, étaient cependant les premiers germes de l'art théâtral en France, qui devaient un jour faire éclore des chefs-d'œuvre, tels que *Tartufe*, *Andromaque* et *Cinna*.

Nous ne terminerons pas ce tableau du règne de Philippe le Bel, sans dire un mot d'une révolution importante, qui s'opéra dans un pays voisin, avec lequel nous allons, par la suite, nous trouver plusieurs fois en contact. De simples paysans suisses secouèrent en 1307 le joug féodal que leur avait imposé l'Autriche. Trois cantons se révoltèrent soulevés par Guillaume-Tell. Stauffcher de Schwitz, Valter Furst d'Uri, Arnold de Melchtal, tels sont les noms des héros qui s'unirent à lui pour renverser les tyrans oppresseurs de leur patrie et fonder la liberté helvétique.

Trois fils de Philippe le Bel passèrent successivement, après lui, sur son trône dans le court espace de treize années. Remarquables comme lui par leur beauté, tous trois furent pourtant malheureux dans leur hymen. Marguerite de Bourgogne, femme de Louis, dit le Hutin, convaincue d'adultère, fut étranglée dans sa prison [1] avec le linceul destiné à l'ensevelir. Jeanne de Bourgogne, femme de Philippe-le-Long, et Blanche, femme de Charles le Bel, coupables du même crime, échappèrent au supplice. Le faible époux de la première

---

[1] Cette prison était la forteresse de Château-Gaillard, en Normandie.

consentit à lui pardonner ; la seconde réussit à faire casser son mariage pour cause de parenté. Enguerrand de Marigni, surintendant des finances, sous Philippe le Bel, s'était fait de nombreux ennemis ; à peine ce monarque fut-il mort qu'on l'accusa de malversations. Les preuves manquaient pour le convaincre, il n'en fut pas moins pendu au gibet de Montfaucon, qu'il avait fait élever sous le règne précédent.

Louis avait tenté contre la Flandre une expédition qui n'eut pour résultat que des désastres ; il fut contraint de revenir en France après avoir perdu une partie de son armée et tous ses équipages. Pressé par le besoin d'argent pour continuer cette guerre malheureuse, et n'osant recourir aux moyens qui avaient excité tant de plaintes sous le règne de son père, il imagina de vendre la liberté aux serfs des campagnes, comme on l'avait vendue aux bourgeois. Mais comme beaucoup d'entre eux, accoutumés à l'esclavage, préféraient y rester plutôt que d'échanger l'argent qu'ils avaient péniblement amassé, contre une liberté dont ils ne savaient que faire, le roi les contraignit par la force à s'affranchir, parce que, disait-il dans son édit, *selon le droit de la nature chacun doit naître franc*. Quel que soit le motif qui dicta cette loi et la manière dont elle fut mise à exécution, c'était un acte de justice dont le règne de Louis X restera toujours honoré. Ce prince, pendant le peu de temps qu'il resta sur le trône, paraît, du reste, avoir franchement cherché à faire le bien, et s'il n'y réussit pas toujours, il faut au moins lui savoir gré de ses efforts. On doit surtout conserver le souvenir d'un édit par lequel il défendait, sous quelque prétexte que ce fût, de troubler les laboureurs dans leurs travaux, de s'emparer de leurs biens, de leurs personnes, de leurs instruments, des bœufs et de tout ce qui sert à l'agriculture. Il rappela aussi les Juifs, et leur donna quelques garanties contre les exactions.

Louis le Hutin laissa, en mourant en 1316, une femme enceinte de trois mois. Philippe, comte de Poitiers, fut déclaré régent. La reine accoucha d'un fils qu'on nomma Jean; mais cet enfant ne vécut que huit jours, et le régent prit le titre de roi, malgré la vive opposition de quelques seigneurs puissants et d'un frère du souverain lui-même qui entreprirent de faire valoir les droits de la princesse Jeanne, fille de Louis X. Les trois ordres de la nation, convoqués par Philippe, sous le nom d'*États-Généraux*, décidèrent qu'au royaume de France les femmes ne succèdent point.

Le nouveau monarque, qu'on appela Philippe *le Long*, fit d'utiles réformes dans le royaume. Ses sages ordonnances rappelèrent aux juges les devoirs de leur profession, et assurèrent une justice exacte à chacun. Il voulait établir en France un système uniforme pour les monnaies et les poids et mesures; mais l'intérêt particulier des seigneurs et le morcellement du territoire, où tout petit souverain réglait ces choses à son caprice, ne lui permirent pas de réaliser cette grande pensée. Philippe V nomma dans les communes un capitaine d'armes, dont il laissa le choix aux bourgeois, pour les commander. Cet officier avait droit de porter une armure et tenait sous ses ordres des hommes d'armes et des gens de pied pour repousser la violence, lorsqu'il en était requis par les magistrats. On commit encore sous ce règne d'affreuses cruautés contre les Juifs et les lépreux qu'on noircissait d'accusations absurdes. Les nombreuses ladreries, où ces derniers trouvaient un asile, étaient toutes richement dotées. On voulait, à toute force, un prétexte pour s'emparer de leurs biens. On prétendit qu'ils avaient formé le complot d'empoisonner les puits et les fontaines, et la superstition unie à l'avarice s'arma de ce motif pour exercer contre eux des atrocités. La guerre avec la Flandre n'avait pas discontinué; on fit enfin la paix en 1320. Philippe V mourut deux ans après, ne laissant que des filles.

Charles IV, troisième fils de Philippe le Bel, lui succéda, à l'exclusion de ces princesses, conséquemment en vertu de cette loi salique qu'il avait si vivement combattue lorsqu'il voulait écarter du trône son frère Philippe V. Ce règne, qui dura six ans, ne présente pas plus d'événements que le précédent, à l'exception d'une guerre peu importante avec les Anglais. Le roi débuta par faire mettre en jugement presque tous les financiers de l'état, Lombards ou Italiens d'origine, dont les concussions révoltantes avaient ruiné le peuple. Non moins sévère contre les seigneurs, il punit de même plusieurs d'entre eux qui étaient devenus l'effroi de leur canton, et fit pendre ignominieusement un gentilhomme de Gascogne, nommé

Jourdan de l'Isle, accusé de rapt, de vol et d'assassinat. Charles avait projeté une croisade, dans l'intention de secourir les chrétiens de Chypre et d'Arménie; il abandonna heureusement ce projet; mais les gens de la campagne, qui avaient quitté leurs terres et s'étaient armés sous prétexte de prendre la croix, se livrèrent à d'affreux massacres; l'on vit reparaître ces bandes de brigands qui, sous le nom de *Pastoureaux*, avaient déjà désolé la France.

Par un de ces contrastes si fréquents à cette époque de transition dans les esprits et les mœurs, pendant que le fanatisme et l'ignorance secouaient ainsi toutes leurs fureurs sur une partie du royaume, le midi s'occupait avec enthousiasme de questions d'amour et de poésie : on fondait à Toulouse la fameuse société littéraire des *jeux Floraux* qui décernait une violette d'or au poëte dont la pièce de vers était jugée la meilleure. Au premier concours qui eut lieu le 3 mai 1524, Armand Vidal, natif de Castelnaudary, remporta le prix et reçut le titre de docteur en la *gaie science*. Une dame toulousaine s'est également rendue célèbre en assignant des fonds pour les prix et les frais des séances. C'est elle qui avait en partie réglé les statuts de cette aimable académie; sa blanche main distribuait la violette d'or aux vainqueurs et, ceux-ci, reconnaissants, immortalisèrent dans leurs chants le nom de *Clémence Isaure*.

tres, et tenant leurs lances croisées en guise de piques. Puis mettant à profit la circonstance, ces trois citadelles de fer s'ébranlent à leur tour, tandis que les longues flèches des archers les précèdent en sifflant... En un instant, chevaliers et gens de pied sont culbutés pêle-mêle. Le roi, deux fois blessé, se jette en vain au plus fort de la mêlée, pour secourir le comte d'Alençon ; le comte de Hainault saisit la bride de son coursier, et l'entraîne, malgré lui, loin de ce champ de carnage. Il n'avait plus auprès de lui que cinq chevaliers. Vers minuit, ils arrivent aux portes du château de Broye, près d'Abbeville. — *Qui vive?* demande l'archer qui veille sur le donjon. — *Ouvrez*, répond le roi, *c'est la fortune de la France*[1] ! Le monarque, après avoir pris quelques heures de repos, continua sa fuite rapide jusqu'à Amiens, où seulement il se crut en sûreté.

Le lendemain de cette journée fut plus fatal encore : un brouillard épais couvrait la plaine... Les communes de Rouen, de Beauvais, et de plu-

---

[1] Cette parole, attribuée à Philippe de Valois, a fait fortune depuis plusieurs siècles. M. de Chateaubriand la trouve plus belle que celle de César au milieu de la tempête; *Ne craignez rien, cette barque porte César et sa fortune.* Par malheur, et je dois le dire par respect pour la vérité, le mot sublime du vaincu de Crécy n'est rien moins qu'authentique. Le savant Dacier, dans une note sur Froissart (édition de M. Buchon), affirme qu'il ne l'a trouvé dans aucun des manuscrits qu'il a collationnés. On est donc obligé de s'en tenir aujourd'hui au texte des manuscrits les plus corrects; or, voilà ce qu'on y trouve : *Ouvrez, châtelain, c'est l'infortuné roi de France.* Ceci n'a rien, il est vrai, de *césarien*; mais ces paroles sont, ce semble, appropriées à la situation du roi, qui certes ne devait pas, en ce moment, être tenté de se livrer à la recherche d'une orgueilleuse paraphrase.

sieurs autres parties du royaume, venaient, au nombre de plus de cinquante mille hommes, rejoindre l'armée française, ignorant ce qui s'était passé la veille : ces troupes donnèrent au milieu des Anglais, qui les chargèrent avec tant de succès, qu'il en resta plus de la moitié sur le terrain ; le reste fut pris ou dispersé. Plusieurs historiens rapportent que les retranchements anglais étaient garnis de quelques pièces de canon, et que l'explosion de ces nouvelles machines contribua beaucoup à la défaite des Français. C'est l'époque la plus reculée où l'on fasse remonter l'usage des canons dans les batailles; mais on peut concevoir beaucoup de doutes sur la réalité de ce fait, avec d'autant plus de raison qu'à la bataille de Poitiers, livrée dix ans plus tard, vous ne retrouverez pas un seul canon. Les véritables causes de la défaite de l'armée française, malgré sa supériorité numérique, sont d'ailleurs, avant tout, dans le désordre de son attaque et dans l'indiscipline des troupes qui y concoururent : les chevaliers de Philippe ne songèrent qu'à charger avec leur impétuosité ordinaire. Edouard, au contraire, fit preuve de beaucoup d'intelligence et de sagacité dans le choix de sa position, et la pensée de faire combattre ses gens d'armes à pied et en masse démontre que les Anglais avaient déjà entrevu la nécessité d'une infanterie propre à donner et à recevoir le choc. Edouard avait auprès de lui son fils, le prince de Galles, qu'on nommait le *Prince Noir*, à cause de son armure d'acier bruni et de l'aigrette noire qui flottait au-dessus de son casque.

Ce jeune homme, à peine âgé de quinze ans, venait d'être armé chevalier. Il commença ce jour-là cette brillante série d'exploits militaires qui devait être si funeste à la France. Quelques seigneurs de sa suite, voyant le danger auquel il s'exposait, accoururent au galop demander du secours à son père : — *Est-il à terre ou blessé?* répondit le roi.—*Non, sire, que monseigneur saint Georges l'en préserve!* — *Retournez donc; laissez à l'enfant gagner ses éperons... Qu'on ne me requière tant qu'il sera en vie; je veux que la journée soit sienne, et que l'honneur lui en advienne, ainsi qu'à ceux à qui je l'ai baillé en garde.*

A la suite de cette victoire, qui eut lieu en 1346, Édouard assiégea Calais, afin de se ménager une entrée libre en France. Cette ville, défendue par un brave chevalier, nommé Jean de Vienne, soutint un siége de onze mois. Philippe rappela de la Guyenne son fils Jean, qui faisait la guerre avec succès dans cette province, et il vint inutilement avec une armée pour délivrer les malheureux habitants réduits à l'extrémité : il trouva Calais investi par une autre ville, bâtie en charpente et couverte de chaume, que protégeaient d'inexpugnables retranchements. Édouard, en sûreté derrière cette enceinte, refusa la bataille : — *Je suis ici pour prendre Calais*, répondit-il au héraut chargé de la lui présenter au nom du monarque français. *Si Philippe de Valois veut combattre, c'est à lui de voir comment il pourra m'y contraindre.* Le roi, frémissant de colère, fut forcé de se retirer, et les assiégés, livrés à eux-mêmes, n'eurent plus d'autre parti que celui de se rendre. Le dévouement de six des principaux d'entre eux sauva la vie des autres : la capitulation portait que six bourgeois, pieds nus, viendraient, la corde au cou, remettre les clefs de la ville, et que le roi d'Angleterre pourrait disposer d'eux à sa volonté. Édouard, cédant aux supplications de la reine et de tous ceux qui l'entouraient, consentit à faire grâce aux généreuses victimes qui vinrent lui apporter leur tête ; mais les habitants furent obligés d'évacuer la ville, laissant leurs maisons et leurs biens à la disposition du vainqueur.

Tant de revers avaient épuisé la France. Les impôts excessifs et l'altération des monnaies réduisirent le peuple au désespoir... Un fléau d'une autre espèce vint mettre le comble aux désastres de ce règne malheureux : une peste mortelle, après avoir passé sur l'Asie et l'Afrique, atteignit l'Europe à son tour, où elle enleva, dit-on, le quart de la population. Ses ravages s'étendirent particulièrement sur la France et l'Angleterre, et l'on compta environ cinq cents morts par jour à l'Hôtel-Dieu de Paris. Des fanatiques, nommés *Flagellants*, se mirent alors à parcourir les campagnes et croyaient apaiser la colère du ciel en se fouettant jusqu'au sang. Ces fous devinrent bientôt des brigands, qu'il fallut exterminer. Philippe de Valois mourut en 1350. Ce prince, qu'on avait surnommé le *Fortuné*, expira consumé de chagrins et d'inquiétudes. Il avait établi la *gabelle*, ou l'impôt sur le sel. Édouard III l'appelait, pour cette raison, en plaisantant, l'auteur de la *loi salique*. Sous ce règne, désolée par tant de calamités, la France agrandit pourtant son territoire de tout le Dauphiné [1]. Le dernier prince de ce pays ayant perdu ses enfants, lassé des guerres qu'il avait soutenues contre la Savoie, donna ce pays au roi de France, à condition que l'héritier du trône porterait désormais le nom de *Dauphin*; puis il vint prendre à Paris l'habit de moine dominicain. Les papes, de leur côté, acquirent Avignon. Jeanne d'Anjou, reine de Naples et comtesse de Provence, vendit cette ville à Clément VI quatre-vingt mille florins d'or.

Jean [2], fils de Philippe de Valois, qui succéda à son père, était âgé de quarante ans quand il s'assit sur le trône. Il avait fait preuve de quelque habileté dans la guerre, et l'on pouvait espérer que son expérience dans les conseils porterait ses fruits. Cependant son règne fut encore plus désastreux que celui de Philippe. Le premier acte du gouvernement de ce prince, qu'on appelle le *Bon*, coûta la vie au comte d'Eu, son connétable, auquel il fit

---

[1] On appelait ainsi cette province parce qu'un de ses souverains avait mis un dauphin dans ses armoiries. Elle faisait partie du royaume d'Arles, qui relevait de l'empire. En vertu de lois féodales, le roi de France devenait donc, pour cette acquisition, le vassal de l'empereur d'Allemagne.

[2] Jean est appelé deuxième du nom par la plupart des historiens, parce qu'ils donnent celui de premier à ce Jean, fils de Louis le Hutin, qui naquit après la mort de son père, et ne vécut que huit jours. Cette désignation est d'ailleurs peu importante, puisque c'est le seul de nos rois qui ait porté le nom de Jean.

trancher la tête, sans autre forme de procès, sur le simple soupçon d'intelligence avec les Anglais. Quelque temps après Charles de Lacerda, favori de Jean, qui avait remplacé l'infortuné connétable, périt, à son tour, assassiné par l'ordre du roi de Navarre. Ce souverain, issu du même sang que saint Louis, fut pourtant, camarades, un des fléaux de la France à cette époque, et mérita pleinement le surnom du *Mauvais* dont on a flétri sa mémoire. L'assassinat de Lacerda devint, entre Jean le *Bon* et Charles le *Mauvais*, le commencement d'une lutte, où les fautes du premier ne pesèrent pas moins cruellement sur les peuples que la scélératesse du second. Jean tantôt aggrave les fureurs du Navarrais par d'impolitiques rigueurs, quand il faudrait le ménager avec adresse ; tantôt le faible monarque augmente l'audace de son dangereux adversaire, en achetant la paix, alors qu'il faudrait combattre. Cette querelle ne servait que trop bien l'ambition d'Édouard III : une trêve avait été conclue après la prise de Calais. L'Anglais en profitait pour se préparer à de nouvelles expéditions. En 1355, Jean fit arrêter le roi de Navarre surpris à Rouen. Le frère de ce prince et d'autres seigneurs prirent aussitôt les armes, et appelèrent à leur secours Édouard d'Angleterre, impatient de rentrer en lice.

La guerre était imminente : les états généraux, convoqués pour la première fois par Philippe-le-Bel, le furent de nouveau par Jean afin d'en obtenir les subsides nécessaires. L'assemblée décréta une levée de trente mille lances et la mise en campagne de la milice des communes; elle accorda aussi un subside d'environ neuf millions cinq cent mille livres pour l'entretien de cette armée. Les hostilités ne tardèrent pas à recommencer sur deux points à la fois : le prince de Galles, envoyé sur le continent par son père, en même temps que le duc de Lancastre, ne démentit pas, dans cette campagne, la gloire qu'il s'était acquise à la journée de Crécy. Après avoir ravagé tout le Languedoc, le Limousin, l'Auvergne et le Berry, il s'avança, pour opérer sa jonction avec les troupes de Lancastre, qui était descendu en Normandie, et venait de soulever cette province. Mais aussitôt qu'il eut réuni la brillante armée que les états généraux venaient de remettre entre ses mains, Jean marcha en personne contre le jeune guerrier. La force des Français était quadruple de celle des Anglais; aussi, après avoir commis l'imprudence de s'engager si avant, le prince de Galles hésita-t-il longtemps avant de décider s'il opérerait sa retraite par la Touraine et le Poitou, afin d'aller se rembarquer à Bordeaux, ou s'il continuerait à s'avancer à travers l'Anjou et le Maine, pour aller rejoindre Lancastre en Normandie. Il allait peut-être s'arrêter à ce dernier parti; la marche rapide de Jean ne lui en laissa pas le temps. Enveloppés de toutes parts, et acculés dans un endroit nommé Maupertuis, à deux lieues de Poitiers, harassés de fatigue et manquant de vivres, les Anglais se trouvèrent dans une situation extrêmement critique. Il ne restait à leur chef d'autre ressource que de choisir une position dans laquelle il pût assez prolonger sa défense, pour se rendre ensuite à des conditions moins désavantageuses. Avant que l'on en vînt aux mains, le prince de Galles tenta d'entrer en accommodement : le cardinal de Périgord, chargé des propositions du général anglais, offrit en son nom de rendre les villes et les châteaux qu'il avait pris, ainsi que la liberté aux prisonniers, et de s'engager à ne point porter les armes contre la France pendant sept ans. Mais Jean ne voulut rien entendre à moins que le prince de Galles ne se rendît prisonnier avec cent de ses principaux officiers. — *On ne me prendra que sur le champ de bataille,* répondit le jeune prince; et ne pouvant espérer de vaincre, l'armée anglaise se prépara à mourir. Vous allez voir cependant que la fougue imprudente de ses ennemis vint la sortir triomphante de cette fâcheuse extrémité.

De même qu'à Crécy, le prince de Galles eut l'idée de faire combattre à pied sa gendarmerie[1] : il profita habilement, pour la poster, d'un monticule élevé, où l'on ne pouvait arriver que par un chemin étroit bordé de haies et de vignes, dans lesquelles ses archers s'établirent en assez grand nombre. Le lundi 17 septembre 1356, le roi, ayant pris l'avis du seigneur de Ribeaumont, qui passait pour très-habile, s'engagea tête baissée dans ce défilé avec les plus braves et les plus vi-

[1] Il n'est pas besoin de vous apprendre que ce nom n'a été donné que beaucoup plus tard au corps spécial qui le porte de nos jours. Ce mot signifiait alors la réunion des hommes ou gens d'armes, bardés de fer, ainsi que leurs chevaux, qui composaient l'élite des armées du temps.

goureux de ses hommes d'armes. Le reste de l'armée, partagé en deux autres batailles, devait suivre immédiatement, ainsi que l'infanterie. Mais les archers, embusqués de chaque côté du chemin, dans les vignes et derrière les haies, accueillent les chevaliers français par une grêle de traits, dont chacun porte à coup sûr, au milieu de cette colonne serrée, qui cherche inutilement à se déployer sur un terrain coupé de fossés et hérissé d'échalas... Les chevaux et les hommes blessés se renversent les uns sur les autres. Les batailles restées en arrière, en s'entassant en foule, pour arriver à leur secours, ajoutent encore à l'effroyable confusion qui règne dans le défilé, et le prince de Galles achève la défaite des Français, en lançant sur eux un corps de ses hommes d'armes, descendus de leur position. La déroute devient générale : le gouverneur des enfants du roi et Philippe d'Orléans, son frère, en se hâtant de tirer les jeunes princes d'un combat qu'ils croient trop tôt désespéré, décident enfin l'issue de cette fatale journée, et entraînent après eux la majeure partie des troupes, avec lesquelles un effort mieux combiné pouvait peut-être changer la face des choses.

Cependant Jean, guidé par sa valeur au milieu du carnage, combattait encore dans le défilé, avec un petit nombre de chevaliers. Reconnaissable à sa cotte d'armes semée de fleurs de lis d'or, ayant perdu son casque et blessé au visage, il se défendait en désespéré contre le cercle d'ennemis qui l'entourait, et sa hache d'armes abattait quiconque essayait de l'approcher de trop près. A ses côtés, Philippe, son troisième fils, encore enfant, ne déployait pas moins de courage, se jetant au devant des coups qu'on portait à son père.... On leur criait de tous côtés de se rendre ; mais le monarque ne voulait céder qu'au prince de Galles. Un chevalier s'approcha enfin, auquel il consentit à tendre son gantelet, en signe qu'il se reconnaissait prisonnier avec son fils. Le jeune vainqueur reçut ses captifs de la manière la plus consolante pour leur malheur, et ce fut avec les marques du plus grand respect qu'il les conduisit à Londres, où la générosité de sa conduite releva encore la gloire de son triomphe [1].

La captivité du roi fut dans Paris le signal des factions : Charles, dauphin de France, déclaré régent du royaume, le vit aussitôt en révolte contre lui. Il n'obtint les subsides dont il avait un pressant besoin qu'aux conditions les plus dures. Réduit à faire de l'argent, en altérant les monnaies, le dauphin essaie ce moyen, dont ses prédécesseurs ne lui ont que trop légué d'exemples ; mais les Parisiens se soulèvent, ayant à leur tête Marcel, prévôt des marchands. Le roi de Navarre, échappé de la prison, où il était retenu depuis vingt mois, vient soutenir les mécontents : un désordre affreux règne dans la capitale, où des chaînes tendues dans

---

[1] Je dois dire ici pourtant que les historiens ont beaucoup trop exalté les belles qualités du *prince Noir*. Les chroniques locales sont loin d'être d'accord avec ce brillant panégyrique. Ce fils d'Édouard III commit en Guyenne de grandes exactions pour satisfaire aux prodigalités de sa vie licencieuse ; et la révolte des grands vassaux de cette contrée contre le monarque anglais, leur suzerain, fut due à l'oppression de son fils.

les rues n'opposent qu'une bien faible barrière aux efforts des factieux, qui portent un chaperon rouge et bleu, comme signe de ralliement. De la capitale, l'anarchie s'étend bientôt dans les campagnes ; accablés d'exactions et de corvées, les paysans s'attroupent sur divers points, particulièrement en Picardie et dans le Vermandois, accusant la noblesse de tous les malheurs du temps et de la captivité du roi, qu'elle n'a pas su défendre. Armés de fléaux, de fourches, de bâtons, leurs bandes incendient les châteaux et massacrent les gentilshommes ; ils poussent leur fureur jusqu'à faire rôtir un seigneur dans son manoir, et à contraindre sa femme et ses filles à manger de sa chair. Vaincus isolément, les nobles se forment en corps pour combattre ces terribles ennemis : couverts de leurs armures à l'épreuve, montés sur leurs grands chevaux de bataille, ils font, à chaque rencontre, une large trouée au milieu de cette multitude sans discipline et à demi nue.... On les abat par monceaux, on les égorge comme des bêtes, et tout ce qui tombe vivant entre les mains de la noblesse est pendu, sans miséricorde, au premier arbre... C'est enfin une guerre d'extermination qu'on appelle la *Jacquerie*, du nom des *Jacks* ou Jaquettes que portent les paysans[1].

---

[1] Le chef de la Jacquerie était un paysan nommé *Guillaume Caillet*, et non *Jacques Bonhomme*, ainsi que plusieurs historiens l'ont avancé. Il fut pris dans un combat où le roi de Navarre mit en déroute trois mille des paysans réunis sous les ordres de ce capitaine rustique, que Charles le Mauvais fit décapiter à Clermont en Beauvoisis. *Jacques Bonhomme* était le

Fatiguées de leurs propres excès, les factions songèrent pourtant à la paix. Le dauphin avait quitté Paris. Il revint investir cette ville, que Marcel voulait livrer aux Anglais; mais le traître prévôt fut assassiné à la porte Saint-Antoine, au moment d'accomplir son dessein, et le dauphin, rentré dans la capitale, y fut accueilli avec transport. Un peu d'ordre commençait à se rétablir; mais l'Anglais se montrait plus redoutable que jamais. Vous vous demanderez, sans doute, comment Édouard et le prince de Galles n'avaient pas, jusque-là, profité davantage des malheurs de la France, depuis la bataille de Poitiers. C'est que les Anglais semblaient redouter eux-mêmes de voir s'élever trop haut la puissance de leurs maîtres, et la nation ne leur fournissait qu'avec une extrême parcimonie les hommes et l'argent nécessaires pour recueillir les fruits de leur victoire.

Cependant le roi Jean, voyant, de sa prison, les nouveaux préparatifs d'Édouard pour attaquer la France, crut prudent, dans cette extrémité, d'abandonner une partie pour sauver le tout, et ce monarque conclut avec l'Anglais un traité, par lequel il lui cédait toutes les provinces qui avaient jadis appartenu aux rois d'Angleterre; s'engageant de plus à payer, pour sa rançon, quatre

---

nom commun que les nobles donnaient, dans cette guerre, aux vilains armés contre eux. La désignation de *Jacks* ou *Jocquiers* leur venait d'une espèce de casaque contre-pointée qui se mettait ordinairement par dessous la cuirasse. La Jacquerie éclata le 21 mai 1358, selon le continuateur de Nangis.

Huitième Soirée.

Philippe VI, dit de Valois. — Bataille de Cassel. — Edouard III. — Combat de l'Ecluse. — Bataille de Crécy. — Supériorité des archers anglais. — Premiers canons. — Le prince Noir. — Siége de Calais. — Peste en Europe. — Jean le Bon. — Charles le Mauvais. — Etats généraux. — Bataille de Poitiers. — Règne du dauphin. — Traité de Bretigny. — Combat des Trente. — Charles V. — Duguesclin. — Premières lueurs d'une tactique dans les armées françaises. — Les grandes compagnies. — Pierre le Cruel et Henri de Transtamare. — Les Anglais en partie chassés de France. — Origine de la bibliothèque royale. — Schisme d'Orient.

Charles le Bel avait laissé enceinte, en mourant, Jeanne d'Evreux, sa troisième femme. Philippe de Valois, neveu de Philippe le Bel, prit les rênes du gouvernement avec le titre de régent, en attendant que la reine accouchât. Ce fut une fille que cette princesse mit au monde. Edouard III, roi d'Angleterre, qui était le plus proche parent du dernier monarque par les femmes, prétendit alors au trône de France, et envoya des ambassadeurs pour réclamer la couronne. Cette demande fut examinée dans une assemblée des pairs du royaume; mais la loi salique reçut encore en cette circonstance une confirmation solennelle: on decida que non-seulement les femmes devaient être exclues du trône, mais aussi ceux qui descendaient d'elles, et qu'Edouard ne pouvait avoir par sa mère un droit qu'elle-même n'avait pas. C'était justice d'ailleurs qu'on préférât un prince français à un étranger, né au sein d'une nation depuis si longtemps ennemie de la France ; aussi Philippe de Valois, descendant de saint Louis par une branche cadette, mais du côté paternel, l'emporta-t-il, à l'unanimité, sur son concurrent. Le nouveau monarque partit aussitôt pour Reims, où il fut sacré en grande pompe, et au milieu des fêtes magnifiques, qui durèrent quinze jours, Philippe de Valois reçut de ses courtisans le surnom de *Fortuné*. Le triste enchaînement de calamités qui s'étendit sur son règne ne devait pas justifier cette flatterie courtisanesque.

A peine assis sur le trône, le roi voulut d'abord réduire les Flamands, qui s'étaient révoltés contre leur comte, sous la conduite d'un marchand de poisson, nommé Zonnekins. Il alla prendre l'oriflamme à Saint-Denis avec la pompe accoutumée, et partit à la fin d'août 1328, malgré l'avis de ses barons, qui jugeaient la saison trop avancée. Les deux nations se trouvèrent bientôt en présence auprès de Cassel que les Français investirent. Loin d'être intimidés par l'apparition de cette brillante armée féodale, les bourgeois et les artisans des villes de Flandre accoururent en foule pour les combattre, et en réponse aux méprisantes railleries de ces comtes, ces barons, ces écuyers, gentilshommes resplendissants de dorures et d'acier, les rebelles avaient peint sur leur bannière un coq avec cette devise :

> Quand ce coq chanté aura,
> Le roi Cassel conquerrera.

Le combat qui décida de la question fut une boucherie dont l'issue faillit être fatale aux Français, pour avoir encore dédaigné de se garder. Ils s'attendaient si peu à être attaqués, quoique l'ennemi ne campât qu'à une portée d'arbalète, que les Flamands s'étant avancés, en plein jour, sans pousser leur cri de guerre, on les prit pour un renfort des communes qui arrivait : ils purent, grâce à cette erreur, parvenir jusqu'au quartier du roi, sans que ceux qui les virent passer songeassent à les arrêter... Ce fut par un pur hasard, que le seigneur de Lor, nonchalamment couché devant sa tente, s'avisa de demander aux nouveaux venus de quelle bannière ils étaient; un coup de javelot, qui le cloua contre terre, fut la seule réponse qu'il obtint. Il y eut alors un moment de tumulte et de confusion inexprimables : les Flamands s'élancèrent au milieu des tentes françaises; on commença un épouvantable massacre... les hommes d'armes, à demi armés, méconnaissant la voix de leurs officiers, couraient au hasard, se heurtant les uns contre les autres. Philippe de Valois, prévenu par son confesseur, le traite d'abord de visionnaire, pensant que la frayeur a détraqué le cerveau du pauvre moine... mais les cris des assaillants et des fuyards, qui se rapprochent de plus en plus du pavillon royal, ne tardent pas à attester la vérité de ce récit. Le monarque se couvre à la hâte de ses armes, appelant écuyers et pages pour l'aider ; mais pas un n'est là présent... il faut que le bon père tremblant se charge maladroitement de boucler chaque pièce de la royale armure.

Philippe de Valois est enfin à cheval, et le chevalier qui garde l'oriflamme agite auprès de lui son étendard, en signe de détresse. Tirés de l'état de stupeur où les a jetés cette visite inattendue, les hommes d'armes de France accourent se rallier autour du prince : les Flamands, cernés, foulés aux pieds des chevaux sont enfin taillés en pièces, à la suite de l'une de ces mêlées confuses, sans tactique et sans art, comme je vous en ai déjà tant raconté. Malgré la railleuse devise de ses défenseurs, Cassel fut pris et réduit en cendres ; les autres grandes villes se rendirent ; partout les fortifications furent abattues ; le plat pays fut ravagé. De sanglantes exécutions achevèrent la soumission des rebelles : plus de dix mille d'entre eux périrent au milieu des supplices, et le vainqueur s'en revint en France, tout fier d'avoir en si peu de temps *pacifié* les états de son beau cousin de Flandre.

Edouard III n'avait ni assisté au sacre du roi de France, ni rendu son hommage pour la Guienne[1]. Vous concevrez en effet, camarades, combien il devait lui coûter de s'humilier devant

---

[1] Je vous ai déjà dit que Philippe-le-Bel s'était emparé de cette province en 1295 ; mais ce prince la rendit peu de temps après aux Anglais, lorsque Edouard 1er eut abandonné la cause des Flamands révoltés.

un trône qu'il avait prétendu occuper ; mais au retour de sa campagne contre les Flamands, Valois, dont l'orgueil naturel était encore enflé par le succès de cette expédition, se lassa des délais que le récalcitrant vassal apportait à cette cérémonie, et menaça de saisir toutes les terres que l'Anglais possédait en France, s'il ne se hâtait d'accomplir son devoir féodal. Au jour fixé, le roi d'Angleterre comparut enfin au pied du trône du roi de France, magnifiquement vêtu, portant sa couronne sur sa tête et entouré d'une cour brillante. Là, sur l'ordre du grand chambellan, le monarque anglais dut se dépouiller de sa couronne, de son épée, de ses éperons, et, à genoux sur un coussin, il entendit la lecture de la formule qui le liait à son suzerain. Edouard, dévorant son dépit, se soumit en silence à ces humiliations ; il fit le serment obligé, puis il vint offrir ses lèvres à celles de Valois, dont les mains pressaient pendant ce temps les siennes. Mais en recevant ce baiser de paix, l'Anglais sentit qu'une haine furieuse venait de le mordre au cœur, et jura Dieu tout bas qu'il effacerait cet affront dans le sang français.

Edouard, de retour dans ses états, parvint quelque temps encore à couvrir d'un vain simulacre d'amitié son mauvais vouloir contre la France et son roi. Sur ces entrefaites, Robert, comte d'Artois, beau-frère de Philippe, convaincu de faux avec un scandale inouï, fut banni du royaume, pour avoir refusé de comparaître au parlement, et le roi confirma cet arrêt. Le dépit, la rage de voir ainsi sa honte proclamée à la face de la nation, troublèrent la raison du proscrit, et lui inspirèrent les résolutions les plus désespérées. Plusieurs fois il essaya d'attenter à la vie du roi; mais les assassins soudoyés par lui reculèrent devant l'énormité de ce crime. Voyant que les hommes lui manquaient, Robert invoqua les esprits infernaux, et se livra à toutes les pratiques absurdes que l'ignorante superstition du temps regardait comme efficaces. Enfermé la nuit avec une image de cire à la ressemblance de Valois, il la perçait de mille coups d'aiguille[1], adjurant Satan de l'aider à jeter un sort au monarque français. Mais Valois, bien qu'il n'employât contre lui que des armes terrestres, sut plus sûrement l'atteindre : poursuivi de contrées en contrées par le roi, qui menaçait de porter la guerre à tous ceux qui l'accueilleraient, le fugitif alla chercher un asile en Angleterre, auprès d'Edouard. Ce prince, ravi de voir perdre à la France l'appui d'un guerrier dont le bras avait mainte fois fait sentir sa pesanteur aux Anglais, le reçut affectueusement et lui donna le comté de Richemond, en échange des domaines qu'on lui avait confisqués dans sa patrie. De son côté, Philippe de Valois recevait à bras ouverts, en France, David Bruce, roi d'Ecosse, que venait de détrôner Edouard. La mutuelle malveillance de ces

[1] On croyait généralement alors que les personnes dont ces images étaient la ressemblance ne pouvaient manquer de ressentir les blessures qu'on ferait à leur effigie, et même qu'en perçant ces dernières au cœur, on donnait réellement la mort à l'ennemi qu'elles représentaient.

princes cherchait enfin en secret le moment d'éclater d'une manière terrible. Le pape Jean XXII voulut détourner cet orage et transporter en Orient la soif des combats qui fermentait au cœur des deux monarques : on put croire un instant que la fantaisie des Croisades allait se renouveler. Philippe prit la croix en affichant un saint zèle ; Edouard parut vouloir l'imiter et leva aussi des troupes ; mais chacun différa de partir le premier, craignant que son rival ne profitât de son absence pour envahir ses états. Ce qu'il y eut de plus réel dans ce pieux projet, c'est que les deux nations furent contraintes de payer exactement les *décimes*, qu'on avait coutume de lever en pareil cas... puis, quand le fisc eut fait entrer cet argent dans ses coffres, on n'entendit plus parler de cette guerre d'outremer dont, au reste, on n'avait que des malheurs à attendre.

Cédant aux suggestions du comte d'Artois[1], qui ne respirait que la vengeance, Edouard jeta enfin le masque. Les circonstances étaient en effet, favo-

---

[1] On raconte qu'au milieu d'un festin qu'Edouard donnait à ses courtisans, Robert d'Artois fit apporter sur un plat d'argent un héron rôti, et le présentant au roi : « Voici, lui dit-il, « le plus timide des oiseaux, car il a peur de son ombre ; vou- « lant l'offrir au plus peureux des hommes que je connaisse, « c'est au roi Edouard que je le donne, à ce prince qui, légi- « time héritier du royaume de France, s'en est laissé déshéri- « ter par sa faiblesse et sa lâcheté. » Le monarque anglais n'aurait dû rougir que de mépris et d'indignation à ces paroles, sortant de la bouche d'un faussaire transfuge ; mais il était jeune, ardent, ambitieux ; il rougit de honte, comme si le reproche eût été mérité et sincère. Il jura qu'avant six mois il défierait *le roi de Saint-Denis*, et la guerre fut décidée dans sa pensée.

rables pour attaquer le monarque français : exaspérés par de nouvelles exactions, les Flamands venaient encore de secouer le joug de leur comte. Un brasseur nommé Artevelle commandait en maître dans leurs principales villes; Edouard ne craignit pas d'entrer en négociations avec ce rebelle, et en échange des secours que le roi d'Angleterre lui promit, Artevelle s'engagea à lui ouvrir la Flandre, quand il lui plairait de passer en France. Un autre traité assurait en même temps à Edouard le concours de l'empereur d'Allemagne. Se croyant alors assez fort pour tenter une rupture, l'Anglais osa demander à Philippe de Valois, la restitution de la couronne de France, et lui déclara la guerre. Les hostilités commencèrent aussitôt : l'armée anglaise, grossie des troupes d'une multitude d'alliés, traversa la Flandre et vint mettre le siége devant Cambrai. Cette campagne n'eut guère d'autres résultats que les sanglantes atrocités commises partout par l'ennemi sur son passage, et dans lesquelles le traître Robert, enrôlé sous la bannière d'Edouard, put baigner sa haine à loisir dans le sang de ses compatriotes. Les deux armées s'étant rencontrées près de la Chapelle, dans un lieu nommé Vironfosse, se retirèrent sans combattre, bien qu'elles ne fussent séparées que par un petit défilé.

Mais les suites de cette guerre ne furent que trop fécondes en désastres pour la France ; Edouard, qui était retourné en Angleterre, en repartit en 1540, avec une flotte de plus de cent vingt vaisseaux ; celle des Français, qui marcha contre elle, n'était pas moins considérable, et portait quarante mille hommes. Elle fut pourtant battue au combat naval de l'Ecluse, avec une très-grande perte ; car les batailles navales étaient peut-être plus meurtrières qu'aujourd'hui. Il est vrai qu'on ne se servait pas encore de canons ; mais les vaisseaux s'abordaient par la proue, on abaissait, de part et d'autre, des ponts-levis ; pressés sur cet étroit espace, les combattants s'attaquaient corps à corps avec un acharnement extraordinaire, et la profonde mer offrait à ceux qui succombaient une tombe toujours béante. Edouard, debout à la proue d'un de ses vaisseaux et livrant aux vents le panache rouge qui flottait sur son casque, commandait en personne dans ce terrible engagement ; il y fut blessé ; mais la victoire lui resta. Vous en serez peu surpris, camarades : les Anglais, voués à la navigation par goût autant que par nécessité, avaient dès longtemps acquis dans les manœuvres navales une supériorité que nos marins étaient loin d'atteindre, malgré notre position avantageuse sur les deux mers. Non-seulement les Français avaient négligé de s'instruire dans la marine, mais, inhabiles à construire des navires, ils en tiraient de l'étranger, dont la construction laissait beaucoup à désirer, relativement à ceux des Anglais.

On conclut cependant une suspension d'armes, qui fut presqu'aussitôt rompue, au sujet de troubles survenus en Bretagne. Le comte de Montfort disputait ce duché au comte de Blois, neveu de Philippe, qui avait épousé la fille du dernier duc. Le roi de France soutint la cause de son neveu ;

c'en fut assez pour qu'Edouard d'Angleterre se déclarât en faveur de Montfort. Les hostilités recommencèrent avec fureur, à l'occasion du supplice d'Olivier de Clisson et de quelques autres seigneurs auxquels Philippe de Valois fit trancher la tête, parce qu'ils entretenaient des intelligences avec l'Anglais. Ce terrible exemple n'empêcha pas un nouveau traître de s'allier encore à l'ennemi de son pays : Geoffroi d'Harcourt, dirigeant la marche d'Edouard, lui donna le fatal conseil d'envahir la Normandie. Nulle précaution n'avait été prise sur ce point pour prévenir une descente; les Anglais s'avancèrent sans trouver de résistance jusqu'aux portes de Paris.

Cependant Philippe, en convoquant auprès de lui la noblesse de Picardie, de Champagne, de Bourgogne, et rassemblant les communes de ces provinces, se trouva enfin à la tête d'une armée qui parvint à couper à l'Anglais la route qu'il venait de parcourir. Edouard, contraint de battre en retraite vers la Flandre, passa la Somme à grande peine, et se retira par la Picardie, où Philippe le poursuivit sans l'attendre jusqu'au village de Crécy. Là, camarades, il arriva ce que vous avez déjà vu trop souvent et ce que vous êtes destinés à voir encore plus d'une fois dans le cours de cette histoire: le manque de discipline dans l'armée, et l'ardeur irréfléchie de ses chefs, coûta à la France trente mille de ses enfants, avec l'élite de sa noblesse. Les Français n'étaient plus qu'à trois lieues des Anglais, lorsque Edouard, jugeant bien que le combat était inévitable, ne songea plus qu'à vendre chèrement la victoire, si elle devait lui échapper, et choisit une position dont l'avantage pût compenser le nombre de ses ennemis. Je vous ai dit combien notre infanterie était alors insignifiante. Celle des Anglais avait plus de réputation ; l'arc et l'arbalète étaient surtout des armes terribles entre les mains de ses archers, qui avaient coutume de planter des pieux en avant de leur front pour se garantir des charges de la cavalerie. Edouard les destina à couvrir ses flancs et à tirailler en avant de ses gens d'armes. Profitant de la pente d'une colline assez élevée, il fit mettre pied à terre à ces derniers et les disposa en trois corps, ou *batailles*, échelonnés en amphithéâtre. Des chevaliers expérimentés, que Philippe de Valois envoya reconnaître la position, la trouvèrent formidable ; ils conseillèrent au roi d'éviter un engagement général, et de se contenter de harceler les Anglais par de continuelles escarmouches. Convaincu de la sagesse de cet avis, le monarque donna l'ordre de faire arrêter l'avant-garde, qui était déjà en marche.

La plaine, en bas de Crécy, était couverte des hommes des diverses communes, qui cheminaient, pêle-mêle, en avant, persuadés que les Anglais n'oseraient se défendre, et qu'eux-mêmes n'auraient plus qu'à tuer et à piller le camp. Des cris de *Mort!... Point de quartier!...* s'élevaient déjà dans les rangs de cette multitude confuse qui brandissait ses armes en signe de triomphe... Quelques seigneurs s'efforçaient en vain d'établir un peu plus de régularité pour l'attaque ; tout le monde prétendait commander, sans que personne se souciât d'obéir. Lorsque l'ordre de s'arrêter parvint à ces troupes, il fut impossible de le faire exécuter : celles qui étaient devant s'imaginèrent qu'on ne leur commandait une halte que pour donner la tête de l'armée à d'autres qu'à elles ; celles qui suivaient ne voulaient point s'arrêter, tandis qu'elles voyaient marcher les autres ; et ainsi le roi, malgré lui, fut contraint de suivre dans le plus grand désordre du monde. Quinze mille arbalêtriers génois[1], que Philippe de Valois avait à sa solde, engagèrent le combat les premiers ; mais ils ne justifièrent pas la haute opinion qu'on avait d'eux, car ils lâchèrent pied presqu'aussitôt, sans qu'on pût les décider à retourner à l'ennemi. — *Tuez cette ribaudaille qui vous embarrasse le chemin?* s'écrie alors le duc d'Alençon, frère du roi, qui suivait avec sa *bataille* ; et sa cavalerie, lancée au galop, au milieu de ces fantassins, leur passe sur le corps, et les écrase. Les Génois, ainsi rompus et renversés, se cramponnent aux jambes des chevaux, cherchant à démonter les cavaliers, et les égorgent avec les petits couteaux qu'ils portent à la ceinture. C'est dans cet épouvantable désordre que les gens d'armes français viennent, sans pouvoir s'arrêter, se briser contre ceux d'Édouard, à pied, serrés les uns contre les au-

---

[1] Les Français, par un étrange excès d'honneur ou d'orgueil militaire, ne voulaient pas se servir de l'arbalète, qu'ils regardaient comme une arme de lâche. Ce préjugé, qui subsista longtemps, ne contribua pas peu à retarder, chez eux, les progrès de l'art de la guerre.

millions d'écus d'or. Mais les états déclarèrent, à l'unanimité, ces conditions honteuses, et refusèrent de les sanctionner. Édouard débarqua alors en France, avec une armée qu'on fait monter à cent mille hommes. N'osant tenir la campagne, en présence de pareilles forces, le dauphin ordonna que les habitants des pays qu'elles traverseraient se retirassent dans les villes et les forteresses, avec tout ce qu'ils pourraient emporter. Édouard promena ainsi ses troupes par toute la France, mais sans qu'il réussît à s'emparer d'une seule place importante, et sans cesse harcelé, dans sa marche, par des partis répandus sur ses flancs et sur ses ailes. Arrivé aux portes de Paris, et campé au Bourg-la-Reine, il essaya d'envoyer offrir la bataille au dauphin, qui était à Longjumeau; mais le prince répondit, comme Édouard lui-même avait fait lors du siége de Calais, *qu'il était là pour défendre Paris, et que l'Anglais le prît, s'il pouvait.*

Ce plan de défense obtint tout le succès qu'on pouvait en espérer : la dévastation que les campagnes eurent à subir pouvait, en effet, se réparer avec le temps ; tandis que le vainqueur, sans ressources, au milieu d'un pays ruiné, vit la fatigue et la famine épuiser ses troupes. Il dut, en cet état de choses, se trouver disposé à conclure la paix [1]. Elle fut signée, le 8 mai 1360, au village

---

[1] Saisi de terreur par suite des calamités qui décimaient chaque jour son armée, Édouard s'arrête à la vue des vénérables tours de la cathédrale de Chartres, tandis qu'un orage terrible, mêlé de grêle, éclate au-dessus de ses troupes, en

de Bretigny, près de Chartres. On convint que la Guyenne, le Poitou, la Saintonge, le Limousin, demeureraient en pleine souveraineté au roi d'Angleterre, et que Jean paierait trois millions d'écus d'or pour sa rançon. Bien qu'Édouard eût, comme vous voyez, réduit ses prétentions, ce qu'on lui cédait ainsi formait pourtant encore près du quart de la France. En exécution de ce traité, Jean sortit de la tour de Londres, après quatre ans de captivité, en donnant pour otages quatre princes du sang, les ducs d'Anjou, de Berry, d'Orléans et de Bourbon, avec seize des plus illustres prisonniers faits à la bataille de Poitiers et quarante-deux bourgeois des plus riches cités de France.

La difficulté était de réaliser la rançon royale : le royaume s'épuisa pour fournir le premier paiement ; on fut obligé de rappeler les Juifs, et de leur vendre le droit de s'établir en France, ainsi que d'y commercer. Le roi lui-même fut réduit à payer ce qu'il achetait pour sa maison en une monnaie de cuir, qui avait, au milieu, un petit clou d'argent. Ne pouvant enfin réussir à satisfaire toutes les exigences du roi d'Angleterre, qui augmentaient sans cesse, par les interprétations subtiles ou forcées qu'il donnait au traité de Bretigny, Jean retourna à Londres[1], où il mou-

---

pleine retraite. Il se précipite de son cheval, et, se jetant à genoux au milieu de la plaine, il fait vœu à Dieu et à la Vierge de ne plus s'opposer à la conclusion de la paix. Peu de temps après les conférences s'ouvrirent.

[1] Plusieurs historiens ont avancé, sans assez de preuves, que le roi Jean était retourné en Angleterre, attiré par les charmes

rut en 1364. Nous avons justement reproché à ce monarque les fautes et l'incapacité qui mirent la France à deux doigts de sa perte ; nous reconnaîtrons de même combien il était scrupuleux sur l'honneur ; il avait, en effet, coutume de dire : *Que si la bonne foi était exilée de la terre, elle devrait se réfugier dans le cœur des rois.*

Il est, au surplus, digne de remarque que ce soit dans ces temps de séditions, de rapines et de meurtres, qu'on retrouve plus enraciné que jamais l'amour de la chevalerie, dont vous savez, camarades, que l'honneur joint à la galanterie était le principe. Ce qui caractérise encore parfaitement les mœurs de cette époque, c'est que, dans le cours de ses guerres avec Philippe de Valois, Edouard défia plusieurs fois ce dernier en combat singulier, et si le roi de France refusa, ce fut seulement parce qu'un souverain ne devait pas s'abaisser à se battre contre son vassal. Chaque jour une multitude de faits d'armes de ce genre attestaient l'esprit insouciant et belliqueux qui dominait alors : je ne puis résister à l'envie de vous conter le plus célèbre de ces combats dont on ait conservé la mémoire.

Sur le bord de la route de Brest, entre Ploermel et Jocelyn, s'élève, au milieu d'une étoile plantée de cyprès, un obélisque de pierre, où chaque année les habitants de la Bretagne viennent accomplir un pieux pèlerinage ; et ceux d'entre vous dont le régiment est passé là peu-

surannés de la comtesse de Salisbury, maîtresse d'Edouard III. On peut douter que cette version mérite quelque confiance.

vent se rappeler qu'à cet endroit un religieux silence a tout à coup remplacé dans les rangs les chants gaillards et les joyeuses causeries... Le bataillon a porté les armes, les tambours ont battu aux champs... C'est que cette place fut arrosée du sang de braves soldats, morts dans un jour de victoire ; c'est que, sur cette pierre, est écrite une des belles pages de l'histoire de Bretagne. Au commencement du règne du roi Jean, pendant que le comte de Blois et le comte de Montfort se disputaient cette province, trente chevaliers bretons et autant d'anglais se donnèrent rendez-vous en ce lieu, auprès du chêne de *Mivoie*. Les deux partis combattirent en champ clos, pour savoir, suivant le langage du temps, qui avait la plus belle mie. On dit qu'au milieu de cette lutte furieuse, les champions s'arrêtèrent tout à coup d'un commun accord, car le soleil était si ardent sur la plaine, que leur poitrine était haletante et desséchée. Il y eut alors un triste et solennel moment, où les chevaliers des deux partis vinrent s'agenouiller, l'un après l'autre, auprès du cadavre des leurs, et faire un signe de croix en touchant, de la poignée de leur dague, le front glacé de leurs compagnons... Mais après un court instant de trêve, Anglais et Français se défient de nouveau ; la mêlée recommence avec une nouvelle fureur. La mort de Bembro, qui commande les Anglais, a jeté un instant de terreur parmi les siens ; mais bientôt l'espoir de la vengeance les ranime, ils se serrent les uns contre les autres, et combattent comme des lions. C'est dans cet instant décisif et redoutable, que Beaumanoir, chef des chevaliers bretons, sentant ses forces s'épuiser et sa poitrine haletante sous les rayons du soleil, demande à boire. — *Bois ton sang, Beaumanoir*, lui crie l'un des champions, *ta soif passera*. La victoire, bien que chèrement achetée, demeura enfin aux Bretons, et ceux de leurs adversaires qui n'étaient pas étendus à terre se rendirent prisonniers sur parole [1].... Honneur aux vainqueurs de cette noble journée !.. Mais il est permis, camarades, de regretter que tant de valeur, de la part des Français, soit restée inutile pour la cause qu'ils soutenaient; et les Anglais n'en prévalurent pas moins en Bretagne. Ces faits d'armes isolés ne servaient à rien; ils ne remédiaient pas surtout à l'indiscipline des armées et à leur ignorance profonde en fait de tactique. A coup sûr, si César et ses braves légions n'avaient su que combattre en champ clos, pour décider qui avait la plus belle mie, les Romains n'eussent pas soumis les Gaules et conquis l'univers.

Tout était à réparer, quand Charles V, qu'on a surnommé le *Sage*, monta sur le trône. Le

---

[1] Lorsque le fameux chêne de Mi-voie, près duquel les deux partis s'étaient donné rendez-vous, fut tombé de vétusté, une croix en pierre de cinq pieds de hauteur à peu près, et que l'on appelait *Croix de la bataille des Trente*, fut élevée à la place où le chêne existait. En 1773, cette croix elle-même tomba en ruine; le 11 juillet 1829 fut posée enfin la première pierre de l'obélisque qui existe aujourd'hui, et sur lequel sont inscrits les noms des trente Bretons. Les débris du premier monument ont été placés dans la même enceinte, et l'on peut y lire des fragments de l'ancienne inscription.

nouveau roi y apporta l'expérience de ses premières années écoulées au sein des orages politiques, et son heureuse adresse sauva la France du naufrage. La trêve conclue à Bretigny avec les Anglais n'était pas rompue; mais des hostilités partielles avaient continuellement lieu entre les deux nations sous les bannières de leurs alliés. Malgré ses promesses de fidélité envers le monarque français, Charles *le Mauvais* ne cessait de conspirer et de nuire. Edouard III envoya en 1364, pour le soutenir, le *captal de Buch*, capitaine fameux, auquel la France opposa un chevalier breton dont la renommée surpassait encore la sienne. Bertrand du Guesclin, non moins expérimenté que brave, reconnut que la seule valeur ne suffisait pas pour fixer la victoire. Comme à Crécy et à Poitiers, les Anglais, réunis aux troupes du Navarrois, avaient pris position sur une montagne, près de Cocherel, à trois lieues d'Evreux. Du Guesclin se garda bien d'imiter la précipitation qui avait, en pareille occasion, causé tant de malheurs; il manœuvra pour attirer l'ennemi dans la plaine, et, par une retraite simulée, il réussit à le forcer d'abandonner ses retranchements. — *Le filet est bien tendu, nous aurons les oiseaux*, dit, en riant, l'habile chevalier à ceux qui l'entouraient, lorsqu'il vit les Anglais commencer ce mouvement. — *Souvenez-vous*, ajouta-t-il en s'adressant aux soldats, *que nous avons un nouveau roi, il s'agit d'étrenner aujourd'hui sa couronne!* Le lendemain de son sacre, Charles V reçut en effet la nouvelle d'une victoire complète. Le captal de Buch et beaucoup de nobles prisonniers tombèrent au pouvoir des Français.

Ce succès était d'un bon augure et releva l'esprit des troupes découragées par les défaites des deux règnes précédents; mais du Guesclin fut moins heureux en Bretagne, où la guerre continuait entre les comtes de Blois et de Montfort. Ce dernier, soutenu, comme vous savez, par les Anglais, gagna la même année la bataille décisive d'Auray, où le comte de Blois perdit la vie. Du Guesclin, criblé de blessure, soutint longtemps le combat, et, parmi les assaillants, plus d'un mordit encore la poussière sous ses coups... Le héros dut pourtant se rendre; le général anglais Jean Chandos reçut de lui sa sanglante épée. Malgré les pressantes sollicitations de la veuve du comte de Blois, Charles V eut la sagesse de refuser de continuer cette guerre, qui durait depuis vingt-trois ans. Le traité de Guérande y mit enfin un terme : des indemnités furent accordées à la comtesse, et le roi consentit à recevoir l'hommage de Montfort. Maître de la Bretagne, désireux de donner la paix à ses sujets en proie depuis si longtemps à tous les désastres de la guerre, Charles, si souvent trahi par le roi de Navarre, lui accorda encore une fois son pardon, et reçut de nouveau ses serments de fidélité. Le monarque put alors tourner ses vues vers de sages réformes. Le plus urgent était de réparer le désordre des finances et de faire cesser les exactions intolérables que la nation avait eues à souffrir jusqu'à ce moment. Les ordonnances du monarque établirent plus de régularité dans la perception des impôts. On fit de nouveau une refonte générale des monnaies qui, cette fois, fut déterminée par la bonne foi ; quelques traces de prospérité commencèrent enfin à reparaître dans le royaume.

Mais la paix avait amené avec elle un fléau dont Charles V devait, avant tout, chercher à arrêter les ravages : une foule d'aventuriers, la plupart Anglais ou Gascons, devenus inactifs depuis le traité de Bretigny, avaient tourné leurs armes contre les paisibles habitants des campagnes et désolaient les provinces. Sous le nom de *grandes compagnies*, de *Malandrins*, de *Tard-venus*, ces brigands avides et cruels, qui se disaient, avec une farouche naïveté, *amis de Dieu et ennemis de tout le monde*, comptaient dans leurs rangs des hommes distingués par leur naissance; car, dans ce temps-là, les gens de guerre s'avouaient ouvertement le fléau des populations.... Talbot, fameux capitaine anglais, disait naïvement : *Si Dieu était homme d'armes, il serait pillard*; et je dois vous avouer que le brave du Guesclin lui-même professa plus d'une fois ces principes. Le roi pensa pourtant que lui seul pouvait déterminer les *compagnies* à quitter la France pour aller chercher fortune ailleurs. Henri de Transtamare, alors en guerre contre son frère Pierre *le Cruel*, roi de Castille, offrit de les prendre à sa solde, si du Guesclin parvenait à les décider à passer en Espagne. Mais le preux chevalier était, depuis la bataille d'Auray, prisonnier de Jean Chandos, qui exigeait cent mille livres pour sa rançon. Le roi de France en donna quarante mille, Henri de Transtamare vingt mille, et le pape fit le reste.

Les grandes compagnies, qu'on voulait ainsi refouler au delà des Pyrénées, après avoir dévasté la Champagne, le pays de Bar, la Lorraine et une partie de l'Alsace, étaient venues camper auprès de Châlons-sur-Saône. Leur nombre n'était pas moindre de trente mille hommes, soldats intrépides, pillards déterminés, en tête desquels se trouvaient des gentilshommes ruinés par les guerres, ou par leurs propres excès. — *Camarades!* leur dit du Guesclin qui vint les trouver aussitôt qu'il fut libre, *vous et moi avons assez fait pour damner nos âmes, et vous pouvez même vous vanter d'avoir fait pis que moi.... Faisons donc maintenant honneur à Dieu, et le diable laissons.* Séduites par l'appât du butin et la brillante peinture des trésors qu'elles devaient trouver en Castille, les *compagnies* partirent sous le commandement du chevalier breton... Or il arriva qu'en passant par les terres du pape, leur général, moins reconnaissant pour ce dernier que fidèle à ses promesses envers ses soldats, s'avisa de commencer par le coffre-fort du saint-père la moisson dorée à laquelle il s'était engagé de les conduire. Il demanda pour sa troupe l'absolution et cent mille livres, et comme, après leur avoir accordé sans difficulté la première de ces choses, on délibérait sur la seconde, les compagnies se mirent à ravager la campagne aux alentours d'Avignon, menaçant de piller également la ville. Il fallut bien que le saint-père se résignât à les satisfaire ; les compagnies continuèrent leur marche vers l'Espagne.

Pierre *le Cruel* est d'abord détrôné, et se réfugie à Bordeaux, auprès du prince de Galles, tandis que du Guesclin s'en revient vainqueur en France ; mais l'Anglais ne tarde pas à embrasser la défense de son alliée, lui-même se charge de le reconduire en Espagne, et les compagnies, attirées par ses promesses, passent sans scrupule sous les étendards de Pierre, qui se trouve à la tête d'une armée plus nombreuse que jamais. Dans ces circonstances critiques, Transtamare rappelle du Guesclin à son aide. Celui-ci a bientôt franchi les Pyrénées, avec des troupes ; mais la fortune trahit, cette fois, son courage. La bataille de Navarette, gagnée par le prince Noir, remet le sceptre de la Castille aux mains de Pierre *le Cruel*. Le guerrier français, après avoir inutilement fait des prodiges, devient encore une fois le captif des Anglais. Charles V envoya cent mille livres pour payer sa rançon ; mais ses ennemis eux-mêmes professaient une si haute estime pour sa valeur, que la princesse de Galles exigea qu'on ne reçût que quatre-vingt mille livres sur cette somme, voulant, disait-elle, en donner vingt pour avoir l'honneur de délivrer le plus brave chevalier de la chrétienté. Chandos et la plupart des seigneurs anglais lui avaient de même offert leur bourse.

Du Guesclin, enfin rendu à la liberté, retourna en Espagne, où la guerre n'avait pas cessé entre les deux frères castillans. Une sanglante catastrophe fut le dénoûment de cette querelle. Fait prisonnier à la bataille de Montiel, où du Guesclin a ramené la victoire sous les drapeaux de Henri, Pierre le Cruel est conduit devant son frère : à peine les deux princes sont-ils en présence, qu'ils s'élancent, d'un même bond, l'un sur l'autre; ils cherchent mutuellement à s'étouffer, et roulent enlacés sur la poussière, sans qu'aucun des assistants ose interrompre cette lutte hideuse. Mais les doigts crispés de Pierre, profondément enfoncés dans la chair de son rival, s'ouvrent soudain pour lâcher prise... la dague de Transtamare a trouvé le chemin de son cœur, elle s'y est enfoncée tout entière..... Pierre expire en blasphémant, et sur cette place où fume encore le sang de son frère, Henri est proclamé roi de Castille. De magnifiques récompenses devinrent le partage de tous les seigneurs qui venaient d'aider le nouveau monarque à reconquérir sa couronne : Du Guesclin, créé connétable de Castille, reçut cent mille florins d'or avec des domaines considérables.

Henri, remonté sur le trône, devint pour la France un allié fort utile contre les Anglais; la paix et une administration plus éclairée et plus ferme avaient rendu quelque force au royaume; le trésor s'était relevé à force d'économie. Profitant de la vieillesse d'Edouard III et de la maladie de son fils, attaqué d'hydropisie, Charles V conçut le projet de reprendre aux Anglais ce qu'on avait été obligé de céder par le traité de

Bretigny. Le prince de Galles, épuisé d'argent par la guerre de Castille et par le faste de sa cour, mit une taxe de vingt sous par feu sur ces provinces ; la noblesse, mécontente, fit appel au roi de France comme suzerain. Celui-ci, dont la politique avait bien pris toutes ses mesures, envoya citer le prince de Galles devant la cour des pairs. — *J'irai*, répondit le prince, *mais à la tête de soixante mille hommes.* Charles cependant assembla le parlement ; on confisqua la Guyenne et les autres possessions des Anglais en France. L'usage était de déclarer la guerre par un héraut d'armes : ce fut son valet de chambre qu'en 1570 le monarque français envoya à Londres accomplir cette formalité, en signe de mépris pour le vieil Edouard, vainqueur de son père et de son grand-père. La valeur et l'habileté de Bertrand du Guesclin, devenu connétable de France, et surtout le bon ordre que Charles avait mis à tout, ennoblirent l'irrégularité de ces procédés. Le prince Noir mourant ne pouvait plus paraître en campagne ; son père, uniquement occupé de jeux, de tournois, et des cérémonies de son ordre de la Jarretière, ne lui envoya que de faibles secours. Pendant ce temps, du Guesclin, sans remporter de grandes victoires, telles que celles de Crécy ou de Poitiers, battait les Anglais en détail sur tous les points, et les chassait de poste en poste, jusqu'à ce qu'il leur eût enlevé, à l'exception de Bordeaux et de Calais, presque tout ce qu'ils avaient conquis en France. Les villes se rendirent, les unes par la force, les autres par l'intrigue. Les saisons combattaient aussi pour Charles V ; une flotte formidable, équipée en Angleterre, fut toujours repoussée par les vents contraires. Une trêve, adroitement ménagée, prépara encore de nouveaux succès. En 1578 enfin, Charles qui, vingt années auparavant, n'avait pas eu de quoi entretenir une garde pour sa personne, eut à la fois cinq armées et une flotte. Ses vaisseaux, unis à ceux du roi de Castille, portèrent la guerre jusqu'en Angleterre, dont on ravagea les côtes. Il est à noter que vers cette époque l'artillerie commença à être employée contre les places, et l'on trouve qu'au siége d'Ardres, quarante bombardes furent mises en batterie [1].

Le prince de Galles avait succombé ; son père ne lui survécut que d'une année. Les bannières françaises flottaient par toutes les provinces qui avaient été au pouvoir de l'ennemi ; mais le perfide roi de Navarre livra Cherbourg aux Anglais. Montfort, duc de Bretagne, leur avait déjà livré Brest, et je vous ai dit qu'ils avaient toujours conservé Bordeaux. Ainsi maîtres de nos meilleurs ports, ils pouvaient attendre des occasions pour de nouvelles entreprises. Un arrêt de la cour des

---

[1] On donnait à ces bouches à feu le nom de *bombardes*, du mot grec *bombos*, qui exprime le bruit que ces armes font en tirant. Elles furent d'abord construites avec de la tôle, que l'on entourait de cercles de fer ; mais leur défectuosité ayant bientôt été reconnue, on en fabriqua successivement en fer battu et en fer coulé. Les premières pièces d'artillerie avaient l'embouchure fort large et étaient destinées à lancer d'énormes boulets de pierre. Ce ne fut guère qu'au bout d'un siècle que s'établit l'usage habituel des projectiles en fer.

pairs, qui confiqua ses états, punit la trahison de Montfort. Le roi se flattait de réunir ainsi la Bretagne à la couronne ; mais les seigneurs du pays, mécontents de ce coup d'autorité, rappelèrent leur duc, qu'ils avaient d'abord chassé, et s'armèrent pour le défendre. Du Guesclin ne put s'empêcher de manifester sa sympathie pour ses compatriotes, bien qu'il ne prît aucune part active à leurs démarches. Blessé pourtant de quelques reproches que lui adressa le roi, le brave chevalier lui renvoya son épée de connétable. Mais le cœur du monarque ne pouvait rester longtemps fermé au héros, il députa vers lui les ducs d'Anjou et de Bourbon, l'un son frère, l'autre son beau-frère, pour lui rendre sa glorieuse épée. Le monarque, le dispensant, en outre, de porter les armes contre les Bretons, lui donna la mission d'aller combattre les Anglais qui ravageaient une partie du Midi. Le connétable ne devait pas revenir de cette expédition : il fut pris d'une forte fièvre devant une forteresse du Gevaudan, nommée Châteauneuf-Randon, dont il faisait le siége. Il continua néanmoins à diriger les opérations, couché dans sa tente, vers laquelle l'ennemi ne dirigea pas un seul trait. La garnison n'en fut pas moins poussée avec vigueur, et un parlementaire vint, un matin, annoncer à l'illustre malade que la place se rendrait à une époque prochaine qu'il fixa, si elle n'était pas secourue jusque-là. Au jour dit, le général anglais, suivi de quelques chevaliers, sort de la place assiégée, traverse le camp français, et se rend à la tente où le connétable vient d'expirer.

Il s'avance vers le cercueil du héros et, mettant un genou en terre, dépose respectueusement les clefs de Châteauneuf sur le drap mortuaire : scène touchante dans laquelle Français et Anglais mêlèrent leurs larmes ; tant il est vrai que la confraternité de l'estime et de l'admiration surgit du sein même des inimitiés. Charles V rendit les plus grands honneurs à la dépouille du guerrier qui l'avait si bien servi. Elle fut placée, par son ordre, dans les caveaux de Saint-Denis, au pied du tombeau qu'il s'était réservé lui-même.

Le monarque ne tarda pas à venir y prendre sa place, à côté du héros : après un règne de seize ans, ce prince mourut le 13 septembre 1380, au château de Beauté, qu'il avait fait bâtir. L'administration de Charles fut équitable et paternelle ; il ménagea la fortune publique, et ordonna beaucoup de réformes utiles. Je vous ai dit que les historiens l'ont surnommé *le Sage*. On lui donna aussi le nom de *Riche* ; car, malgré les dépenses de diverses améliorations, celles d'une guerre continuelle, et la diminution des impôts, il laissa en mourant, dans son trésor, dix-sept millions de livres, somme prodigieuse pour le temps. Charles aimait les lettres et protégea les savants. La bibliothèque de Jean, son père, n'était que de vingt volumes, et il en rassembla jusqu'à neuf cents. Cette bibliothèque, formée, à la vérité, de manuscrits qui ne traitaient guère que d'astrologie ou de questions théologiques, fut l'origine de l'immense collection dont la France s'enorgueillit à présent. Elle était placée dans une des tours du Louvre.

Le schisme d'occident eut lieu vers ce temps. Il vous suffira de savoir que le siége pontifical ayant été reporté d'Avignon à Rome, il y eut deux et trois papes élus à la fois ; car il n'entre pas dans notre sujet de vous détailler les disputes scandaleuses et les guerres qui en résultèrent dans toute la chrétienté.

Neuvième Soirée.

Charles VI et ses oncles. — Les Maillotins. — Bataille de Rosbec. — Expédition du duc d'Anjou en Italie. — Isabeau de Bavière. — Le duc d'Orléans. — Jean-sans-Peur. — Les Armagnacs et les Bourguignons. — Invasion anglaise. — Bataille d'Azincourt. — Périnet Leclerc. — Les Cabochiens. — Henri V. — Bedfort. — Charles VII. — Agnès Sorel. — La Pucelle d'Orléans. — Richemond. — Dunois. — Lahire. — Xaintrailles. — Jean Bureau. — Jacques Cœur. — Premières troupes réglées. — Taille perpétuelle. — Découverte de l'imprimerie. — Invention de la gravure sur cuivre. — Prise de Constantinople par Mahomet II.

Après avoir vu la France, vaincue et démembrée sous les deux premiers Valois, se rétablir peu à peu par la sagesse de Charles V et la valeur de du Guesclin, vous avez sans doute pensé, camarades, toucher au terme de ces désastres, et votre cœur, gonflé au récit de tant d'infortunes, s'est joyeusement ouvert à l'espoir des destinées meilleures que vous attendiez pour elle. Je dois, par malheur, vous désabuser : une période de longues et cruelles épreuves va de nouveau s'ouvrir pour nos ancêtres... Faites encore provision de patience et de courage, car bon nombre de pages sont tachées de sang et de boue, parmi celles qui nous restent à parcourir... tachées à donner la tentation de les déchirer de cette histoire, si d'utiles leçons ne devaient en découler pour nous. C'est après l'orage qu'on sait mieux apprécier l'azur d'un beau ciel. Or, avant d'arriver aux jours de gloire et de prospérité qui luisent à présent sur nos têtes, l'horizon sera souvent bien noir... Résignez-vous donc à assister à la déchirante agonie de la France, au temps de Charles l'Insensé, l'époque la plus malheureuse que nous ayons à retracer... Patience et courage, encore une fois, camarades, car il vous faudra voir tout à l'heure un monarque anglais s'asseoir, à Paris, sur le trône de nos rois, et, pour comble de honte et d'infamie, d'indignes Français jurer foi et hommage à ses pieds !

Charles VI atteignait à peine sa douzième année, lorsqu'il fut appelé à succéder à son père. La tombe du feu roi n'était pas fermée, que déjà le partage de la régence était devenu la cause des plus orageuses dissensions : les ducs d'Anjou, de Bourgogne, de Berri et de Bourbon, oncles du jeune monarque, se disputaient le pouvoir; sacrifiant l'état à leur ambition ou à leurs créatures, ils dilapidaient à l'envi les trésors amassés par Charles le Sage. Le duc d'Anjou, qui obtint d'abord le plus d'influence, l'emporta aussi par son avidité et l'audace de ses rapines. La misère publique fut bientôt à son comble; l'émeute promena encore ses fureurs dans les rues de la capitale. Pendant que le prévôt des marchands et les notables parisiens sont occupés à délibérer sur les remontrances qu'il convient d'adresser à la cour, la maison aux Piliers, ou *Parlouer aux bourgeois*[1], est tout à coup envahie par une multitude exaspérée ; le prévôt, les notables, entraînés par le flot populaire, roulent avec lui, portés jusqu'à la grande salle du Palais, dont les gardes ont en vain essayé de défendre l'entrée. Le régent, appelé à grands cris, est forcé de paraître, et des orateurs improvisés au sein de la foule se joignent au prévôt pour exposer, avec une sauvage énergie, les griefs de la nation. Le régent, intimidé, se répand en promesses, que la frayeur le force à remplir exactement : deux jours après, le chancelier, monté sur la grande table de marbre, proclame la suppression des impôts.

Mais d'avides et cruels intrigants exploitèrent ce mouvement populaire à leur profit. Nous avons vu rappeler les Juifs, quand on eut besoin d'eux, sous le règne précédent ; la haine qu'on leur portait n'était pas éteinte pour cela ; mais vous savez qu'ils acceptaient avec reconnaissance la servitude et les avanies, pourvu qu'ils trouvassent l'occasion de rançonner les chrétiens. On les fouettait dans les rues pendant la semaine sainte, on les brûlait pour amuser la populace, ou, s'ils s'avisaient de se faire chrétiens pour échapper à ces persécutions, le baptême les dépouillait de tout leur avoir, comme impur et mal acquis... Mais l'usure compensait à leurs yeux ces légers inconvénients du métier. Aussi beaucoup de personnages influents devaient-ils des sommes énor-

---

[1] *Le parlouer aux bourgeois* était situé sur l'emplacemen où l'on a construit depuis l'Hôtel-de-Ville.

mes à ces mécréants. La voix de ceux-là s'éleva tout à coup dans la foule pour solliciter une ordonnance du roi contre les Juifs. Avant qu'elle fût promulguée, des masses de furieux se portèrent au quartier des Halles, que les Israélites habitaient; on pénétra dans leurs maisons... les bijoux, la vaisselle d'argent, les pierreries et les autres gages précieux qui s'y trouvaient en dépôt, furent livrés au pillage, et les titres des créances anéantis dans les flammes. Le domicile des receveurs publics, qui, par malheur, étaient presque tous juifs, éprouva le même sort : leurs coffres brisés jonchèrent la voie publique, l'argent fut semé sur le pavé, au milieu des lambeaux des registres et du tarif des taxes... puis, enfin, sur ces débris, tombèrent les cadavres mutilés de ces malheureux.

Cependant la régence n'avait pas tardé à rétablir les impôts : une nouvelle sédition s'ensuivit aussitôt; les portes de l'Hôtel-de-Ville sont enfoncées; l'on enlève un grand nombre de maillets de plomb, fabriqués, sous le règne de Charles V, pour armer les Parisiens, quand les Anglais assiégeaient la capitale. Grossis d'un ramas de criminels arrachés aux prisons, les révoltés se répandent dans les rues à la poursuite des percepteurs des deniers publics; les portes des maisons volent en éclats, sous les coups de ces armes terribles, d'où ces hommes ont pris le nom de *Maillotins*... Ils brisent de même, sans pitié, le crâne de tout ce qui leur est désigné comme agent du fisc... Le vol, le pillage, le viol se joignent à ces massacres, et, pendant trois jours, ces horribles scènes ensanglantent la capitale. Des supplices non moins cruels leur succédèrent : exécutées dans l'ombre, les victimes étaient précipitées, la nuit, du haut des ponts dans la Seine, enfermées dans des sacs de cuir.

Les mêmes abus de pouvoir produisaient pendant ce temps de semblables excès populaires en Flandre. Gand devint le centre de la rébellion, et Philippe d'Artevelle, fils de ce chef célèbre dans les anciens troubles, prit le commandement des insurgés. Le duc de Bourgogne parvint à déterminer le conseil de régence à soutenir contre eux Louis de Male, comte de Flandre, dont il avait épousé la fille. Le roi, joyeux de marcher à la tête de sa noblesse, voulut commander cette expédition en personne. Les bourgeois et les artisans des villes de Flandre, réunis au nombre de près de cent mille hommes, chacun sous la bannière de son métier, se présentèrent fièrement au-devant de l'armée française. — *Je veux qu'on tue tout*, dit Artevelle à ses soldats au moment de l'action, *si ce n'est le roi de France, parce que ce n'est qu'un enfant... on doit lui pardonner... il va ainsi qu'on le mène... Nous le conduirons à Gand apprendre à parler flamand.*

Mais les choses se passèrent tout autrement. Ici, camarades, si je n'ai pas encore à vous présenter les guerriers français comme devenus des tacticiens bien habiles, je ne vous en ferai pas moins remarquer avec plaisir plus d'intelligence que précédemment dans leurs dispositions. Les Flamands, avantageusement postés près du village de Rosbec, qui a donné son nom à cette bataille, entre un ravin profond et un bois, défendu par un fossé couvert d'un retranchement, commirent la faute d'abandonner cette position pour s'emparer d'une petite colline, d'où ils pensaient fondre avec plus d'impétuosité sur les Français... Le connétable Olivier de Clisson profita habilement de ce mouvement pour masquer celui d'un corps de cavalerie destiné à prendre l'ennemi à dos, pendant qu'il l'attaquerait de front. Cette manœuvre eut un succès si prompt et si décisif, que le combat ne dura pas plus d'une demi-heure. Les Flamands se trouvèrent serrés au point de ne pouvoir se servir de leurs armes ; et, s'il fallait en croire les récits exagérés des chroniques contemporaines, leur perte se serait élevée à quarante mille hommes, tandis que cinquante Français seulement auraient succombé. Artevelle, ajoutent ces annales, écrasé tout à coup par ceux qui tombaient autour de lui, fut trouvé étouffé sous des monceaux de cadavres, sans qu'il eût reçu aucune blessure.

L'hiver approchait, et de nouveaux troubles rappelaient Charles VI à Paris ; le jeune monarque y ramena son armée. Les révoltés s'étaient organisés en son absence ; la plupart des villes étaient prêtes à se soulever ; si le sort des armes eût trahi les Français à Rosbec, une révolution allait éclater dans tout le royaume. Mais, dès le lendemain du retour de Charles, les ducs de Berri et de Bourgogne parcourent la capitale à la tête de leurs hommes d'armes ; des soldats occupent les principaux points des rassemblements populaires, et se portent dans les maisons ; tandis que des ouvriers travaillent à enlever les chaînes qu'on tend la nuit dans les rues... à chaque carrefour enfin, des sergents publient, à son de trompe, l'ordre aux habitants de transporter au Louvre les armes dont ils sont pourvus. Les exécutions recommencèrent alors... les cachots s'emplirent des plus riches bourgeois, dont le seul crime était de tenter les gouvernants par leur fortune. Desmarets, vieillard septuagénaire, magistrat illustre par ses talents et respectable par ses vertus, périt sacrifié à la haine des ducs de Bourgogne et de Berri dont il avait courageusement flétri les malversations au commencement de la régence. Pendant le seul mois de février 1383, plus de cent notables habitants perdirent ainsi la vie sur l'échafaud, et les eaux de la Seine demeurèrent muettes sur les mystérieuses victimes qu'elles engloutissaient chaque nuit dans leur sein. Charles, feignant enfin de se rendre aux prières de son frère et de ses oncles, dans une scène concertée avec eux, déclare commuer la peine de mort que les Parisiens avaient méritée en de fortes amendes. La ville fut ruinée entièrement. Les *aides*, *le douzième denier*, *la gabelle* et tous les autres impôts furent rétablis sans opposition. Les émeutes qui avaient éclaté à Rouen, dans les villes du Languedoc, de l'Auvergne, du Poitou, furent étouffées par les mêmes moyens, et partout les impôts se rétablirent.

Cependant, grâce aux richesses acquises au prix de tant d'abus et de sang, le duc d'Anjou s'était trouvé en état de commencer l'expédition d'Italie qu'il méditait depuis trois ans, pour faire valoir sur le trône de Naples les droits que lui avait légués Jeanne, souveraine de ce royaume. Ainsi que je me suis contenté de vous l'expliquer en deux mots, il y avait alors deux papes, dont l'un résidait à Avignon, et l'autre à Rome. Le premier couronna Louis d'Anjou, roi de Naples, et excommunia en même temps Charles Durazzo, meurtrier de Jeanne, qui s'était fait proclamer de son côté. Le duc d'Anjou ayant tout disposé pour marcher contre lui, passa les Alpes à la tête de soixante mille hommes, emmenant à sa suite des munitions et des trésors immenses... mais, après avoir traversé toute l'Italie sans obstacles, il vint échouer aux frontières napolitaines, devant l'adresse de son compétiteur et le peu de sympathie des habitants. Toutes ses ressources s'engloutirent successivement sur cette terre funeste, sans aucun résultat pour sa cause, et le prince français, blessé dans une escarmouche, mourut dévoré de chagrin, laissant, comme vous le verrez plus tard, ce sanglant héritage à recueillir aux rois Charles VIII, Louis XII et François 1er. La mort du duc d'Anjou dispersa son armée, elle regagna les Alpes à la débandade. Dans ces malheureux couverts de haillons, les pieds déchirés par une longue route, et demandant l'aumône pour regagner leur patrie, les Italiens reconnurent avec surprise ces hommes d'armes et ces riches seigneurs qu'ils avaient vus passer naguère si superbes avec leurs armures étincelantes, leurs fringants coursiers et leurs bannières aux vives couleurs.

Au milieu des discordes civiles, l'enfant couronné était devenu un homme. Grand, bien fait, et adroit à tous les exercices du corps, Charles commençait à songer à se choisir une épouse : l'exemple du duc de Nevers, son cousin [1], qui, bien que plus jeune que lui, venait de se marier, acheva de le déterminer. Selon le vœu exprimé, avant de mourir, par le dernier roi, jaloux de resserrer encore l'alliance entre les Français et les Allemands, ce fut une princesse de ce pays qui réunit tous les suffrages. Elle était fille du duc de Bavière, et se nommait Isabeau. On la fit venir en France, sous prétexte d'un pèlerinage; mais, dès la première entrevue qui eut lieu à Amiens, Charles, enchanté des grâces de sa fiancée, déclara qu'il voulait que la cérémonie se fît sur-le-champ dans la cathédrale de cette ville. Les attraits séduisants d'Isabeau justifiaient, il est vrai, camarades, l'empressement du monarque : qui eût dit alors à l'ardent jeune homme que cette taille majestueuse et élégante, ces mains blanches et cette gorge admirable paraient de leur trompeuse enveloppe le cœur d'une autre Frédégonde!... qu'épouse ingrate et adultère, mère dénaturée, reine parjure, elle devait étaler tous les vices et tous les crimes sur ce trône où elle venait s'asseoir.... et qu'enfin quarante ans de guerre civile seraient son présent de noces!... Mais alors l'avenir, gros

---

[1] Fils de Philippe le Hardi, duc de Bourgogne.

de malheurs, était encore un livre fermé pour tous ; on ne songeait qu'aux réjouissances et aux fêtes qui devaient suivre la célébration de ce fatal mariage.

De fâcheuses nouvelles de Flandre vinrent pourtant en suspendre les préparatifs. Cet état, par la mort de Louis de Male, était échu, en 1384, à Philippe le Hardi, duc de Bourgogne, son gendre, qui, par suite de cet héritage, devint l'un des plus puissants souverains de l'Europe. Les Flamands, peu soumis à leur nouveau comte, reprirent les armes, soutenus par les Anglais, toujours à l'affût des circonstances. Pour en finir avec ces éternels ennemis de la France, le conseil de régence conçut le hardi projet d'une descente en Angleterre, et l'on commença les immenses préparatifs de cette expédition. La terreur fut un instant générale dans toute la Grande-Bretagne ; mais le duc de Bourgogne, qui préférait employer les forces dont on pouvait disposer à réduire ses sujets de Flandre, fit traîner à dessein l'armement de la flotte, jusqu'à ce que les vents d'équinoxe eussent rendu la descente impossible. Les troupes françaises pénétrèrent donc une seconde fois en Flandre. Cette campagne ne fut pas moins heureuse que la première ; les révoltés se virent forcés d'entrer en accommodement avec leur nouveau souverain.

On revint alors au projet d'aller rendre aux Anglais, au sein de leur pays, tous les maux qu'ils perpétuaient depuis si longtemps en France. Le port de l'Écluse fut désigné pour rendez-vous de la flotte.

On y comptait plus de quinze cents vaisseaux destinés à porter une armée de cent mille hommes, où devaient se trouver le roi, les princes du sang, les seigneurs, toutes les munitions de guerre et de bouche, et les chevaux de vingt mille chevaliers ou écuyers. La noblesse française avait déployé dans ces préparatifs toute sa magnificence ordinaire : les vaisseaux que les hauts barons devaient monter étaient ornés de sculptures et de peintures ; on voyait dans les voiles mêmes des armoiries et d'autres ouvrages d'or et de soie. Tout semblait présager le succès ; les gens de guerre se rendirent de toutes parts au port de l'Écluse, animés d'un enthousiasme extraordinaire ; le jeune monarque surveillait lui-même avec ardeur tous les détails de l'armement.... La jalousie qui divisait les oncles du roi s'opposa pourtant à l'exécution de ce projet dont l'accomplissement eût sauvé la France des désastres que je vous ai annoncés, et qui vont bientôt la courber, pour un temps, sous la domination anglaise. On laissa encore passer la saison favorable : il fallut renoncer à l'embarquement. Tant de travaux et d'énormes dépenses ne servirent qu'à prouver quelles ressources possédait encore la France après tant de déchirements, et quel accroissement son industrie eût été susceptible d'acquérir, en peu d'années, sous un meilleur gouvernement.

Charles le Mauvais, haï de tout le monde et méprisé même des siens, vivait retiré au fond de ses états de Navarre, dans la débauche la plus effrénée ; toujours occupé de sinistres desseins, il essaya d'empoisonner le roi et toute la famille royale, à leur retour dans la capitale. Ce projet fut heureusement découvert. Arrêté et condamné à Paris, le coupable agent qu'il avait chargé de ce crime fut exécuté, sans que le nom du Mauvais eût été prononcé dans le procès ; mais si la justice des hommes voulut bien encore épargner l'auteur de tant de forfaits, celle de Dieu ne tarda pas à se charger de son éclatante punition. Ses excès et ses débauches l'avaient épuisé : pour ranimer sa chaleur naturelle, il avait la singulière manie de se faire envelopper d'un drap imbibé d'esprit de vin. Son valet de chambre y mit le feu par étourderie : on parvint à l'arracher de cette toile enflammée... mais ses chairs étaient dévorées jusqu'aux os.... Trois jours entiers, on entendit autour du palais de Charles les rugissements furieux que lui arrachaient d'effroyables tortures, et les Navarrois disaient en se signant : — *Le Mauvais arrivera aux enfers déjà préparé aux tourments qui lui reviennent.* Ce coupable, que l'on avait laissé impuni de son vivant, fut cité par le parlement, après sa mort, pour se justifier des crimes et trahisons qu'on lui imputait... Vous pensez bien que ce ridicule procès n'eut pas de suites. Ce qu'on voulait c'était une apparence de droit pour dépouiller son héritier de ses possessions en Normandie, que les troupes royales occupèrent aussitôt.

Parvenu à sa vingtième année, le roi, mécontent de la conduite de ses oncles, toujours plus dirigés par l'intérêt personnel que par celui du royaume, résolut de prendre en main les rênes du gouvernement, ou plutôt il ne fit que changer de tutelle ; car le connétable Olivier de Clisson, qu'il mit à la tête du nouveau conseil, prit bientôt sur son esprit un immense ascendant. Les ducs de Bourgogne et de Berri se retirèrent, chacun dans son apanage. Quant au duc de Bourbon, il était toujours demeuré à peu près étranger aux affaires, et se trouvait absent de la cour, engagé dans une chevaleresque expédition contre les pirates de Tunis et d'Alger. Ce prince faillit pourtant devenir non moins fatal à la France que ses frères, en engageant le roi, par son exemple, à tenter une croisade de ce genre. Mais les événements donnèrent bientôt une autre direction aux idées de Charles. Le connétable Olivier de Clisson, sortant un soir d'un bal donné par la reine à l'hôtel Saint-Paul, fut traîtreusement assailli par une troupe de gens armés, à la tête desquels était le baron de Craon, parent du duc de Bretagne, chez lequel l'assassin alla chercher un asile. Charles VI, enflammé de colère, fit demander au duc qu'il lui livrât le coupable, s'il ne voulait pas que les hommes d'armes de France vinssent inonder ses états, brûler ses villes et raser ses châteaux. Montfort ayant déclaré qu'il n'avait pas vu Craon, le roi se mit en mesure d'accomplir ses menaces. On s'occupa rapidement des préparatifs de guerre ; le connétable lui-même, guéri de ses blessures, hâta la levée des troupes avec tant d'activité, qu'en moins de deux mois, une forte armée se trouva réunie au Mans, prête à entrer en Bretagne. Les ducs de

Bourgogne et de Berri partirent avec le roi, quoiqu'ils entreprissent cette expédition avec de secrètes sympathies en faveur de Montfort.

Fatigué de leur sourde opposition à ses vues et des contradictions qu'il avait essuyées dans toute cette affaire, le roi commençait cette campagne dans les plus fâcheuses dispositions d'esprit et de corps : lorsqu'il quitta le Mans, pour se diriger vers la Bretagne, où déjà filaient une partie des troupes, il était malade, d'une tristesse extrême, et au moment de monter à cheval, l'altération de son visage frappa tout le monde autour de lui. Il persista néanmoins et donna le signal du départ. On traversait la forêt du Mans ; la chaleur était étouffante. Charles cheminait, morne et pensif, et sa suite se tenait à quelque distance, afin que la poussière, soulevée par les pieds des chevaux, ne pût l'incommoder. Tout à coup un homme vêtu d'une espèce de linceul blanc s'élance d'un taillis, et saisissant la bride du cheval du monarque, lui crie d'une voix sinistre : — *Roi, ne chevauche pas plus avant.... Retourne, tu es trahi !* Puis le fantôme s'éloigne lentement sans que personne songe à l'arrêter. Charles n'avait pas prononcé une parole ; mais ses regards prirent une expression stupide ; une sorte de frémissement parcourait ses membres... On sortit de la forêt. Deux heures s'étaient écoulées depuis cette étrange apparition ; la chaleur était toujours excessive ; le roi demeurait de plus en plus silencieux. Près de lui, deux pages portaient son casque et sa lance ; l'un d'eux, à moitié endormi sur son cheval, laisse soudain échapper cette arme sur le casque que tenait son camarade. Le choc aigu de l'acier, si près de lui, tire aussitôt Charles de sa profonde rêverie, un jet de flamme s'échappe de ses yeux, il tire son épée, et, lançant son cheval au galop, frappe au hasard tout ce qui se rencontre devant lui, en s'écriant: *Avant!.... Avant! sur les traîtres.* Quatre hommes de l'escorte sont déjà tombés sous ses coups ; le duc d'Orléans n'échappe au même sort que par une fuite adroite... L'épée de Charles se brise enfin sur une armure; un homme d'armes profite de ce moment pour s'élancer en croupe derrière le roi et lui saisir les bras. On le désarme, on le couche privé de connaissance dans un chariot, il est ramené au Mans, de là à Paris, et les troupes sont rappelées.

Le mystère du spectre de la forêt n'a jamais été éclairci ; on peut conjecturer pourtant que le duc de Bretagne n'y fut pas étranger. Peut-être, alarmé sur l'issue de cette guerre, essaya-t-il ce coup de théâtre sur l'esprit déjà frappé du roi, pour détourner l'orage prêt à fondre sur ses états ; sans doute aussi les compères ne manquaient pas autour de la personne même du monarque, puisque le singulier auteur de cette scène put tranquillement se retirer après avoir joué son rôle, sans qu'on fît la moindre tentative pour retrouver ses traces. Vous concevrez aisément la consternation qui suivit, en France, la nouvelle de cette catastrophe. Les physiciens, comme on appelait alors les médecins, firent de longues dissertations sur les causes de la maladie du monarque; le plus grand nombre fut d'avis qu'il avait été ensorcelé ! pendant ce temps, les oncles de Charles s'empressaient de ressaisir le pouvoir. La santé du roi se rétablit pourtant en apparence, sauf une morne mélancolie qui le rongeait incessamment. Ne sortant presque pas de l'hôtel Saint-Pol qu'il habitait avec sa cour, il passait son temps à jouer à la paume ou à divers jeux du temps[1], dirigeant les plantations de ses jardins, et écoutant la lecture des fabliaux ou romans de chevalerie. Les médecins, dont les remèdes étaient impuissants contre cette noire tristesse, laissaient à ses favoris le soin de le distraire par des *momeries*, ou mascarades pour lesquelles il s'occupait

---

[1] Un de ceux qui contribuèrent le plus à distraire le roi était le jeu de cartes, invention nouvelle d'un peintre de la rue de la Verrerie, nommé Jacquemin Gringonneur. Beaucoup d'entre nous s'en sont aussi amusés depuis Charles VI ; mais le plus grand nombre ignore la signification primitive de chacune des images bizarrement coloriées qui prennent rang dans ce jeu allégorique, emblème des travaux de la guerre et du gouvernement. Ceux-là seront bien aise de savoir, peut-être, que l'*as* l'emporte sur les toutes autres cartes et même sur les *rois*, parce que ce mot signifie en latin l'*argent*, qui est, comme chacun sait, le nerf de la guerre. Le *trèfle* avait pour but de rappeler aux cavaliers de ne point négliger de s'assurer du fourrage. Les *piques* désignaient les hallebardes des fantassins, de même que les *carreaux* imitaient, par leur forme, le fer dont on armait les traits qu'on lançait avec l'arbalète. Il est inutile de vous expliquer que les *cœurs* étaient l'emblème du courage. Les *valets*, qui marchent dans le jeu après les *rois* et les *dames*, représentaient la noblesse, car vous vous rappelez que ce titre était celui des jeunes gentilshommes jusqu'à ce qu'ils eussent été faits chevaliers, et n'avait, par conséquent, rien que d'honorable. Les *dix*, les *neuf*, les *huit* et les *sept* enfin, qui viennent après eux, n'étaient enfin pas autre chose que les soldats et les gens des communes : *la ribaudaille*, comme on disait alors.

des heures entières, enfermé dans *son petit retrait*, ou cabinet d'étude à discuter gravement avec l'*imagier*, le *couturier* ou le *bonnetier*, la forme et la couleur des habits. Nous nous arrêterons un instant ici, camarades, pour vous faire assister à l'une de ces fêtes, dans lesquelles la grossièreté des mœurs de ce temps se produisait parfois avec un abandon d'où l'honneur des damoiselles ne sortait pas toujours sans dommages ; un accident d'une nature plus sérieuse encore signale, par malheur, celle-ci à notre attention.

Reportons-nous donc, en imagination, à la fin du quatorzième siècle, et traversons les rues étroites et boueuses du vieux Paris, pour nous rendre au bal que la reine Isabeau donne, en 1393, à l'occasion du mariage d'une damoiselle de sa cour. Essayons, pour entrer, de nous frayer un passage, parmi la foule épaisse du *populaire* qui encombre les portes de l'hôtel, afin d'entendre, au moins, le bruit de la fête, et veillons bien sur notre escarcelle, car, au milieu de cette cohue, il est facile de reconnaître bon nombre de ces gueux ou *truands*, qui s'en vont, le matin, parcourir la ville, boiteux, aveugles, ou couverts de plaies hideuses, pour exciter la commisération publique, et qui le soir, en rentrant dans leur taudis de la *Cour des Miracles* ou des rues de la *grande et petite Truanderie*, se retrouvent dispos et ingambes, et passent la nuit dans de crapuleuses orgies[1]. Une foule nombreuse et bruyante se presse

[1] De là le nom de *Cour des miracles,* affecté au plus considérable de ces repaires.

de même sous le vestibule et dans les cours : c'est tout un peuple de pages, de varlets, de porteurs de litières, vêtus de riches livrées, de costumes bariolés. Au dedans tout retentit des préparatifs, du gala ; aux cuisines, à la *panneterie*, à la *bouteillerie*, chaque officier de bouche, une baguette à la main, surveille les différents détails du service qui le concerne. Nous voici dans la grande galerie, où l'éclat des lumières fait étinceler celui des diamants et des broderies. Là se pressent et se coudoient une brillante élite de jeunes chevaliers, de riches seigneurs féodaux et de dames ou de damoiselles, non moins illustres par leur naissance, avec leurs bonnets d'une hauteur et d'une dimension énormes, que la reine Isabeau a importés d'Allemagne et mis à la mode en France ; avec leurs robes armoiriées, *mi-parties* de draps d'or, de velours et de satin, qui se prolongent en queue d'une longueur extraordinaire. Les hommes sont vêtus de robes faites des mêmes étoffes et coiffés de chaperons de velours. Les fourrures les plus rares sont prodiguées dans chaque partie de leur habillement, de pesantes chaînes d'orfévrerie brillent à leur cou. Les ménétriers, habillés à la livrée du roi, et portant un *chapel* de roses autour de leur bonnet, font retentir la salle des sons d'une foule d'instruments, dont nous ne connaissons plus aujourd'hui que les noms. Aux accords de leurs fanfares, ont commencé les danses, également oubliées à présent : la *gaillarde*, la *volte*, l'*allemande*, la *courante*, le *branle*, et la *morisque* que les croisés ont apportée d'Orient ; plus loin, réunis autour des poêles ou *chauffe-doux*, les hommes de guerre s'entretiennent de tournois ou de batailles ; mais nobles dames ou damoiseaux, danseurs ou vaillants capitaines, tous briguent un sourire de la reine, oubliant le monarque abandonné à ses médecins et à ses valets dans l'hôtel désert de Saint-Pol. Un étourdissant mélange de clameurs, de cris et de voix confuses se fait soudain entendre au dehors.... l'on voit entrer dans la chambre royale cinq démons à forme humaine, au corps noir et velu, enchaînés ensemble, menaçant tout le monde de leurs cornes, et secouant leurs fers avec des hurlements épouvantables. Un masque, encore plus affreux dans son déguisement, conduit les autres en laisse et les frappe avec une crosse d'évêque, dont la mitre est aussi sur sa tête. Pendant la danse grotesque qu'ils exécutent, le duc d'Orléans, curieux d'examiner de près cette mascarade, s'approche de l'un d'eux, avec un flambeau dont la flamme s'attache aussitôt à son vêtement, formé d'une toile enduite de poix, sur laquelle des étoupes sont appliquées. L'embrasement se propage à l'instant avec une irrésistible rapidité, et les cris de ces malheureux, retenus par leur chaîne, sont couverts par les applaudissements des spectateurs, qui pensent que cet incendie fait partie de la mascarade, pour mieux imiter les habitants de l'enfer... Tout à coup une voix lamentable fait entendre ce cri : *Sauvez le roi!..* Du sein des atroces douleurs qui le consument, l'un des patients a désigné, à la foule épouvantée, le chef de la fatale mascarade.

Charles, qu'une émotion si violente a frappé d'un nouvel accès d'imbécillité, s'agite au milieu de ce cercle de feu, avec des éclats de rire, auxquels un gémissement universel a répondu. La duchesse d'Orléans seule a la présence d'esprit de jeter son manteau sur lui, et, interceptant ainsi l'air, elle parvient à le sauver. La chaîne, tiraillée en tous sens, s'est enfin brisée; mais quatre des cinq gentilshommes qui accompagnaient le monarque ont péri dans des tourments horribles; un seul, étant entré par bonheur dans la bouteillerie, se plonge dans une cuve pleine d'eau, ce qui lui sauve la vie [1].

La maladie du roi devint incurable à la suite de cet accident. Pour comble de malheur, Charles avait parfois des moments lucides. S'il eût été malade sans retour, on aurait pu pourvoir au gouvernement du royaume; et le peu de raison qui resta au roi fut plus désastreux que ses accès. On n'assembla pas les états, on ne régla rien, et le pouvoir resta aux mains fatales qui en abusaient. La reine, dans tout l'éclat de sa jeunesse et de sa beauté, ne songeait qu'à paraître avec magnificence et à faire valoir les charmes qu'elle possédait. Malgré son état presque continuel de démence, Charles était devenu père de trois fils; mais immolant les plus saints devoirs à ses passions, Isabeau se lassa bientôt de donner ses soins

---

[1] Cet événement se passa dans une maison d'une chétive apparence aujourd'hui, située rue du Foin-Saint-Jacques, et connue sous le nom d'*hôtel de la reine Blanche*, parce qu'en effet la mère de saint Louis l'habita.

à l'infortuné dont elle était l'épouse ; un soi-disant magicien et deux moines qui avaient entrepris sa guérison ne firent qu'accroître son mal... Une mort cruelle fut la punition de ces charlatans ; mais le pauvre insensé, abandonné à l'insouciance de quelques mercenaires, demeurait des mois entiers dans un état de dénûment et de malpropreté incroyable ; tandis qu'au milieu des plaisirs et des fêtes, Isabeau vivait, en quelque sorte, conjugalement, à l'hôtel Saint-Pol, avec le duc d'Orléans, frère du roi, prince libertin et dissipateur, qui s'était emparé du gouvernement en l'absence du duc de Bourgogne.

Dès ce moment naquit une sanglante inimitié entre les maisons d'Orléans et de Bourgogne : la guerre civile semblait sur le point d'éclater entre l'oncle et le neveu, lorsque la mort enleva le duc de Bourgogne, en 1404. Son fils Jean-sans-Peur, que vous connaissez déjà sous le nom de comte de Nevers [1], hérita des vastes do-

---

[1] Ce prince s'était fait remarquer dans une expédition chevaleresque fort brillante à son origine, mais qui avait eu la plus triste fin. Bajazet, empereur de Constantinople, s'était porté en conquérant dans la Hongrie ; Sigismond, roi de ce pays, trop faible pour repousser un ennemi si redoutable, *clama*, suivant le langage du temps, des secours en tous pays. Une noblesse valeureuse, impatiente du repos où elle languissait, se trouvait réunie à Guines ; le duc de Bourgogne proposa Jean, comte de Nevers, son fils, pour la conduire contre les Turcs. Le jeune prince partit avec dix mille hommes d'armes et plus de deux mille chevaliers et écuyers : ces troupes, jointes à celles du pays, formèrent une armée de cent mille combattants. Son début fut éclatant : elle reprit presque toutes les places tombées au pouvoir de Bajazet ; puis elle mit le siége devant Nicopolis. Mais là l'inconstante fortune devait trahir les alliés : les Français, toujours impétueux, toujours emportés, se précipitent

mains de son père, et surtout de ses ambitieuses prétentions. Jaloux de s'attribuer la suprématie dans les affaires de la France, il s'élevait, en toutes occasions, contre les profusions et la vie scandaleuse du duc d'Orléans et d'Isabeau. Son zèle apparent pour les intérêts du peuple, dont il plaidait la cause et déplorait publiquement la misère, lui fit promptement des partisans : on cria, *vive Bourgogne!* dans les rues de Paris, et les portes de la capitale s'ouvrirent aux hommes d'armes de Jean-sans-Peur, qui s'emparèrent des principaux quartiers. Le duc d'Orléans rassemblait, de son côté, des troupes sous ses bannières. Mais les ducs de Bourbon et de Berri réussirent à les amener à une négociation, au mois de novembre 1407. Les deux cousins s'embrassèrent et se jurèrent une amitié éternelle. Après avoir assisté à la même messe et communié avec la moitié d'une même hostie, le même lit les avait reçus, ce qu'on regardait alors comme le témoignage le plus sûr d'une sincère réconciliation... Eh! bien, trois jours ne s'étaient pas écoulés, que le duc d'Orléans, rentrant, une nuit, à son hôtel de la rue Barbette, après avoir soupé chez la reine, tombait sous les coups de dix-huit hommes armés, qui étaient embusqués dans

---

sur l'armée turque, qui s'est avancée pour dégager Nicopolis. Bajazet a disposé son front de bataille en croissant: dès qu'il voit ses ennemis s'avancer sans précaution, sans être soutenus encore par les Hongrois, il replie les deux cornes de ce croissant, et renferme ainsi la brillante chevalerie française. Elle combattit vaillamment, cette noblesse imprudente; mais elle succomba: presque toute resta sur le champ de bataille. Le comte de Nevers, Philippe d'Artois, et le comte d'Eu, connétable de France, furent faits prisonniers, et Bajazet ne les relâcha qu'au prix d'une énorme rançon.

une maison de la vieille rue du Temple. — *Je suis le duc d'Orléans!* s'écrie le prince aux assassins. *Tant mieux!* répondent-ils, *c'est ce que nous cherchons... A mort!... A mort!* Un premier coup de hache abat la main dont l'infortuné frère du roi tient les rênes; plusieurs coups de masse et d'épée le renversent de son cheval, et sa cervelle en éclats jaillit sur le pavé... Un personnage, dont le chaperon vermeil rabattu sur les yeux empêche de distinguer les traits, sort alors, avec une lanterne, de la maison où ces gens étaient cachés; il s'approche du cadavre, le considère attentivement, et, lui assénant sur le visage un dernier coup de hache, il se retire en disant : — *Eteignez tout!... Allez-vous-en, il est mort!* Paris, en s'éveillant, apprend la nouvelle de cet attentat; un effroyable tumulte éclate aussitôt dans ses murs. Jean-sans-Peur s'est rendu un des premiers au conseil assemblé, dès le point du jour. Mais il pâlit et se trouble aux questions des ducs de Berri et de Bourbon. —*Le diable m'a tenté et surpris!* murmure le meurtrier, laissant échapper l'aveu de son crime.

Le Bourguignon se retira d'abord en Flandre, où ses complices trouvèrent un asile et des récompenses. Mais, quelques mois après, Jean osa revenir à la cour, faire parade de cet horrible forfait. En présence des princes et des grands, assemblés par ses soins, un moine théologien, nommé Jean Petit, non-seulement justifia la mort du duc d'Orléans, dans un mémoire absurde, divisé en douze arguments, en l'honneur des douze apôtres ; mais encore il établit la doctrine de l'homicide fondée sur tous les assassinats dont il est parlé dans l'Écriture, osant faire un dogme de ce qui n'est pas écrit dans les livres saints, comme des exemples à suivre, mais comme des faits accomplis, dont les auteurs n'en sont pas moins détestables. Croiriez-vous, camarades, qu'après avoir excité de longues controverses dans le sein de l'église, cette opinion finit par triompher?... Des lettres d'abolition, arrachées à la démence de Charles VI, achevèrent de laver le duc de Bourgogne de ce que vous persisterez sans doute à nommer un crime exécrable. Le coup frappé dans la rue Barbette ne devait pas rester pourtant sans produire de terribles représailles. Le jeune d'Orléans brûlait de venger son père. Le comte d'Armagnac, dont il avait épousé la fille, devint le chef de ses partisans, qu'on appela dès lors les Armagnacs, de même que ceux de Jean-sans-Peur prirent le nom de Bourguignons. Il me serait impossible d'entrer ici dans le détail de tous les excès qui souillèrent chacune de ses factions. Celle des deux qui dominait faisait tour à tour conduire au gibet, assassiner, brûler ceux qui avaient adopté l'autre bannière. Longtemps le malheureux Charles VI, devenu le jouet des uns et des autres, servit à couvrir les atrocités commises dans les deux camps des lambeaux de son manteau royal. Les Bourguignons, maîtres de Paris, finirent par retenir à eux cet infortuné monarque ; et la reine Isabeau, prompte à remplacer d'Orléans dans ses amours adultères, offrit à son assassin, dans sa couche, la place de la victime. Une troupe de bouchers et d'*écorcheurs* sont les auxiliaires que Jean-sans-Peur s'est choisis pour assurer son autorité dans la capitale. Pendant ce temps, les Armagnacs, qui tenaient la campagne, comptaient dans leurs rangs le dauphin, avec les ducs de Berri et de Bourbon. Des deux côtés, on opprimait, on ruinait la nation... Armagnacs et Bourguignons semblaient enfin conspirer, à qui mieux mieux, la ruine de la monarchie.

C'était une occasion bien favorable pour l'Angleterre de ressaisir ses possessions du continent. Son nouveau roi Henri V, prince aussi prudent que courageux, voulut obtenir davantage, et renouvela les prétentions d'Édouard III sur la couronne de France. Débarqué en Normandie avec six mille hommes d'armes et vingt-quatre mille archers, il s'avance jusqu'aux bords de la Somme. Mais cette invasion des Anglais réunit, pour un temps, tous les partis contre eux : le Bourguignon lui-même, quoiqu'il traitât déjà secrètement avec Henri V, envoya cinq cents hommes d'armes et quelques arbalétriers au secours de sa patrie. Toute la noblesse monta à cheval, les communes marchèrent sous leurs bannières ; le connétable d'Albret se trouva bientôt à la tête de soixante mille combattants. Henri V, qui avait perdu une forte partie des siens, par suite de maladies et des différentes rencontres qu'il avait eues à soutenir jusque-là, faillit être enveloppé comme Édouard III à Crécy. Mais, comme à Crécy et à Poitiers, les mauvaises dispositions des Français, l'inexécution

26.

des ordres de leurs chefs et leur empressement à attaquer, changèrent en une sanglante défaite un triomphe presque assuré ; comme dans ces deux batailles, les Anglais durent aussi le gain de celle d'Azincourt à l'adresse de leurs archers.

La victoire ne leur demeura pas pourtant sans être vivement disputée : le duc d'Alençon, suivi d'une poignée de braves, se fit jour à travers les escadrons anglais jusqu'à leur roi. Le duc d'York, frère de ce souverain, fut tué à ses côtés, et lui-même, en voulant le secourir, tomba sur ses genoux, étourdi d'un coup de hache d'armes que d'Alençon lui porta, et qui abattit la moitié de la couronne posée sur son casque. Un second coup allait sauver la France ; mais d'un revers, Henri renverse à son tour le prince français à ses pieds ; ses compagnons périssent tous, après les plus héroïques efforts. La journée était finie, quand des cris de détresse se mêlèrent tout à coup, dans les rangs anglais, aux chants de triomphe ; ils virent soudain avec effroi leur camp tout en flammes : quelques soldats des communes de Picardie venaient d'y pénétrer, attirés par l'appât du butin. Mais ce coup de main, qui, tenté plus tôt et mieux combiné avec l'attaque des hommes d'armes de France, aurait pu changer la face des choses, ne servit qu'à décider Henri à donner l'ordre cruel de massacrer tous les prisonniers, dont le nombre, presque égal à ses soldats, lui fit craindre une surprise. On en prit encore quatorze mille, auxquels pourtant on fit grâce de la vie. Dix mille morts restaient sur le champ de bataille : pas une famille illustre en France qui n'eût à porter le deuil d'un de ses membres.

Il semble qu'après une victoire si entière, il n'y avait plus qu'à marcher sur Paris, pour soumettre un royaume partout dévasté et divisé ; mais Henri, trop faible pour profiter de ce glorieux succès, fut obligé de conclure une trêve et de repasser en Angleterre, afin de ramasser de l'argent et de nouvelles troupes. Les factions reprirent bientôt une nouvelle animosité, comme si elles eussent juré d'achever ce que la défaite d'Azincourt n'avait pu faire. Deux dauphins étant morts, il ne restait plus, en 1417, que le troisième, qui porta plus tard le nom de Charles VII. Sa mère était alors du parti d'Armagnac ; mais jalouse de l'autorité de ce chef, elle se trouvait en fort mauvaise intelligence avec lui. Retirée au château de Vincennes, l'indigne épouse, rassurée par l'état habituel de démence de Charles, vivait de la manière la plus scandaleuse avec le chevalier de Boisbourdon, son favori le plus cher. Un jour pourtant, le roi, jouissant d'un éclair de raison, arriva à Vincennes au moment où la reine était loin de l'attendre... Boisbourdon est arrêté par son ordre et jeté dans un cachot, où bientôt pénètre le bourreau avec ses instruments de torture. Peu d'instants après, des cris déchirants retentissent sous les voûtes sombres du donjon ; puis la nuit venue, une porte s'ouvre, pour livrer passage à un fardeau que l'on traîne, à travers le bois, jusqu'à la rivière, aux sinistres clartés des flambeaux que portent les gardes de Charles VI. C'est le cadavre du favori d'Isabeau, cousu dans un sac, sur lequel on lit : *Laissez passer la justice du roi.* Dans le même moment, l'adultère princesse, exilée, partait pour Tours, avec une suite peu nombreuse. Tout porte à croire que les soupçons du monarque lui avaient été inspirés par le comte d'Armagnac : peut-être le dauphin Charles n'y fut-il pas étranger. La reine le crut du moins, et dès lors elle ne cessa de lui témoigner une haine mortelle, qui porta enfin la coupable mère à placer la couronne de France sur une tête étrangère plutôt que de la laisser porter à son fils. Tout entière à ses projets de vengeance, elle implora le secours du duc de Bourgogne. Ce prince, saisissant l'occasion de rétablir son autorité en la fondant sur de nouveaux désastres, va l'enlever à Tours et la ramène triomphante à Chartres, où, dans une assemblée solennelle, ses partisans la proclament seule dépositaire du pouvoir légitime en France.

Le gouvernement du connétable d'Armagnac, au nom du dauphin, n'en restait pas moins rude ni moins oppressif : les proscriptions, les supplices continuaient, et des taxes énormes complétaient toutes ces rigueurs. Les Parisiens, indignés de la férocité de ce seigneur, avaient conçu pour lui une haine profonde que le duc de Bourgogne alimentait de tout son pouvoir. Plusieurs complots pour se délivrer de sa tyrannie échouèrent et n'aboutirent qu'à provoquer de nouvelles atrocités. Le peu de succès de ces tentatives ne découragea pas un jeune homme, nommé Perrinet le Clerc, qui avait été insulté par un des gens du connétable sans pouvoir obtenir justice. Le seigneur de l'Ile-Adam commandait un corps de Bourguignons campé près de Pontoise ; Perrinet le Clerc, d'accord avec quelques bourgeois, lui proposa de l'introduire dans Paris. Par une nuit sombre du mois de mai 1418, une troupe d'environ huit cents Bourguignons réussit à se glisser sous les murs de la capitale, à l'ombre des vignes et des vergers dont la campagne était semée, sans avoir été aperçue par les sentinelles des remparts. A l'heure fixée, Perrinet entre à bas bruit dans la chambre de son père, gardien de la porte Bussi, et lui dérobe les clefs de cette porte, que le vieillard place chaque soir sous son chevet ; il court aussitôt ouvrir aux hommes d'armes de l'Ile-Adam, qui pénètrent silencieusement sous le guichet obscur, en comprimant jusqu'à leur souffle ; car, afin qu'ils sachent bien qu'il n'y a plus à reculer, Perrinet, après avoir refermé la porte, en a jeté les clefs par-dessus le rempart... Ils arrivent ainsi jusqu'au Petit Châtelet, où douze cents Parisiens les attendent en armes. Leurs bouches, muettes jusque-là, s'ouvrent à la fois : — *Notre-Dame! La paix! Vive Bourgogne!* voilà les cris que la petite troupe des révoltés fait entendre en parcourant les rues. Partout où ils passent les fenêtres s'ouvrent et s'illuminent ; les bourgeois, lassés de l'oppression des Armagnacs, sortent de leurs maisons en répétant : *La paix! la paix! Vive Bourgogne!...* on enfonce les portes de l'hôtel Saint-Pol, on en tire le royal insensé qu'on force à monter à cheval, pour s'autoriser de sa présence. Un autre détachement va pour saisir le connétable dans son hôtel, situé sur l'emplacement actuel du Palais-Royal. D'Armagnac, qui s'est réfugié dans la maison d'un ouvrier maçon, est livré par ce misérable et massacré sur-le-champ. Tous ceux de son parti sont de même traqués dans leur domicile. Ces hommes, dont le mot de ralliement était : *la paix!* égorgent partout les Armagnacs, ou les rejettent sans pitié dans les flammes qui dévorent leurs demeures.

Cependant au premier cri d'alarme, le prévôt de Paris, Tanneguy Duchâtel, gentilhomme courageux et dévoué, vole à l'hôtel du dauphin, où le jeune homme dort paisiblement; il enveloppe le prince de ses couvertures et l'emporte, à demi nu, dans ses bras, jusqu'à la Bastille, dont il est gouverneur. Longtemps encore la lueur de l'incendie, les cris féroces des égorgeurs et les plaintes de ceux qu'on massacre pénètrent jusqu'à l'héritier du trône, enfermé dans la forteresse. Les Cabochiens, hideuse horde de bouchers et d'assassins, sont lâchés une seconde fois par la ville, et la Seine roule vers l'Océan un nouveau tribut de cadavres. Les prisons sont comblées d'Armagnacs, les édifices publics, les églises même en tiennent lieu. La populace, qui n'est pas encore rassasiée de carnage au bout de trois jours, s'y porte en hurlant ces mots : *Tuez! tuez ces chiens, ces traîtres Armagnacs!* Hommes, femmes, enfants périssent sous les coups de ces cannibales, qui traînent ensuite dans les rues les cadavres de ces malheureux; ils déchirent ces restes inanimés; chacun veut en avoir un lambeau pour sa part, et promène partout cet épouvantable trophée ; pas un pavé de Paris qui n'en soit souillé... Puis, ivres enfin de sang et de vin, les monstres à face humaine abandonnent ces informes débris dans la boue, où les pourceaux viennent chercher, à leur tour, un horrible festin.

A ces dégoûtantes scènes de férocité succédèrent dans Paris, pendant plusieurs jours, des fêtes et des réjouissances publiques : les rues, encore tachées de sang, sont jonchées de fleurs, pour recevoir Isabeau de Bavière à sa rentrée triomphante dans la capitale, avec Jean-sans-Peur. Mais bientôt la famine et la peste vinrent partager avec eux la souveraine puissance : produit par les malsaines exhalaisons de tant de cadavres, le fléau dévora, dit-on, cent mille habitants. L'Anglais avait de nouveau passé la Manche ; presque toute la Normandie était conquise par ses armes ; Rouen seul se défendait encore. Les Armagnacs et les Bourguignons sentirent que le parti le plus convenable, dans cette extrémité, était de traiter ensemble. Jean-sans-Peur, mécontent de la hauteur de Henri V, avec lequel il n'avait pu s'entendre sur les conditions d'une alliance, se détermina à tenter un rapprochement avec le dauphin. Les deux princes convinrent d'une entrevue pour laquelle un rendez-vous fut fixé sur le pont de Montereau, le 12 septembre 1419. Chacun d'eux arriva, suivi de dix chevaliers, dans un pavillon qu'on avait élevé au milieu du pont. Le duc de Bourgogne s'approche de Charles, il fléchit le genou devant lui ; mais, au moment où il ouvre la bouche pour lui parler, un coup de hache lui abat le menton... Jean tombe, on l'achève. Les épées brillent aussitôt, une effroyable lutte s'engage dans ce lieu resserré, où tous les gentilshommes bourguignons périssent, à l'exception d'un seul qui parvient à franchir la barrière. Le meurtre du duc d'Orléans est ainsi vengé, mais par un autre meurtre d'autant plus odieux qu'à l'assassinat se joint le parjure.

Mais, si Jean-sans-Peur avait avoué hautement la part qu'il avait prise à la mort du duc d'Orléans, Charles nia toujours que le crime commis à Montereau eût été prémédité. Plusieurs historiens ont accusé de ce crime Tanneguy-Duchâtel, ancien prévôt de Paris, ce vieux guerrier que vous avez vu arracher si à propos l'héritier de la couronne des mains des Bourguignons, maîtres de la capitale. Aucune preuve ne confirme cette assertion, et nous répugnerons, camarades, à charger d'un aussi odieux attentat la mémoire d'un brave soldat, que les récits contemporains s'accordent à dépeindre comme généreux et loyal. Cependant, comme les meurtriers étaient de la suite du dauphin, Isabeau n'hésita pas à lui imputer l'assassinat du Bourguignon ; elle fit partager à son stupide époux la colère que lui causait la perte de son amant, et rien ne lui coûta plus pour satisfaire sa vengeance. De nouvelles conférences s'entamèrent à Arras, avec Henri V. Philippe le Bon, fils et successeur de Jean-sans-Peur, s'y rendit, muni de pleins pouvoirs de cette princesse et du débile monarque. La convention qu'il conclut en leur nom portait que Henri V épouserait la princesse Catherine, et qu'à la mort du souverain français, la couronne de France lui serait dévolue. On ajouta qu'attendu l'incapacité de Charles, le roi d'Angleterre gouvernerait sur-le-champ en qualité de régent du royaume, et que tous les corps de l'état lui promettraient obéissance et fidélité.

Cet infâme traité, confirmé à Troyes, fut enregistré, le 30 mai 1420, par le parlement, dont les plus fidèles magistrats avaient suivi le dauphin. Le mariage de Henri V et de la princesse Catherine fut conclu, et l'Anglais fit son entrée solennelle dans Paris. Peu de jours après, une assemblée tenue dans cette ville déclara que Charles de Valois, *soi-disant dauphin*, et ses complices, criminels de lèse-majesté, étaient comme tels privés de toute succession, honneurs et dignités, et leurs sujets et vassaux déliés de tout serment de fidélité. Mais le jeune Charles en appela de cette inique décision à Dieu et à son épée. Quelques avantages remportés sur les Anglais ranimèrent le courage de ses partisans, au nombre desquels on comptait des hommes illustres : entre autres le comte de Clermont, le maréchal de La Fayette, d'Harcourt, d'Aumale, le vicomte de Narbonne, Xaintrailles, Lahire, Dunois, et d'autres chevaliers que leurs exploits ont rendus célèbres. Le régent d'Ecosse lui envoya six mille hommes, commandés par Jean Stuart, comte de Buchan. Ce dernier, joint au maréchal La Fayette, gagna, en 1421, la bataille de Beaugé sur le duc de Clarence, qui resta parmi les morts. Mais les Français avaient à combattre des forces trop supérieures; la victoire se déclarait de tous côtés pour le roi Henri, et tout faisait croire que le trône de France passait pour toujours dans sa maison, lorsque, étant tombé malade, au mois d'août 1422, au château de Vincennes, il succomba à une maladie qui ne dura que deux jours. Ce prince atteignait à peine sa trente-troisième année. Un second convoi suivit de près le sien : Charles mourut au mois d'octobre. La dernière heure de ce malheureux monarque fut triste et abandonnée comme l'avait été sa vie; il ne se trouva pas un seul prince du sang à ses funérailles... pas un écu pour en faire les frais. Le duc de Bedfort y assista seul, et le deuil du roi de France fut mené par un Anglais. Mais le peuple versa des larmes sur le trépas du plus infortuné de ses rois, et lui pardonna tous ses maux par pitié pour ceux que lui-même avait soufferts.

Au moment où la pierre retomba sur la tombe de l'infortuné Charles, un héraut fit entendre ce cri répété par le peuple et tous les officiers de la couronne : *Vive Henri de Lancastre*[1], *roi de France et d'Angleterre*. Le dauphin se trouvait alors au petit château d'Espailli en Auvergne. Quand cette nouvelle lui parvint, il se rendit vêtu de noir à la chapelle, accompagné d'une douzaine de gentilshommes fidèles... On déploya, pendant l'office, une bannière aux armes de France au-dessus de la tête du prince, et tous les assistants

---

[1] Henri VI, né à Windsor, l'année précédente, de la princesse Catherine et du feu roi.

crièrent : *Vive le roi* [1] ! Telle fut l'humble inauguration du légitime souverain des Français. Sa fortune n'était guère plus brillante : tous les pays situés sur la rive droite de la Loire obéissaient aux Anglais et aux Bourguignons; Charles VII, exilé sur la rive gauche du fleuve, ne possédait sous sa domination que le Bourbonnais, le Forez, l'Auvergne, le Poitou, la Touraine, une partie du Languedoc et le Berri, dont la capitale était devenue celle du royaume. Aussi les Anglais lui donnaient-ils, par dérision, le nom de *roi de Bourges*. Cependant toute sympathie pour Charles n'était pas éteinte dans le cœur du reste des Français; un mouvement eut même lieu en sa faveur à Paris. Mais le duc de Bedfort, nommé régent, réussit à l'étouffer presque aussitôt. Il fit reconnaître Henri VI dans toutes les villes soumises à la domination anglaise, et s'apprêta à pousser la guerre avec vigueur. Ses armes remportent d'abord partout l'avantage : les capitaines de Charles, plus audacieux qu'habiles, compromettent sa cause par une suite d'imprudences; l'émulation qui s'établit entre les Français et les Ecossais leurs auxiliaires leur devient fatale..... c'est à qui risquera les coups les plus hasardés. Ils perdent ainsi, en 1425, la bataille de Crévant,

---

[1] On rapporte que l'un des chapelains ayant ajouté : *Et que son père Charles VI repose en paix*, le roi lui dit avec douceur : — « Je vous suis obligé, mon père, de ce que, dans cet instant de réjouissance, vous me faites souvenir en liberté que je dois mourir un jour, comme le roi mon père et seigneur est mort. »

auprès d'Auxerre ; puis, l'année suivante, celle de Verneuil, où périt, avec un grand nombre de ses vaillants compatriotes, le connétable Jean Stuart, comte de Douglas, qui commande pour Charles VII. La défection de plusieurs villes achève de compliquer cette fâcheuse position ; chaque jour enfin apporte un revers, ou ravit une espérance à l'héritier du trône des Valois.

Mais une brouille survenue entre les Anglais et le duc de Bourgogne lui donna le temps de respirer. Il en profita pour entrer en accommodement avec le duc de Bretagne, au frère duquel il offrit l'épée de connétable. En recevant cette dignité, le comte promit de ramener bientôt à la cause du roi le duc de Bourgogne, dont il avait épousé la sœur ; mais il exigeait l'éloignement de plusieurs gentilshommes que le roi comptait parmi ses plus fidèles serviteurs, entre autres le brave Tanneguy-Duchâtel, que le duc de Bourgogne persistait à croire l'assassin de son père. Cette réconciliation était de la plus haute importance pour Charles. Le vieux guerrier donna une nouvelle preuve de dévouement à son roi, en s'exilant lui-même de la cour, et il se retira, sans se plaindre, dans sa sénéchaussée de Beaucaire. Là ne s'arrêta pas l'exigence de Richemond. Telle était la tyrannie qu'il exerça bientôt sur la volonté du roi, que ce prince laissa périr sous ses yeux trois de ses favoris victimes de la jalousie du terrible connétable ; mais, malgré la froide cruauté de son caractère despote et vindicatif, Richemond fut l'un des plus fidèles serviteurs de Charles, et contribua plus que tous, par ses services éclatants, à délivrer la terre de France du joug des Anglais.

Cependant, en 1426, il restait encore à Charles à conquérir un royaume. Ce prince, tout entier à ses plaisirs, brave, mais d'un caractère faible et irrésolu, paraissait peu à la hauteur des circonstances. Sa coupable faiblesse pour ses favoris nuisait au succès de sa cause, et rendait inutiles les efforts de cette noblesse courageuse ralliée autour de lui. Malgré la valeur héroïque de Lahire, de Chabannes, de Dunois, une partie des provinces au-delà de la Loire étaient sur le point d'être conquises. Orléans, assiégé par les Anglais depuis sept mois, et défendu par Dunois, se trouvait réduit à la dernière extrémité. Pendant ce temps, la cour était à Chinon, en Touraine, où le roi de France ne s'occupait que de fêtes galantes et de bals. Le brave Lahire étant venu tenir conseil avec lui, Charles ne l'entretint que des préparatifs d'une fête, exigeant que le guerrier lui en donnât son avis. — *Sire,* répondit celui-ci, *je pense qu'on ne saurait perdre son royaume plus gaiement.* Le voluptueux monarque, épris de la belle Agnès Sorel, dame de Fromenteau, perdait enfin de vue sa gloire et le salut de la France; mais cette femme elle-même, indignée de l'indifférence avec laquelle son amant abdiquait la défense de sa couronne, entreprit de le ramener à de plus nobles sentiments [1].

---

[1] — Sire, vint-elle lui dire un jour, en feignant de prendre congé de lui, un astrologue m'a prédit, en mon bas âge, que je serais aimée et servie du plus vaillant et du plus puissant roi

L'héroïsme religieux d'une paysanne des frontières de la Lorraine acheva d'éveiller le courage endormi de Charles; Jeanne d'Arc, dite la Pucelle d'Orléans, devint la libératrice de la patrie. Née à Domremi, près de Vaucouleurs, la jeune inspirée se présente un jour au seigneur de Baudricourt, gouverneur de cette ville. — *Capitaine messire*, lui dit-elle, *sachez que Dieu, depuis aucuns temps, m'a plusieurs fois fait à savoir et commandé que j'allasse vers le gentil dauphin, qui doit être, et qui est le vrai roi de France, et qu'il me baillât des gens d'armes, et que je lèverais le siége d'Orléans, et le mènerais sacrer à Reims.* D'abord regardée comme une folle, elle obtient, à force d'instances, d'être conduite à Chinon. La jeune Lorraine, introduite dans une salle où le roi, très-simplement vêtu, se trouve confondu parmi la foule des courtisans, marche à lui sans hésiter, lui répète ce qu'elle a dit à Baudricourt; et, comme une preuve de la mission qu'elle prétend avoir reçue du Ciel, elle révèle à l'oreille de Charles un secret que le prince déclare lui-même n'être connu que de Dieu et lui. Visitée par les matrones, interrogée par les docteurs, Jeanne sort triomphante de toutes les épreuves auxquelles on juge à propos

de la chrétienté. Or, monseigneur, puisque le roi d'Angleterre fait de si belles armes et vous dépouille de vos villes, je veux aller vers lui; car c'est le vaillant et puissant roi qu'entendait l'astrologue. Charles, piqué jusqu'au vif à ces mots, ne répondit qu'en demandant son cheval de bataille, et à deux jours de là, ajoute le chroniqueur, il reprenait Montereau et foison d'autres villes.

de la soumettre[1]. Enfin, toutes les indécisions ont cessé ; portant en main sa bannière et revêtue d'une armure de guerre, la Pucelle se met en marche pour Orléans, avec ses pages, ses écuyers et tout l'appareil d'un chef militaire. A ses côtés se pressent Clermont, d'Alençon, Lahire, Xaintrailles et la fleur des chevaliers du temps. Un convoi de vivres, parti de Blois, est dirigé vers la ville assiégée ; Jeanne pénètre avec lui dans ses murs, et l'Anglais, qui a vainement tenté de s'y opposer, ne tarde pas à reconnaître combien ce renfort lui sera fatal. Jeanne attaque et prend successivement toute une ligne de retranchements et de forts garnis d'artillerie, dans l'étroit réseau desquels l'ennemi a renfermé la place. La présence de l'héroïne a retrempé le courage des défenseurs d'Orléans. Toujours la première à l'assaut, sa main porte des coups non moins assurés que celle d'un homme d'armes, et, malgré leur résistance opiniâtre, les Anglais sont contraints de céder partout où flotte sa bannière. Blessée au pied dans un dernier engagement, Jeanne a pourtant réalisé la moitié de sa promesse...... Orléans est délivré. — *Amis, sus !... sus aux Anglais ! le Seigneur les a condamnés !* s'écrie de nouveau l'intrépide guerrière. Gergeau est emporté d'as-

---

[1] On trouve dans l'*Histoire des Ducs de Bourgogne*, par M. de Barante, une foule de détails curieux sur Jeanne d'Arc. On y voit, entre autres circonstances surprenantes, que, sans avoir jamais été instruite des principes d'équitation, elle montait à cheval avec beaucoup de grâce ; et qu'ayant essayé de courir une lance, elle déploya infiniment d'adresse dans cet exercice chevaleresque.

saut; Beaugenci se rend avant d'être attaqué....
Tout fuit devant Jeanne et ses braves compagnons.

Mais il restait encore à accomplir le point capital de sa mission. L'héroïne chercha à décider l'irrésolu monarque à entreprendre le voyage de Reims. Vous comprendrez, au surplus, camarades, l'indécision du prince et de son conseil en cette circonstance. Malgré les succès de Jeanne et la confiance qu'elle inspirait, il était permis de songer à la difficulté de traverser environ quatre-vingts lieues de pays dont l'Anglais était maître, avec une faible armée et des ressources encore plus faibles en argent et en munitions... Un échec pouvait tout perdre. L'assurance de la Pucelle l'emporta pourtant; on marcha vers la Champagne. Une victoire servit de prélude à cette expédition : les Français, enflammés par l'exemple de l'héroïne, gagnèrent la bataille de Patai, dans les plaines de la Beauce, sur les troupes de Bedfort, commandées par un de leurs plus vaillants capitaines nommé Talbot. Depuis ce moment une terreur panique s'empare des Anglais; et, tandis que les hommes d'armes de Charles attaquent leurs adversaires avec un enthousiasme extraordinaire, persuadés que le Ciel combat pour eux, les Anglais n'osent nulle part affronter un ennemi que, suivant eux, protége l'enfer. — *Jésus Maria! très-chiers et bons amis*, dit partout l'inspirée aux habitants des pays où passe l'armée, *Jeanne la pucelle vous mande et fait à savoir, de par le roi du Ciel, son droiturier seigneur et souverain, que vous*

fassiez vraye obéissance au gentil roi de France.
Et telle est l'influence que Jeanne s'est acquise sur tous les esprits, que les portes des forteresses s'ouvrent à ces paroles; jusqu'à Reims, nul ne tente plus de s'opposer au passage du monarque dont elle conduit la marche triomphale, à travers les ennemis qui couvrent la France... En moins de cinq mois enfin, une simple villageoise, en dépit des difficultés et des obstacles, a réussi à accomplir une entreprise dont avaient désespéré les capitaines les plus expérimentés. Les Rémois ont reçu leur légitime souverain à bras ouverts; de religieuses actions de grâces font retentir les voûtes de la vieille cathédrale, et la Pucelle, en habit de guerre, tenant en main sa glorieuse bannière, se tient debout à la droite du roi, pendant la cérémonie qui consacre, le 17 avril 1429, les droits du prince français et la déchéance de l'étranger. Là se bornait l'ambition de la jeune héroïne; elle demanda, pour toute récompense, la permission de regagner l'humble toit qui l'avait vue naître; mais on refusa d'y consentir. Une charte royale, scellée des armes de France, lui concéda des titres de noblesse pour elle et sa famille [1], et le village où résidaient le père, la mère

---

[1] On donna à Jeanne le nom *du Lis* en mémoire des services éminents qu'elle avait rendus à la dynastie dont cette fleur est l'emblème. On assure qu'il existait encore des descendants de cette famille sur la fin du règne de Louis XIV. L'on prétend même que, pendant les premières années de la restauration, un ancien militaire de ce nom, ayant longtemps servi dans les armées impériales et décoré, fut pensionné par Louis XVIII, et placé dans la maison de Jeanne d'Arc, qu'on avait fait réparer.

et les trois frères de Jeanne, fut exempté de tailles à perpétuité.

La guerre était loin d'être finie. Les défenseurs de la monarchie avaient encore plus d'un combat à livrer avant d'en établir le siége dans la capitale. Une attaque qu'ils tentèrent sur la porte Saint-Honoré n'eut point de succès ; la Pucelle y combattit avec le même courage, et partagea encore, dans plus d'une rencontre, la gloire et les périls des guerriers de Charles. Toutefois elle priait souvent le roi Charles de permettre qu'elle se retirât auprès de ses parents, comme si elle eût pressenti que sa fortune allait l'abandonner. Cela ne fut que trop tôt vérifié. Dans une sortie contre les Bourguignons qui assiégaient Compiègne, elle tomba entre les mains d'un capitaine qui la céda au comte Jean de Ligny de Luxembourg, son général. Celui-ci n'eut pas honte de la vendre aux Anglais, moyennant une somme de dix mille livres. Cet événement fut pour eux un triomphe qu'ils célébrèrent avec toute la pompe imaginable, et le duc de Bedfort fit chanter un *Te Deum* dans la capitale, en attendant la mort ignominieuse de celle qui avait causé tant de désastres à sa cause. Des membres de l'Université de Paris, vendus aux Anglais, crurent flétrir l'héroïne en présentant contre elle une requête au régent comme hérétique et sorcière. Son procès fut instruit à Rouen par sept évêques, dont un seul était Anglais. Il se trouva des juges français assez infâmes pour condamner au supplice un enfant enthousiaste, dont le saint amour de Dieu et de la patrie avait seul opéré les miracles. Aux questions absurdes ou insidieuses des docteurs vieillis dans la chicane, la jeune fille n'opposa que des réponses pleines d'une noble candeur, telles que celle-ci : — *Entrez hardiment au milieu des Anglais, disais-je aux soldats, et j'y entrais moi-même....* Mais Bedfort avait écrit à ses juges : *Le roi d'Angleterre l'a chèrement achetée ; il veut qu'elle soit brûlée.* Les juges obéirent, et l'innocente victime monta sur le bûcher en 1431. Cette inique condamnation fit à peine sensation au milieu du tumulte de la guerre, et vous croirez avec peine que le roi de France, qui devait sa couronne à Jeanne d'Arc, n'ait pas même fait un effort pour lui sauver la vie. C'est une ingratitude inouïe que ne peut faire pardonner la révision du procès, ordonnée quatorze ans plus tard, avec permission du pape.

Cependant Richemond, Dunois et tant d'autres braves chevaliers achevaient ce que la Pucelle avait si bien commencé. Philippe le Bon, duc de Bourgogne, déjà depuis longtemps mécontent des Anglais, consentit à abandonner leur parti : l'année 1435 vit conclure un traité, à Arras, entre ce prince et Charles VII, qui se trouva trop heureux d'adhérer aux exigences du duc, pour obtenir la paix. Peu de temps après, la conclusion de cette alliance, la mort se chargea à son tour de délivrer Charles de deux autres ennemis de son trône. Isabeau de Bavière expira obscurément, méprisée même des Anglais qu'elle avait si bien servis, au préjudice de son propre fils. Le duc de

Bedfort suivit de près cette marâtre au tombeau. Une partie des provinces avaient échappé au joug des Anglais; le duc d'York, qui remplaça Bedfort, acheva de perdre ce qu'ils conservaient encore. Le 15 avril 1436, Richemond et Dunois prennent enfin possession de Paris, au nom de Charles VII. Le 8 novembre de la même année, toutes les cloches des églises et des couvents de la capitale sont en branle. Les rues sont jonchées de fleurs et d'herbes fraîches, les maisons tapissées, et partout le peuple en foule bat des mains en criant *Noël*, pour saluer l'entrée solennelle de son souverain, qui arrive avec ses grands officiers, vêtus de drap d'or et de fourrures, avec ses chevaliers armés de pied en cap, ses gardes écossais en livrée, et toute la pompe usitée en pareille occasion [1]. A ses côtés chevauche, sur une blanche haquenée aux harnais de velours et d'or, Agnès Sorel, resplendissante de beauté et de grâce. Plus reine que la reine elle-même, elle était toujours, comme on disait alors, *la plus belle entre les plus belles*; et tandis que l'épouse du roi, Marie d'Anjou, se consolant avec la religion de l'indifférence du roi, ne sortait presque pas de son oratoire, la favorite vint tenir sa cour à l'hôtel Saint-Pol,

---

[1] Indépendamment des mystères et des pantomimes qu'on jouait sur des échafauds dressés de distance en distance dans les rues et les carrefours, le parlement, à cheval, s'en fut au devant du roi, précédé, disent les chroniqueurs, des sept péchés capitaux et des sept vertus théologales, représentés par autant de jeunes filles. J'avoue, camarades, que j'ai vainement cherché le sens qu'on pouvait attacher, en cette circonstance, à cette singulière cavalcade.

avec une magnificence égale à celle que le monarque déployait lui-même au palais des Tournelles. Cependant cette dame, dont les services qu'elle rendit au pays peuvent faire oublier la faiblesse, dut encore, plus d'une fois, employer son influence sur l'esprit de son facile amant, pour l'arracher aux délices du repos: car ce ne fut que quatorze ans plus tard, en 1450, que les Anglais purent être entièrement chassés du royaume, où, de tous ces vastes domaines que leur avaient acquis les victoires de Crécy, de Poitiers et d'Azincourt, ils ne conservèrent que Calais. Ajoutons que les divisions de l'Angleterre vinrent, à propos pour la France, seconder la valeur de ses enfants. Ce Henri VI, couronné à Londres et à Paris, périt misérablement au fond d'un cachot, après avoir été dépouillé de ses deux diadèmes.

Charles VII, enfin maître du domaine de ses ancêtres, s'occupa de réparer les maux accumulés depuis tant d'années sur la France. Il fit d'utiles règlements pour l'administration de la justice et des finances, et assura la liberté de l'Eglise par la *pragmatique sanction*[1], loi célèbre qui restreignit dans de justes limites l'autorité du pape en France, et qui, pour cette raison, ne tarda pas à être attaquée par la cour de Rome. Les priviléges de l'Université étaient devenus excessifs; uniquement soumis à la discipline du saint-siége, les membres turbulents de ce corps troublaient la

---

[1] Il existait déjà une ordonnance de saint Louis qui porte le même nom, et dont le but était, au fond, le même.

tranquillité de la capitale par des désordres continuels que Charles VII s'occupa de faire cesser en leur imposant le frein de l'autorité séculière Mais ce qui doit surtout signaler ce règne à l'attention des militaires, c'est l'établissement d'une milice permanente et régulière qui, toujours sous le drapeau, sut bientôt s'accoutumer à une discipline et une subordination jusque-là inconnue dans les troupes françaises. Une taille spéciale demeura affectée perpétuellement à la solde de cette armée, destinée à maintenir l'ordre dans l'intérieur, comme à défendre le pays de toute attaque étrangère, et dans les cadres de laquelle on ne comprit que les hommes les plus braves et les mieux famés.

La préférence exclusive dont jouissait encore la cavalerie fit songer d'abord à son organisation. Elle se composa de quinze compagnies dites d'ordonnance, formées chacune de cent lances ou hommes d'armes. Chaque homme d'arme, ordinairement noble, avait sous lui trois archers, un *coutillier*, et un page ou écuyer [1] ; ce qui élevait l'effectif de cha-

---

[1] C'est ce qu'on appelait *lance fournie*. L'homme d'arme persista encore longtemps à garder son armure de fer, et la lance demeura son arme favorite. Le *coutillier* était ainsi appelé, d'une sorte de couteau qu'il portait au côté. Il conduisait le cheval de bagage de l'homme d'arme et marchait assez souvent à pied. Le rôle des archers, dans le combat, était d'escarmoucher sur les flancs, ou en arrière des gens d'armes de leur compagnie. Lorsque ceux-ci avaient chargé et rompu la ligne ennemie, les archers se portaient en avant, et entouraient, à plusieurs, un gendarme du parti contraire, l'emmenaient prisonnier ou l'assommaient à coups de hache. Le capitaine de chaque compagnie avait 1700 livres de compte par an, ce qui revient à environ 10,000 francs de notre numéraire d'aujourd'hui. La paie annuelle de chaque gendarme s'é-

que compagnie à six cents combattants. Les gendarmes furent répartis, par petites troupes, dans les villes de la frontière et de l'intérieur, où des inspecteurs se rendaient fréquemment, pour s'enquérir de la conduite de chacun, et s'assurer de l'état des chevaux et des armes. Pour former l'infanterie, on décréta que chaque paroisse serait tenue de lever et d'entretenir au moins un fantassin. Les hommes désignés pour ce service n'étaient payés qu'en temps de guerre; mais ils jouirent d'une exemption générale d'impôts, ce qui leur fit donner le nom de *francs archers*. Ils portaient une coiffe de fer, appelée *salade*, et une *jaque*, ou espèce de surtout formée de plusieurs toiles usées, battues les unes sur les autres et enfermées entre deux cuirs de cerf, ce qui rendait ce vêtement impénétrable aux traits. Leurs armes défensives étaient l'épée et l'arc ou l'arbalète indifféremment; car, bien que l'usage de l'artillerie se fût rapidement répandu, celui des armes à feu portatives ne commença à devenir fréquent que sous le règne suivant. Les francs archers devaient, même en temps de paix, porter leur habit de guerre le dimanche, et se réunir souvent pour simuler des escarmouches et disputer entre eux le prix de l'arc [1]. La partie de la noblesse qui n'é-

levait à 360 livres, et chacun des cinq hommes de sa suite avait 4 livres de ce temps-là par mois. Cette solde était allouée sur des *montres*, ou revues, établies par des commissaires créés pour cet objet, et le nouvel impôt levé sur les villes pour en faire les fonds reçut le nom de *taille des gendarmes*.

[1] Longtemps après la suppression de cette milice et même jusqu'aux temps modernes, il resta dans un grand nombre de villes des compagnies de l'arc, ou d'arquebusiers, formées dans

tait point attachée aux ordonnances forma, sous la dénomination d'*arrière-ban*, une milice extraordinaire que l'on ne convoquait que rarement, et qui, promptement tombée en désuétude, n'exista guère que de nom jusque sous le règne de Louis XIV. Le surplus des troupes fut congédié avec ordre de se rendre, soit au lieu de leur naissance, soit dans des provinces désignées, où les guerriers réformés restèrent sous la surveillance des officiers du connétable [1].

la bourgeoisie, et qui portaient une sorte d'uniforme dans les cérémonies locales. Ces institutions, jadis auxiliaires, n'étaient plus qu'une occasion d'amusement, mais les prétentions de corps subsistaient.

[1] On ne lira peut-être pas sans intérêt cet échantillon de la poésie du temps, où se trouvent déduites les raisons qui déterminèrent Charles VII à publier cette ordonnance de réforme.

> Depuis en la ville d'Angiers
> Considérant en soy les termes
> De guerre, périls et dangiers,
> Qui advenaient par les gens d'armes,
>
> Qu'un homme d'armes si avait
> Alors dix chevaulx de bagaige
> Dont la pluspart riens ne servait
> Sinon que d'aller au fourraige :
>
> Que les varlets n'étaient que harpaille,
> Plus empeschans que soulageans,
> Tous adoncz à la mangeaille
> Et à détruire povres gens.
>
> Ledit feu roi fist ordonnance
> Et fust advisé et conclus
> Qu'un homme d'arme ou une lance
> Aurait cinq chevaulx et non plus,
>
> Ung coustillier et deux archiers
> Avec son gros varlet et paige
> Qui seraient par moi souldoyers,
> Et mis hors tout aultre bagaige,
>
> MARTIAL D'AUVERGNE.
> *Les Vigiles de Charles VII.*

Vous pensez bien que cette mesure ne reçut pas d'abord une exécution immédiate et paisible. Je n'ai eu déjà que trop d'occasions de vous dire quels étaient les cruels passe-temps des militaires à cette époque ; les capitaines congédiés se firent chefs de bandes ; la plupart des soldats, enchantés de trouver le prétexte de vivre aux dépens de *Jacques-Bonhomme*[1], cherchèrent à remplacer leur paie par un pillage organisé, et *le coq rouge* chanta sur plus d'un toit...[2] ; mais la fermeté du connétable de Richemond, la sévérité des mesures qu'il déploya contre les malfaiteurs, arrêtèrent ces brigandages. Instruit pendant trente ans au métier de la guerre, sur les champs de bataille, ce rude seigneur avait fait de la discipline une autre religion : on n'y manquait pas impunément sous ses ordres; une tête coupée, une pendaison, une noyade ne lui coûtaient qu'un mot.... Les pillards, effrayés, abandonnèrent la partie, et l'on vit bientôt régner dans le royaume un ordre qui n'y avait jamais existé depuis Charlemagne. Cette utile réforme des gens de guerre était un grand pas de fait dans la voie des améliorations; tous les écrivains du temps s'accordent à vanter l'exactitude et la discipline des compagnies d'ordonnance, et la régularité dans l'administration des milices françaises devait être le prélude de leur instruction militaire. Il restait à la vérité

---

[1] C'est ainsi, comme je vous l'ai déjà dit, qu'on appelait le paysan au moyen âge.
[2] Cela signifiait, dans le langage de ces brigands, l'incendie des maisons où ils avaient trouvé de la résistance.

28.

à créer une tactique; de longtemps encore les batailles ne vous présenteront beaucoup d'art, et faute de combiner les masses entre elles d'une manière convenable, le succès toujours imprévu dépendra de l'issue d'une mêlée. Cependant l'usage de la poudre à canon faisait disparaître, chaque jour, ces anciennes machines gigantesques et formidables dont le transport et la manœuvre présentaient de grandes difficultés et surtout exigeaient beaucoup de bras. Le connétable de Richemond, qui avait compris toute l'importance de l'artillerie, s'occupait de perfectionner cette arme, de concert avec Jean Bureau, autre ministre de Charles VII, qui soumit le premier la science du bombardier à des règles mathématiques; mais bien que les canons fussent déjà très-communs, on ignorait encore le secret de les employer avec efficacité, et souvent la difficulté de les changer de place, une fois établis dans une position, causait des embarras que ne compensaient pas leurs services.

La fin du règne de Charles VII eût été heureuse, si elle n'eût été troublée par le dauphin, prince dangereux et méchant qui, dès 1440, s'était mis à la tête d'un parti de rebelles qu'on appela la *Praguerie*, du nom des hérétiques de Prague, disciples de Jean Hus dont la rébellion mettait alors la Bohême à feu et à sang. Plusieurs des anciens amis du roi se laissèrent même entraîner dans cette trahison, mais le connétable de Richemond détermina le monarque à pousser vigoureusement les rebelles pour les contraindre à se soumettre, et cette guerre civile fut promptement éteinte. Le dauphin et les princes qui avaient embrassé sa cause obtinrent leur pardon. — *Soyez le bien venu, Loys*, dit, pour tout reproche, le monarque à son fils qui vint tomber à ses genoux, *vous avez moult longuement demeuré. Gardez dorénavant de ne plus recheoir; car le plus grand roi n'a puissance de mettre les coupables au-dessus des lois.* Mais l'ingrat dauphin oublia bien vite la clémence et la bonté paternelle. Tantôt en révolte ouverte, tantôt en conspiration secrète, il quitta la cour et se retira en Dauphiné, puis dans les états du duc de Bourgogne. Les coupables menées de son fils empoisonnèrent les dernières années du roi, déjà atteint d'une maladie de langueur. L'inquiétude et les chagrins aggravèrent son mal; il ne connut bientôt plus de repos. Il s'était retiré, en Berry, dans son château de Meun-sur-Yèvre; mais les hautes tours et les fossés profonds de cette forteresse ne purent le rassurer. Ses plus fidèles serviteurs excitaient sa défiance et lui semblaient vendus au dauphin. Sa tête s'affaiblit au point que la crainte d'être empoisonné lui fit, dit-on, refuser toute nourriture pendant huit jours. Il consentit trop tard à prendre un bouillon; le malheureux souverain expira, le 12 juillet 1461..... Triste et singulière fin pour ce prince auquel l'histoire a donné le nom de *victorieux!*

Un des hommes marquants de cette époque fut Jacques Cœur, négociant qui contribua beaucoup au succès des armées françaises, en aidant le trésor avec sa fortune. Nommé argentier ou trésorier de la couronne, il jouit longtemps d'un grand crédit à la cour ; mais ses ennemis vinrent à bout de le perdre. On l'accusa d'avoir empoisonné Agnès Sorel, ainsi que d'une foule de crimes absurdes. Jacques Cœur, exilé et dépouillé de ses biens, se réfugia dans l'île de Chypre, où il reprit ses entreprises et fit une fortune plus brillante que la première[1]. Citons encore trois noms qu'une admirable découverte a rendus immortels, Jean Guttemberg, Jean Faust et Pierre Schœffer, inventeurs de l'imprimerie!... C'est sous le règne de Charles VII, vers 1450, que ces trois habiles ouvriers, après avoir fait plusieurs essais en Allemagne, parvinrent à imprimer des ouvrages entiers. Ils employaient d'abord des planches fixes, puis des caractères mobiles de bois, puis enfin Schœffer inventa les caractères de fonte. Une autre découverte importante suivit de près celle-ci : l'année 1460 vit paraître les premières gravures sur cuivre.

Je ne puis terminer cette soirée, sans mentionner un événement qui retentit dans toute l'Eu-

---

[1] Jacques Cœur était de Bourges, où il exerçait la profession d'orfévre, lorsque Charles VII se trouvait confiné dans cette ville. On y voit encore la maison que cet argentier du roi y fit bâtir plus tard : c'est un édifice fort remarquable où sont établis aujourd'hui la mairie et les tribunaux. Jacques Cœur, dont les historiens ont trop peu parlé, fut une des grandes capacités du quinzième siècle, et en même temps l'un des plus riches négociants du monde connu. Il rendit pendant son ministère d'immenses services à la couronne; et plus d'une fois, lorsque le trésor royal était vide, il entretint les armées du roi de ses propres ressources. Une devise qui caractérise bien cet homme supérieur se voit encore sur son hôtel de Bourges; la voici : *A cœur vaillant rien d'impossible*: c'était un calembour si vous voulez ; mais un calembour partant d'une âme noblement inspirée.

rope : Constantinople, après un siége de quarante jours, tomba, en 1453, au pouvoir des Turcs et de Mahomet II. Le dernier empereur d'Orient, Constantin-Paléologue, s'ensevelit glorieusement sous les ruines de sa capitale.

Dixième Soirée.

Louis XI. — Guerre du bien public. — Bataille de Montlhéry. — Charles le Téméraire. — Louis XI à Péronne. — Siége de Beauvais. — Jeanne Hachette. — Batailles de Granson et de Morat. — Siége de Nancy. — Plessis-les-Tours. — Commerce, industrie. — Première manufacture de soierie établie en France. — Institution des postes. — Première extraction de la pierre. — Première imprimerie établie à Paris. — Bataillon de piquiers suisses. — Armes à feu portatives. — Camp de manœuvres au Pout-de-l'Arche. — Charles VIII. — La dame de Beaujeu. — Le duc d'Orléans. — La Trémouille. — Bataille de Saint-Aubin. — Anne de Bretagne. — Marguerite d'Autriche. — Conquête de Naples. — Milice italienne. — Alexandre Borgia. — Bataille de Fornoue. — Excellence de l'artillerie française. — Coup d'œil rétrograde sur le quinzième siècle. — Prise de Grenade. — Ferdinand et Isabelle. — Découverte de l'Amérique.

Nous avons reconnu l'heureuse influence de l'établissement des troupes permanentes sur l'avenir qui allait bientôt s'ouvrir pour les armées françaises; vous comprendrez facilement de même, camarades, toute la supériorité que cette utile institution devait assurer aux souverains sur leurs vassaux. De cette fondation date le premier degré de l'agonie du pouvoir féodal, que Louis XI allait bientôt atteindre d'un coup terrible, et qui devait enfin expirer sous la main de Richelieu. Joignez à cela la jouissance de tant de provinces réunies à la couronne, après l'expulsion des Anglais, et vous ne serez pas étonnés d'assister sous le successeur de Charles VII à la véritable aurore du pouvoir monarchique. Il n'y avait plus en France que deux grands feudataires de la couronne : les ducs de Bourgogne et de Bretagne; mais ils en étaient venus à rendre leurs chaînes si légères, qu'on pouvait les dire à peu près indépendants. Ils gouvernaient leurs provinces en princes absolus; la maison de Bourgogne surtout, maîtresse du pays qui portait ce nom, et de la partie la plus opulente et la plus belle de la Flandre, était si riche et si puissante par elle-même, qu'elle ne le cédait à la couronne de France, ni en force, ni en splendeur. Philippe le Bon avait même stipulé qu'il ne rendrait point hommage à Charles VII. Ce fut à cette dernière condition qu'il consentit à pardonner l'assassinat du duc Jean, son père. Vous avez vu les seigneurs des autres fiefs moins considérables se rallier contre l'étranger sous la bannière nationale de Jeanne d'Arc, et toutes les rivalités s'éteindre devant l'ennemi commun; mais bien que Charles VII laissât, en mourant, à son fils un royaume en apparence pacifié, de nombreuses causes de bouleversements subsistaient encore dans les prétentions jalouses et insatiables que les seigneurs ne tarderaient point à reproduire, et dans les souffrances d'un peuple sans droits établis, en proie aux exactions et à la tyrannie de tous, depuis le possesseur de la plus mince châtellenie, jusqu'au redoutable seigneur suzerain. Jaloux d'imiter les grands feudataires, chaque vassal inférieur de la couronne s'arrogeait autant d'indépendance que le lui permettait l'étendue de son fief et les fortifications de sa tour féodale. Affranchis de la juridiction des lois, tous se livraient impunément à d'horribles excès d'oppression et de cruauté, et les richesses qu'ils extorquaient au peuple servaient à fournir aux prodigalités de leur luxe grossier.

Abaisser ces sommités dangereuses, punir tous ces tyrans subalternes, et centraliser un pouvoir unique dans sa personne, tel fut le but que se proposa Louis XI, depuis le jour de son avénement au trône jusqu'à la fin de son règne ; s'il fut fidèle aux intérêts du pays, en accomplissant cette œuvre, c'est, a-t-on dit, qu'ils se rencontraient avec les siens, et pour arriver à son résultat, tous les moyens lui parurent convenables : aussi chacun des actes de sa vie, comme chacune des nuances de son caractère, offrent-ils entre eux l'opposition la plus tranchée. Cruel et vindicatif, au point de trouver du plaisir aux exécutions fréquentes qu'il commandait, nous le verrons supporter avec patience les humiliations les plus cruelles ; d'une mesquinerie et d'une avarice sordide pour ce qui le touche, il prodigue l'or et les dons, lorsqu'il s'agit de gagner un allié ou de se débarrasser d'un ennemi. A côté du sombre portrait que l'histoire nous a tracé des terreurs continuelles de sa conscience bourrelée, ainsi que des vulgaires et détestables superstitions auxquelles il se livra constamment, apparaîtront sa profonde sagacité et l'inconcevable fermeté de son caractère : Louis tremblera devant son médecin[1], ou, confiné derrière les fossés et les grilles de Plessis-les-Tours, croira sa solitude incessamment peuplée de fantômes armés de poignards.... puis il se montrera calme et froid au milieu des plus grands périls. Ce même homme enfin, auquel un fanatisme absurde a suggéré la bizarre idée de nommer la sainte Vierge comtesse et capitaine de ses gardes, saura opposer une ferme résistance aux empiétements continuels du clergé. Vous comprendrez donc que les écrivains aient diversement jugé ce prince et la politique de son règne. Pour nous, soldats, inhabiles à creuser de trop graves questions, nous nous inclinerons devant ces savantes autorités, et nous continuerons notre récit sans plus de commentaires.

Louis XI se trouvait encore dans les États du duc de Bourgogne, quand arriva la mort de Charles VII. Ce n'est pas sans de justes appréhensions que ce prince, alors âgé de trente-huit ans, s'apprêta à recueillir l'héritage du feu roi. Sa coupable mésintelligence avec son père n'avait pu lui gagner le cœur d'une nation qui ne connaissait de lui que ses rébellions. Le duc de Bourgogne, en donnant asile à Louis révolté contre l'auteur de ses

---

[1] Jean Coitier, savant distingué pour l'époque, mais homme cupide et insolent, qui menaçait à chaque instant son royal malade de l'abandonner. — « Je sais qu'un beau matin, lui disait-il, vous m'enverrez comme vous faites d'autres; mais je jure Dieu que vous ne vivrez plus trois jours après. » Louis effrayé prodiguait alors les richesses à son médecin, et ce tyran, dont le nom seul faisait trembler nobles, bourgeois et paysans, était l'esclave du brutal docteur.

jours, exerçait envers Charles VII sa dernière vengeance de l'attentat horrible commis sur la personne du sien. Mais ce prince, d'une grande loyauté de caractère, ne voulut pas étendre son ressentiment jusqu'au petit-fils de Charles VI. C'est donc sans arrière-pensée qu'il offrit au dauphin d'aller le mettre en possession de ses États à la tête de cent mille hommes; mais la défiance naturelle de Louis, promptement excitée à la vue des lances bourguignonnes, lui inspira des craintes d'une autre nature, et remerciant le duc avec un sourire qui déguisait mal ses soupçons, le monarque dispensa son vassal de lui faire les honneurs d'un si nombreux cortége. Philippe se mit en route avec le roi, emmenant seulement le comte de Charolais, son fils, et l'élite des seigneurs bourguignons, suite déjà bien respectable, au gré du monarque, puisque, suivant les usages du temps, toute cette noblesse ne marchait qu'avec une escorte nombreuse de pages, d'écuyers et de varlets, chacun selon sa richesse et sa distinction. Cette troupe brillante se rendit d'abord à Reims, où eurent lieu le 15 août 1461 les cérémonies du sacre.

Si vous n'avez pas oublié, camarades, le merveilleux enthousiasme excité par l'apparition de la Pucelle, et l'expédition hasardeuse où l'on s'engagea, sur la promesse de l'héroïne, vous pourrez juger du haut et puissant intérêt qui s'attachait à cette solennité d'un autre âge... âge de croyances exaltées, où la bénédiction de l'Église imprimait, aux yeux des peuples, quelque chose de la majesté divine à la personne des rois. L'importance politique de cet acte ne vous échappera pas non plus, si vous vous rappelez qu'aux pieds de ces mêmes autels, tous les grands vassaux venaient jurer foi et hommage à leur nouveau seigneur suzerain. Vous chercheriez vainement à vous représenter l'imposant spectacle qu'offrait cette cérémonie de l'hommage : la pompeuse magnificence d'un clergé riche et puissant, le luxe de tous ces feudataires de la couronne, rivalisant entre eux d'orgueil et d'éclat; ce mélange de somptueux vêtements et de pesantes armures dont un art inouï a su dissimuler l'acier sous une profusion d'or et de pierreries; cette suite brillante d'écuyers et d'hommes d'armes, jaloux de soutenir la fastueuse vanité de leurs maîtres, et sur la livrée desquels s'étalent de si prodigieuses richesses.... Tout ce monde de seigneurs et de guerriers redoutés, venant, un à un, avec le recueillement d'une action sainte, s'agenouiller humblement devant son roi et lui jurer obéissance. Philippe le Bon lui-même, en cet instant solennel, voulant, à la face de tous, abjurer tout sujet de vieilles haines, vient le premier accomplir cet hommage féodal, aux genoux de Louis XI, malgré le traité, dont je vous ai parlé plus haut, qui l'en affranchit, et pas un de ces fiers seigneurs qui ne suive son exemple.

Après la cérémonie du sacre, Louis, avec les grands qui l'accompagnaient, se hâta de s'acheminer vers Paris, où il arriva le 30 du même mois. Je vous ai déjà donné une idée des fêtes

pompeuses en usage à cette époque, à l'occasion de l'entrée des rois de France dans la capitale. L'ingénieuse magnificence qu'on déploya à celle de Louis XI l'emporte sur tout ce qui avait été fait jusqu'alors ; car le duc de Bourgogne, grand amateur de faste et de cérémonies splendides, avait devancé le roi, pour venir le recevoir aux portes de la ville : les vêtements seuls de ce prince, couverts d'or et de pierreries, ainsi que les harnais de son cheval, furent évalués à un million d'écus. Un chroniqueur du temps cite encore cinq dames merveilleusement belles, qui s'avancèrent à la rencontre du cortége, montées sur des chevaux caparaçonnés aux armes de la ville, et portant chacune sur la poitrine une lettre brodée en diamants, dont la réunion formait le mot *Paris*. A la fontaine du Ponceau, les eaux avaient été remplacées par des flots jaillissants de vin et d'hypocras, et dans les bassins, de belles filles nues, figurant les déesses de la fontaine, chantaient des vers à la louange du roi [1]. A quelques pas plus loin, *les confrères de la Passion* jouaient dévotement, en pantomime, la mort de Jésus-Christ. « C'était, dit le même écrivain contem-
« porain, Dieu étendu en la croix avec les deux
« larrons, à dextre et à senestre. » Et, ce qui révèle tout entier le caractère de l'époque, c'est

---

[1] Telle était encore la grossièreté des mœurs, que la nudité des actrices de cette scène n'avait rien qui pût choquer le roi, ni personne; et le chroniqueur auquel nous empruntons ce passage nous donne complaisamment le détail de leurs charmes, *ce qui*, ajoute-t-il, *était chose bien plaisante.*

que l'étrange spectacle de ces trois hommes nus, attachés sur des croix, fut celui qui obtint le plus de succès parmi la foule. A la boucherie du Châtelet enfin, s'offrit aux yeux du monarque le simulacre de l'assaut d'une porte de la ville de Dieppe, où Louis, dans sa jeunesse, avait montré beaucoup de courage. Les Anglais furent tous pris et eurent tous la gorge coupée. Le naïf chroniqueur a omis d'expliquer jusqu'à quel point d'exactitude on poussa cette dernière scène; mais à coup sûr ce ne fut pas celle qui dut réjouir le moins les assistants.

Le premier acte du gouvernement de Louis XI ne dévoila pas cette politique profonde et cauteleuse qui le distingua plus tard; dupe des flatteries du pape Pie II, il eut la faiblesse de consentir à l'abolition de la *pragmatique sanction;* mais ayant bientôt reconnu sa faute, le monarque permit aux parlements d'exécuter, en grande partie, cette loi odieuse au saint-siége. Les projets hostiles de Louis XI ne tardèrent pas à se révéler aux grands du royaume, et ses démonstrations menaçantes à leur pouvoir les engagèrent à se réunir pour résister. La mésintelligence éclata d'abord entre le duc de Bourgogne et son ancien hôte; le duc Philippe le Bon hésitait néanmoins à entrer dans la confédération qui se forma contre le roi, dès 1464, sous le nom de *ligue du bien public;* mais le fils de ce prince, Charles, comte de Charolais, prince irascible, emporté et ennemi personnel de Louis, y prit part un des premiers, ainsi qu'une foule de seigneurs attachés à

Charles VII, que le roi avait, dès le début de son règne, dépouillés de leurs charges, et parmi lesquels se trouvait le fameux comte de Dunois, dont la vaillante épée avait si longtemps défendu la couronne[1]. Cette ligue se grossit encore des ducs de Bretagne, de Bourbon, de Lorraine, d'Alençon, de Nemours, des comtes d'Albret, d'Armagnac, de Nevers, tous mécontents, à divers titres, de la tyrannie du monarque. Le jeune duc de Berri, frère du roi, à peine âgé de dix-sept ans, se laissa de même entraîner dans le parti de ces seigneurs, qui se servirent de son nom pour en augmenter l'influence.

Le duc de Charolais et les principaux confédérés s'étaient donné rendez-vous, en 1465, sous les murs de Paris, et déjà dans toutes les campagnes voisines flottaient les bannières des rebelles; dans les rangs épais desquels s'élevait ce cri de guerre : *Franchise, décharge du peuple, bien public!* mots sonores, voyez-vous, camarades, que toutes les factions font entendre bien haut, masque banal dont l'ambition couvre son visage, et qu'elle ne tarde pas à rejeter après. Cependant Louis avait pris ses mesures pour faire tête à l'orage : attaqué par la noblesse, il chercha un point d'appui dans le peuple. Il parut lui-même au milieu des Parisiens, qu'il combla de caresses, en leur annonçant que la reine viendrait faire ses couches dans la capitale ; on rendit les armes aux

---

[1] Charles VII lui avait donné le gouvernement de la Normandie, Louis XI le lui enleva, comme il enleva celui de la Guienne au duc de Bourbon.

bourgeois ; le guet[1] fut augmenté, et l'on tendit les chaînes dans les rues, même en plein jour. Des approvisionnements de vivres entrèrent dans Paris, les fortifications furent mises en état de défense, et toutes les portes murées, à l'exception de trois. Louis enfin fit avancer, à marches forcées, une troupe aguerrie d'environ trente mille hommes, avec lesquels il comptait traîner la guerre en longueur et lasser ou diviser les confédérés. Le comte de Charolais, de son côté, quoique ses forces fussent supérieures, avait résolu de ne risquer aucune action, avant d'avoir opéré sa jonction avec les ducs de Bretagne et de Berri. Mais les avant-postes de l'armée royale, commandée par Pierre de Brézé, maréchal de Normandie, s'approchèrent tellement de ceux des Bourguignons, que les deux partis ne purent résister à l'envie d'en venir aux mains. Cette escarmouche devint progressivement un engagement général, rempli de confusion, où des corps entiers s'ébranlèrent spontanément et sans ordre. Les chefs, pris à l'improviste et sans aucun plan formé d'avance, combattirent en quelque sorte au

---

[1] Il y avait deux sortes de guet : le *guet royal* ou payé par le roi, et le *guet assis*, qui n'était composé que de gens des métiers, ayant boutique, ou appartenant à une corporation. Le premier parcourait de nuit les principales rues. L'autre, divisé comme Paris en seize quartiers, occupait des postes fixes. Chaque soir deux trompettes, du haut d'une tourelle du grand Châtelet, sonnaient la *guette*, afin de convoquer ceux qui étaient de service pour la nuit. Mais ni l'un ni l'autre n'avaient jamais bien accompli le but de leur fondation, et chaque nuit, les vols, les rapts ou les assassinats se succédaient avec une malheureuse impunité dans la capitale. Aussi le *guet assis* avait-il été nommé, par raillerie, le *guet dormant*.

hasard. Aussi cette sanglante mêlée, qui a pris le nom de bataille de Montlhéry, de celui d'un château voisin que vous connaissez déjà, offrit-elle le singulier spectacle de deux armées fuyant en même temps. Le comte de Charolais avait rompu l'aile droite du roi, et le roi l'aile gauche du comte ; tous deux, entraînés à la poursuite des fuyards, disparurent du champ de bataille et passèrent pour morts. Louis XI, épuisé de fatigue, fut porté au château de Montlhéry, tandis que Charolais faillit vingt fois être pris en venant rejoindre les siens. Des deux côtés les troupes, ne voyant plus leurs chefs, tournèrent le dos, saisies d'une terreur panique, et comme chacun, en fuyant, répandait la nouvelle de la perte de la bataille, il arriva que des villes d'un parti, à l'apparition des troupes de l'autre qui se sauvaient, ouvrirent leurs portes, comme si elles avaient été sommées par des soldats victorieux. « Et dans la suite, ajoute Comines [1] en ses Mémoires, « tel perdit « ses offices et Etats pour avoir fui, qui furent « donnés à d'autres qui avaient fui dix lieues plus « loing. » Cependant Charolais, qui parvint enfin à rejoindre les Bourguignons, eut la gloire de coucher sur le champ de bataille. — *Vraiment ce lui est une gloire bien forcée*, dit à ce propos Louis XI, *car il n'a ni ville, ni bourg pour retraite.*

Mais quoique la victoire fût restée indécise,

---

[1] Philippe de Comines, sire d'Argenton, d'abord attaché à la personne de Charles le Téméraire, passa ensuite au service de Louis XI. Ecrivain distingué et homme d'état habile, il a laissé des Mémoires d'un grand mérite, quoiqu'on puisse, à juste titre, le taxer de partialité pour son dernier maître.

l'arrivée du duc de Bretagne, avec le reste des confédérés, força Louis à s'enfermer dans Paris, dont les alliés ne poussèrent le siége que mollement, occupés des négociations que, pour gagner du temps, Louis se hâta d'ouvrir avec eux. Le monarque fit toutes les concessions qu'on exigeait de lui ; espérant bien ressaisir plus tard, par la ruse, ce que la force lui enlevait. Pendant ces confidences, l'astucieux monarque parut y mettre tant de confiance et de bonne foi, qu'ayant traversé la Seine, avec cinq personnes seulement, il se hasarda, pendant plus de deux heures, dans le camp bourguignon situé sur l'autre rive. Jaloux d'égaler son suzerain en audace, le comte de Charolais pénétra le lendemain jusque dans les retranchements de Paris, et ne revint de cette seconde entrevue qu'à la nuit close, lorsque déjà de sinistres pressentiments commençaient à se glisser sous les tentes bourguignonnes, où chevaliers et soldats murmuraient entre eux les noms de Jean-sans-Peur et de Montereau. Tout en se montrant fort accommodant avec les confédérés, le roi parvint à semer des germes de désunion et de méfiance parmi eux, et malgré les sacrifices que la politique perfide de Louis parut lui imposer, le traité de Conflans, qui termina cette guerre, ne fut pour tous qu'un tissu de déceptions..... mais plus encore, pour le pauvre peuple dont un instant cette ligue *du bien public* avait éveillé l'espoir. Les principaux membres de la confédération obtinrent des dignités, des domaines, des priviléges dont le vindicatif monarque se réservait de les dépouiller bientôt.... Mais ce fut là tout le *bien public* que produisit cette levée de boucliers formidables, dont le véritable but était de renverser la monarchie française, et qui la mit, en effet, à deux doigts de sa perte.

Le roi fut pris, quelque temps après, dans un piége tendu par lui-même. Le duc Philippe le Bon était mort; Charles, surnommé l'*Intrépide* ou plus justement le *Téméraire*, car à son courage s'alliait une folle audace, trouva les Etats de son père dans la situation la plus florissante. Ses coffres renfermaient un trésor immense; l'armée bourguignonne était nombreuse, aguerrie, et Charles brûlait de changer sa couronne ducale pour une couronne royale.et indépendante. Le caractère de ce duc formait, sous tous les rapports, un contraste parfait avec celui de Louis XI. Je vous ai dit que celui-ci était calme, réfléchi et plein d'adresse, ne poursuivant jamais une entreprise désespérée et n'en abandonnant aucune dont le succès était probable, quoiqu'éloigné : Charles de Bourgogne, au contraire, était impétueux, emporté; il se précipitait aveuglément dans le péril et ne sacrifiait ni ses passions, ni même ses fantaisies à aucune considération. Malgré les liens de parenté qui les unissaient, malgré les secours que le duc et son père avaient accordés à Louis, pendant son exil, lorsqu'il était dauphin, il régnait entre eux une haine réciproque. Bien que Louis dissimulât ses vrais sentiments pour son *beau cousin de Bourgogne*, il n'en conservait pas moins d'animosité contre un vassal devenu trop puissant, et dont la pétulance s'exhalait souvent en éclats injurieux à la dignité royale. Charles méprisait à son tour la politique cauteleuse du roi; il l'accusait de manquer de courage, quand il le voyait employer l'argent et les négociations, pour se procurer des avantages dont, à sa place, il se serait assuré par la force des armes. Il ne pouvait surtout lui pardonner l'appui que Louis accordait aux mécontents de Gand, de Liége et d'autres grandes villes de Flandre. Ces cités, jalouses de leurs priviléges et fières de leurs richesses, étaient souvent en insurrection contre leur seigneur suzerain, et ne manquaient jamais de trouver des secours secrets à la cour du roi de France, qui saisissait toutes les occasions de fomenter des troubles dans les Etats de son dangereux voisin. L'humeur irritable du Bourguignon éclata enfin, et Charles se prépara à entrer avec ses troupes sur les terres de France. Louis, de son côté, vint en 1468 au devant du Téméraire avec une forte armée. Mais ce prince ne déployait jamais plus de vues pacifiques, que lorsqu'il se préparait à frapper en secret ses ennemis, et malgré l'avis de ses capitaines qui lui conseillaient de livrer bataille et lui répondaient du succès, il préféra demander une entrevue à son terrible rival, pour régler tous les sujets de contestation qui subsistaient entre eux.

Le monarque se rendit donc, avec quelques seigneurs et une seule compagnie de sa garde écossaise, à Péronne, où le duc de Bourgogne se trouvait avec une partie de sa cour. Malgré le ressentiment qui grondait sourdement dans son cœur, l'impétueux Charles, contraint de céder aux exigences de l'étiquette féodale, dut monter à cheval, avec les plus distingués de ses chevaliers, pour aller au devant de son seigneur suzerain. Ce fut alors un étrange spectacle que celui de l'orgueilleux vassal, richement vêtu, sa couronne ducale sur la tête, et les épaules couvertes d'un superbe manteau, descendant de son noble coursier et mettant un genou en terre pour aider à quitter la selle de son mesquin palefroi, au roi Louis revêtu d'un habit montrant la corde, avec son vieux chapeau garni d'une multitude d'images de plomb [1].... L'accueil que se firent les deux princes fut aussi rempli d'affectation d'amitié qu'il était vide de sincérité. Je n'ai pas besoin de vous dire, camarades, la difficulté avec laquelle l'irascible duc parvint à plier ses discours et ses manières aux égards convenables.... Quant à Louis, passé maître en fait de dissimulation, il semblait avoir tout oublié, pour ne se rappeler que l'ancienne amitié de jeunesse qui l'avait uni à Charles. Mais à peine les conférences étaient-elles ouvertes, que des courriers vinrent annoncer au duc l'insurrection des Liégeois, parmi lesquels on avait reconnu des émissaires français. Il paraît

---

[1] Louis XI affectait dans ses habits une simplicité qui allait jusqu'au cynisme. Dans un compte de sa maison, que l'on a conservé, l'on trouve un article de quinze sous pour deux manches neuves mises à l'un de ses vieux pourpoints. Jamais enfin personne ne présenta un extérieur moins majestueux que ce monarque auquel on donna, le premier, le nom de *majesté*.

que ces derniers, outre-passant leurs instructions, avaient avancé le moment marqué par le perfide monarque, qui se trouva tout à coup pris dans ses propres filets. Je vous laisse à penser la violente colère du Bourguignon, en apprenant cette nouvelle ; les plus furieuses résolutions se disputèrent son âme..... Gardé à vue dans la sombre tour du château de Péronne, où Charles *le Simple* détrôné avait péri sous les coups de ses assassins, Louis, à qui ce sinistre présage n'offrait rien de rassurant, put croire un instant que c'en était fait de sa couronne et de sa vie. Trois jours se passèrent dans cette perplexité ; le monarque français n'en sortit qu'en consentant à signer un traité dicté par son ennemi, et en jurant de marcher sous ses drapeaux pour aller châtier la révolte de ces mêmes Liégeois, dont il avait été l'instigateur. Pour que rien ne manquât à l'humiliation de son fourbe rival, Charles limita le nombre de chevaliers et d'hommes d'armes qu'emmènerait Louis, et celui-ci traîné, en quelque sorte, comme captif, à la suite de la brillante armée de son vassal, dut assister à son triomphe et au spectacle des cruautés qu'exerça le vainqueur. Les Liégeois se défendirent avec désespoir ; cette expédition ne fut pas sans risques personnels pour Louis, car il y déploya quelque courage, et se battit avec toute l'apparence de la bonne volonté pour une cause qu'il maudissait du plus profond de son cœur. Liége fut pris enfin : portant la croix rouge de Saint-André, qui était le signe de ralliement des Bourguignons, le monarque entra par la brèche, à côté de Charles, dans cette malheureuse cité, criant comme le dernier des soldats : *Ville gagnée! vive Bourgogne!*

De retour dans ses États, la première pensée du roi fut une pensée de vengeance. La sienne ne tarda pas à tomber sur le cardinal de La Balue, d'après les perfides avis duquel il avait hasardé la démarche qui venait de lui coûter si cher. Fils d'un tailleur du Poitou, La Balue s'était rapidement élevé au rang d'évêque d'Evreux et de conseiller privé de Louis XI, qui l'avait comblé de bénéfices et avait obtenu pour lui le chapeau de cardinal. Ce monarque aimait à s'entourer d'hommes d'une naissance obscure, sans alliance et sans soutiens parmi cette orgueilleuse noblesse, objet de sa défiance continuelle, parce qu'il pouvait les renvoyer sans risques s'il venait à s'en lasser. C'est ainsi qu'il accordait toute sa confiance à Olivier le Dain, son barbier[1], et qu'il fit son compagnon habituel du ministre de ses vengeances, le grand prévôt Tristan l'Hermite, qu'il appelait *son compère*. Mais ce roi si fourbe devait former des traîtres à son école : La Balue fut convaincu d'intelligences avec le duc de Bourgogne, et d'encourager les projets de rébellion du duc de Berri, frère du roi. Le caractère religieux dont le traître conseiller était revêtu lui sauva la vie ; mais Louis fit

---

[1] Olivier reçut aussi de la haine publique le sobriquet de *diable*, qu'il devait à l'astuce peu scrupuleuse avec laquelle il concourait à la politique tortueuse de son maître. Ce misérable, dont Louis avait fait un grand seigneur, fut pendu pour un crime infâme au commencement du règne de Charles VIII.

enfermer cet ancien favori dans une des cages de fer du château de Loches. Un calcul si horrible avait présidé à leur construction, qu'un homme d'une taille ordinaire ne pouvait s'y tenir tout à fait debout, ni s'y coucher entièrement : quelques écrivains attribuent cette invention à La Balue lui-même. Le roi le retint dans un de ces cachots durant onze ans, et ce ne fut qu'à sa dernière maladie qu'il consentit à l'en laisser sortir.

Une des plus rudes conditions auxquelles Louis avait été forcé de souscrire pour se tirer du mauvais pas de Péronne, était de céder en apanage les comtés de Champagne et de Brie au duc de Berri qu'il avait dessaisi de la Normandie[1] : le monarque, cherchant à éluder cette clause, entama avec son frère des négociations qui paraissaient devoir réussir ; mais la trahison du cardinal La Balue les fit manquer. Le duc de Berri avait pourtant consenti à s'accommoder du duché de Guyenne, lorsqu'il mourut en 1472, empoisonné, dit-on, par un moine bénédictin, son aumônier. Les antécédents de Louis avec son père étaient assez éloquents pour qu'on pût l'accuser de ce crime, et s'il est vrai que le monarque français n'y ait point trempé, toute sa conduite donnait

---

[1] Louis avait été contraint de céder cette province à son frère, en vertu du traité de Conflans, qui termina la guerre du Bien public. Mais à peine les troupes des confédérés s'étaient-elles retirées, que le roi entra en Normandie, fit occuper toutes les places fortes et enleva à son frère la souveraineté de ce pays. Le roi parvint de même à annuler pièce à pièce tous les articles de ce traité.

au moins le droit de l'en soupçonner. Le duc de Bourgogne, adoptant cette conviction avec fureur, publia dans toute la chrétienté que Louis XI venait de faire mourir son frère par *poison*, *maléfice* et *sortilége*, prêchant, en quelque sorte, une croisade contre lui, comme *parricide*, *hérétique* et *idolâtre*. Les troupes bourguignonnes entrèrent immédiatement en France, ravagèrent toute la Picardie avec une férocité sans exemple, et s'avancèrent jusqu'à Beauvais devant lequel elles mirent le siége. Le courage d'une femme sauva cette place, au moment où ses défenseurs désespéraient de son salut. Une héroïne qui, comme la Pucelle, porte le nom de Jeanne, se précipite tout à coup sur le rempart, à la tête d'une troupe de femmes, armées spontanément à sa voix; les échelles des assaillants sont renversées, les Bourguignons roulent au pied des murailles, sous les coups de la vaillante Jeanne et de ses compagnes, et celle-ci reçoit après la victoire le surnom de *Hachette*, comme souvenir de l'arme sanglante qu'elle tient encore à la main. En mémoire de cette action héroïque, Louis XI ordonna que chaque année, le 10 juillet, il y aurait à Beauvais une procession solennelle, dans laquelle les femmes prendraient le pas sur les hommes.

Repoussé devant Beauvais, Charles va porter ses fureurs en Normandie, pendant que les troupes royales, qui ont pénétré dans ses États, sur divers points, y mettent également tout à feu et à sang. Le Bourguignon, préoccupé ailleurs de projets ambitieux, consent enfin à traiter avec son suzerain. Le duc de Bretagne, intimidé, demande et obtient une trêve. Mais il restait encore sur les bras à Louis XI, Édouard, roi d'Angleterre, allié des Bourguignons, qui venait de débarquer en France, en 1475, renouvelant les prétentions de l'Angleterre à la possession de la Guyenne et de la Normandie. Le monarque sut se tirer de ce pas difficile, en prodiguant l'or et les promesses aux principaux officiers anglais : le traité de Pecquigny assura à la France sept ans de trêve, moyennant cinquante mille écus d'or par année. Ainsi se termina cette nouvelle ligue contre Louis XI, dans laquelle Anglais, Bourguignons, Bretons et Gascons devaient lui *courir sus, et lui mettre tant de lièvres à la queue, qu'il ne saurait de quel côté fuir.*

L'inconcevable fatalité qui poussait Charles de Bourgogne à sa perte, ne devait pas tarder à l'entraîner dans l'abîme. Il était maître de la Bourgogne, la Franche-Comté, l'Artois, la Flandre et presque toute la Hollande ; sa gendarmerie passait pour la plus brillante et la mieux disciplinée de l'Europe ; les villes des Pays-Bas florissaient par un commerce qui commençait à approcher de celui de Venise ; Anvers était l'entrepôt général des nations septentrionales ; cinquante mille ouvriers travaillaient, dans Gand, aux étoffes de laine ; la situation de Bruges n'était pas moins prospère ; Arras était renommé pour ses belles tapisseries ; en un mot, peu de maisons souveraines, en Europe, étaient aussi puissantes que celle de Bourgogne, aucune n'était plus magnifique.... L'ambitieux Charles aspira encore au titre de roi : il avait jeté ses vues sur la Lorraine, et voulait faire de Nancy la capitale de son futur royaume. Il se proposait, de plus, d'assujettir les Suisses, contre lesquels il alléguait de prétendus griefs. Il n'y avait alors que huit cantons suisses confédérés: Fribourg, Soléure, Schaffouse et Appenzell n'étaient pas encore entrés dans l'union ; Bâle, ville impériale, que sa situation sur le Rhin rendait riche et puissante, ne faisait pas non plus partie de cette république naissante, connue seulement par sa pauvreté, sa simplicité et sa valeur. Les députés de Berne vinrent humblement remontrer à l'orgueilleux Bourguignon que tout leur pays ne valait pas les brides de ses chevaux, ni les éperons de ses chevaliers... Charles le Téméraire ne voulut rien entendre et vint attaquer, en 1476, une petite ville nommée Granson dont les habitants, après s'être défendus vaillamment, furent contraints de se rendre. Le farouche vainqueur fit pendre une partie de ces braves gens et noyer le reste dans le lac de Neufchâtel.

En apprenant la fin tragique de leurs malheureux compatriotes, les nombreux bataillons suisses se levèrent, pour courir à la vengeance. Au lieu de les attendre en plaine, où sa cavalerie couverte de fer les eût facilement écrasés, Charles osa s'engager au milieu de leurs rochers. Un instant avant d'en venir aux mains, la gendarmerie dorée du prince vit avec étonnement ces hommes grossiers s'agenouiller pieusement sur le champ de bataille, puis, après une courte prière, les masses profondes des montagnards reprirent leurs rangs en bon ordre et attendirent le choc, appuyés sur leurs longues piques. Charles s'élance aussitôt avec sa cavalerie; mais les piques s'abaissent à la fois sur toute la ligne; ce premier corps est en un instant renversé, et, se repliant sur le second, y porte le désordre.... L'épouvante s'empare du reste de l'armée bourguignonne, qui ne croyait pas même avoir à combattre; la déroute est générale et le prince se voit entraîné par le tourbillon des fuyards : l'artillerie, les trésors, les équipages du duc restèrent au pouvoir des vainqueurs.... Telle était alors la simplicité de cette nation, que la vaisselle d'argent du prince fut vendue pour de l'étain. Les Suisses se défirent également, à vil prix, des pierreries, des étoffes précieuses... le plus beau diamant de Charles, évalué depuis à près de deux millions, fut donné pour un florin et passa de main en main à ce prix. Incapable d'écouter les conseils de personne, le Téméraire, dont cet échec avait redoublé la colère, vint assiéger la ville de Morat, et, contre l'avis de tous ses capitaines, s'obstina à livrer bataille aux Suisses, auxquels s'était joint le jeune duc de Lorraine. L'issue de cette journée fut encore plus funeste au conquérant que celle de Granson... les Bourguignons furent exterminés, et des ossements de leurs soldats, les Suisses élevèrent un monument funèbre qu'on appela l'*Ossuaire de Morat*[1].

Ces deux défaites avaient exaspéré à tel point

[1] Cet ossuaire resta debout pendant trois siècles; le bataillon de la Côte-d'Or, victorieux à son tour, le renversa dans la campagne de 1798.

l'irascible Charles, que sa raison en fut pour un temps égarée. La prise de Nancy, par le duc de Lorraine, mit le comble à son désespoir et redoubla les accès du délire dont il avait déjà donné des marques : il laissa croître sa barbe et ses ongles, ne changea plus de vêtements et s'emportait en menaces terribles contre ses plus fidèles serviteurs. Un dernier acte de folie consomma enfin sa ruine : avec les débris de ses troupes, découragées par deux revers successifs, Charles le Téméraire vint mettre le siége devant Nancy, en 1447, par un hiver des plus rigoureux, et fit ouvrir la tranchée dans la terre gelée. René de Lorraine arriva à propos au secours des habitants, avec une nombreuse armée, presque entièrement composée des redoutables bataillons suisses. Sourd à toutes les remontrances, Charles, poussé par l'esprit des vertige qui s'est emparé de lui, persista à livrer, sous les murs de la ville, une bataille dont on pouvait d'avance prévoir la perte. — *S'ils ont vaincu*, dit-il, *c'est qu'ils se sont tenus dans des lieux inaccessibles à mes braves chevaliers : aujourd'hui que nous combattons en plaine, c'est la valeur qui décidera la victoire.....* Mais chevaliers et gendarmes tombent froissés, avec leurs chevaux, sur la plaine glacée, sans que le poids de leur armure leur permette de se relever.... L'Italien Campo-Basso, que Charles a comblé de faveurs et qui commande un corps de *condottieri*[1], est passé à l'ennemi au moment où l'action a com-

---

[1] Rien n'était plus commun alors, en Italie, que ces bandes d'aventuriers qui, avec leurs chevaux et leurs armes, se met-

mencé, et ce lâche, auquel les Suisses ont refusé une place dans leurs rangs, tombe sur les derrières des Bourguignons pour achever les cavaliers qui sont à terre. Le carnage ne s'arrêta qu'à la nuit.... Charles avait payé de sa vie le nom de Téméraire que la postérité lui donna. Le lendemain, un page guida en pleurant le duc Réné vers l'endroit où son maître avait combattu la veille : on ne retrouva qu'un cadavre, engagé dans la glace, défiguré, méconnaissable.... auquel le vainqueur fit de somptueuses obsèques. — *Beau cousin*, dit le jeune duc qui chercha vainement à retenir ses larmes, *votre âme ait Dieu; vous nous avez fait moult maux et douleurs*. Ce fut là toute l'oraison funèbre du dernier prince de la puissante maison de Bourgogne.

Marie, fille de Charles de Bourgogne, se trouvait l'unique héritière de cette vaste succession. Louis, promptement informé de la mort du duc, ne put s'empêcher de témoigner une joie indécente ; il réclama sur-le-champ la Bourgogne, comme un fief masculin, qui revenait de droit à la couronne. Les habitants de cette province se soumirent sans résistance ; mais les villes de Flandre et de l'Artois se déclarèrent pour la fille de Charles le Téméraire. Il eût été d'une bonne politique de négocier le mariage de Marie avec le dauphin ;

---

taient tantôt au service d'un prince, tantôt d'un autre, et étaient toujours prêts à passer sous les drapeaux de ceux qui pouvaient les acheter le plus cher. La campagne était-elle finie, il n'y avait ni loi, ni point d'honneur qui pût les empêcher de tourner à l'instant même leurs armes contre ceux qu'ils venaient de servir.

mais cet enfant n'était encore âgé que de huit ans, tandis que la princesse bourguignonne en avait vingt. Les Gantois d'ailleurs voulaient que leur princesse épousât un Allemand. En 1479, l'empereur obtint d'eux sa main pour son fils, Maximilien d'Autriche. Louis XI eut nécessairement un ennemi dans l'époux de celle qu'il venait de dépouiller d'une partie de son héritage, et ce mariage fut la source de toutes les guerres qui, pendant tant d'années, se sont élevées entre la maison de France et celle d'Autriche.

Le sort avait délivré Louis de son plus redoutable ennemi ; lui-même avait mis le temps à profit pour se défaire des autres, et le bourreau ne lui était venu que trop souvent en aide. La féodalité était désormais réduite depuis que le sanguinaire monarque avait fait tomber les têtes du comte de Melun, du duc d'Alençon, du comte de Saint-Paul, et enfin du duc de Nemours, dont le supplice présenta d'horribles détails. Ce seigneur, après avoir été renfermé dans une cage de fer, fut décapité aux halles, et ses enfants, traînés sous l'échafaud par l'ordre du roi, furent inondés du sang de leur malheureux père. On les conduisit en cet état à la Bastille, dans des cachots faits en forme de hotte, où la gêne que leur corps éprouvait était un continuel supplice. Rien ne saurait absoudre Louis XI de pareils actes de barbarie ; mais il faut dire aussi qu'un petit nombre de ces victimes arrivèrent pures devant le tribunal de Dieu, et il est constant que la France profita de ces sanglantes exécutions.

Louis s'était toujours montré dur, inquie[t,] implacable; mais ce caractère ombrageux p[a]rut encore se rembrunir pendant les derniè[res] années de sa vie. Les soupçons, les remord[s,] les travaux du gouvernement avaient de bon[ne] heure ridé son visage, blanchi ses chevev[x,] courbé sa taille et soumis tout son corps à [un] état douloureux et maladif qui empirait à v[ue] d'œil. Du moment qu'il s'aperçut de l'aff[ai]blissement de sa santé, le monarque s'enferm[a] plus que jamais dans son château de Plessis-l[ez-]Tours, dont les portes et les fenêtres s'enrichire[nt] encore d'un nouveau luxe de verroux et de grill[es;] un nombre plus considérable d'arbalétriers ve[illa] tout autour et eut ordre de tirer sur tous ce[ux] qui approchaient. Sur les hautes tours et sur [les] remparts s'élevèrent des espèces de guérites [de] fer appelées *nids d'hirondelles*, à l'abri du tr[ait] et même de l'artillerie, d'où les sentinelles po[u]vaient faire feu sur quiconque oserait se présen[ter] sans avoir le signal ou le mot d'ordre. Les a[r]chers de la garde royale remplissaient nuit et jo[ur] ce service, pour lequel ils recevaient du roi Lou[is] une forte paie et de riches habits. Des ronde[s] continuelles se succédaient par tous les environ[s;] tout passant suspect était immédiatement condu[it] au prévôt Tristan..... et les chênes voisins, a[ux] branches desquels étaient accrochés çà et là d[es] cadavres, attestaient assez sa justice sommaire [et] cruelle. Malheur au voyageur étranger à ces co[n]trées pour qui les fruits lugubres qui pendaie[nt] à ces arbres n'eussent pas été un avertissemen[t] suffisant de changer de route ; car, à l'exception d'un étroit sentier, toutes les avenues du sinistre manoir étaient cernées de piéges cachés et de trappes armées de faux qui eussent tranché les membres de l'imprudent ! Mais deux ennemis que toutes ces précautions n'avaient pu empêcher de pénétrer au Plessis s'étaient établis dans la chambre royale, et ne quittaient plus le chevet de Louis.... la maladie et la peur minaient rapidement son existence. Chaque jour le prince moribond usait en vain de nouvelles distractions pour faire diversion à ses souffrances physiques, et chasser les spectres qui l'obsédaient : sur cette noire mélancolie venaient échouer les accords les plus mélodieux des musiciens qu'il entretenait au château. D'autres fois, il faisait amener sous ses fenêtres une troupe de bergers et de bergères de la Touraine, pour chanter et danser les rondes joyeuses de leur pays ; mais la gaieté de ces bonnes gens demeurait sans écho dans son âme, et le monarque ordonnait bientôt qu'on les renvoyât être heureux plus loin[1] ; Louis cherchait alors dans la dévotion le soulagement de ses terreurs : non content de multiplier les neuvaines et les dons aux églises, il faisait venir à

---

[1] Cet épisode a fourni à Béranger le sujet d'une de ses meilleures compositions : c'est tout un petit drame, où la sombre figure de Louis, fortement accusée, revient, à chaque couplet, former opposition avec le gai refrain de ces bergers :

> Heureux villageois, dansons,
> Sautez, fillettes et garçons.

Casimir Delavigne a aussi reproduit cette situation dans sa tragédie de *Louis XI*, avec beaucoup de bonheur.

grands frais de tous les pays des reliques, dont il peuplait sa chambre à coucher; ou, passant la revue des saints de plomb qui garnissaient son bonnet, il choisissait l'une de ces images, devant laquelle il se mettait à genoux et lui adressait les prières les plus extraordinaires. C'est surtout à Notre-Dame d'Embrun qu'il accordait une confiance toute particulière. Il lui prodiguait les promesses et ne lui dévoilait de ses crimes que ce qu'il jugeait ne pouvoir lui cacher, car telle était la stupidité de ses croyances superstitieuses, que, prêtant à ces images des bienheureux et de la Vierge les passions et les faiblesses humaines, il entrait en composition avec elles, pour obtenir leur intercession auprès de Dieu, au meilleur marché possible, et l'on prétend qu'il allait jusqu'à leur demander pardon de ses assassinats avant de les avoir commis. Un jour qu'il faisait dire une oraison en sa faveur à saint Eutrope, comme le chapelain priait selon la formule ordinaire, pour la santé de l'âme et du corps: — *Priez seulement pour la santé du corps*, dit-il brusquement au prêtre, *il ne faut pas tant demander à la fois.*

On a peine à concilier le récit de telles faiblesses avec la haute sagacité dont il faisait preuve au milieu de ses souffrances, toutes les fois qu'il s'agissait des affaires de l'État. On ne peut s'empêcher d'accorder des éloges à l'administration de ce monarque, qui ne cessa, jusqu'à la fin, de travailler à la prospérité intérieure du royaume. Comme s'il eût voulu que lui seul eût le droit d'être injuste il veilla toujours sévèrement à ce que la justice fût rendue partout. Le commerce attira aussi son attention; sa protection spéciale et son concours lui imprimèrent un élan d'activité remarquable. Il avait fait venir d'Orient et d'Italie d'habiles ouvriers en étoffes précieuses; il exempta de tous droits, taxes et impôts les Français et les étrangers qui voudraient apprendre d'eux cette fabrication; aussi l'année 1474 fut-elle marquée par l'établissement, en France, des premières manufactures de soieries, dont la prospérité marcha bientôt en croissant[1]. La noblesse et le clergé purent enfin, sans déroger, se livrer aux opérations commerciales, tant sur terre que sur mer, à la seule condition qu'ils n'emploieraient que des vaisseaux français. A Louis XI est encore due, en 1464, l'institution des postes, jadis répandues sur toute la surface du vaste empire romain. Mais elles n'étaient primitivement destinées, en France, qu'au transport des dépêches du roi et du pape. Ce ne fut qu'en l'année 1650, que les courriers commencèrent à porter les lettres des particuliers. Louis XI favorisa également les progrès des sciences médicales, et assista lui-même, à Paris, en 1474, à la première opération de la pierre, qui eut lieu publiquement, dans le cimetière Saint-Severin, sur un pauvre archer condamné à mort, auquel on avait promis sa grâce

---

[1] C'est à Tours que furent établies les premières fabriques de soieries; elles s'y maintinrent longtemps. Mais depuis la fin du dix-huitième siècle, les manufactures de Lyon ayant pris un immense développement, celles de Tours déclinèrent et ne tardèrent pas à tomber.

si elle réussissait. L'expérience fut heureuse ; l'archer, au grand étonnement de tous, fut guéri au bout de quinze jours. C'était une grande victoire que la science remportait là sur la superstition, qui semait depuis si longtemps les études de médecins de difficultés et d'erreurs. Nous avons déjà parlé de l'imprimerie, et je vous ai dit les premiers essais de cet art en Allemagne ; mais cette découverte ne se répandit en France que plusieurs années après. Les livres, laborieusement copiés à la main, étaient nécessairement très-rares et d'un prix excessif. Une bible bien écrite et bien coloriée, par exemple, coûtait environ 500 écus d'or. Vous pouvez juger de l'effet des livres imprimés lorsqu'ils parurent. Peu s'en fallut pourtant qu'on ne brûlât comme sorciers les premiers imprimeurs que Louis avait appelés à Paris, en 1470 ; ils durent à sa protection éclairée de pouvoir exercer leur industrie en toute sécurité. En 1482, naquit encore un art précieux, digne complément de l'imprimerie ; on vit des cartes géographiques, gravées sur bois, jointes à l'ouvrage de Ptolémée. Dans le même temps, l'allemand Muller imprimait le premier calendrier. L'architecture, la sculpture et la peinture sur vitraux avaient acquis également un degré de perfection remarquable sous ce règne.

Une révolution non moins importante se préparait dans les idées militaires : les armes à feu portatives commençaient à jouer un grand rôle dans les batailles ; à celle de Morat, les Suisses, selon le rapport de Commines, avaient dix mille coulevrines[1] qui ne contribuèrent pas peu à leur donner la victoire. Ces braves montagnards avaient aussi remis les piques en usage : privés de chevaux dans leur propre pays, et n'ayant pas l'argent nécessaire pour en acheter chez leurs voisins, ils avaient adopté forcément cette arme; et, pour s'en servir avec plus d'efficacité, ils eurent recours à l'ordonnance la plus naturelle : leurs gros bataillons serrés et compactes, formés à l'imitation de l'ancienne phalange grecque, parvinrent, en effet, non-seulement à résister au choc de la cavalerie, mais encore à la mettre en déroute. La liberté avait été pour les Suisses le prix de cette nouvelle tactique; les batailles de Morat et de Granson mirent le comble à leur réputation militaire. L'issue de cette guerre révéla la puissance de l'infanterie à cette fière noblesse qui l'avait tant de fois foulée aux pieds de ses grands chevaux, et la força d'avouer qu'on pouvait être brave sans être gentilhomme. Louis XI ne fut pas le dernier à reconnaître cette vérité : il licencia la milice des *francs-archers* dont l'organisation n'était plus en rapport avec les nouvelles armes, et les remplaça par six mille Suisses[2], et

[1] On donnait aux premières pièces d'artillerie des noms d'*animaux dangereux*, dont la figure était représentée sur les anses. Il y eut des *coulevrines*, des *basilics*, des *serpentines*, des *scorpions*... Les *coulevrines* dont il est ici question étaient des bouches à feu d'un petit calibre qu'on appelait aussi *canons à main*, parce qu'un homme pouvait aisément les porter et les manœuvrer. On les remplaça bientôt par les *arquebuses*, puis les *mousquets*.
[2] Telle fut bientôt la réputation des fantassins de cette nation, qu'à l'exemple de Louis XI, la plupart des souverains voulurent en avoir un corps à leur solde.

dix mille Français auxquels on ajouta plus tard un certain nombre de fantassins allemands, connus sous la dénomination de lansquenets[1]. Le monarque, à l'imitation des anciens, voulut assujettir ses troupes à des exercices journaliers, et forma, sur la fin de son règne, un camp de manœuvres au Pont-de-l'Arche en Normandie, où, pendant plusieurs années, furent réunis plus de vingt mille hommes, composés, avec cette infanterie, d'une partie des compagnies d'ordonnance et de deux mille pionniers. Philippe de Crevecœur, seigneur d'Esquerde, commandait cette armée, et maître Picard, bailli de Rouen, était chargé de tout ce qui concernait les vivres et les approvisionnements. Nous n'avons pas d'autres détails sur les manœuvres de ces troupes; mais il est constant qu'on observait dans ce camp la plus exacte discipline, et qu'on s'y gardait comme en présence de l'ennemi. Ce qui ne prouve pas moins l'importance que Louis XI attachait à l'instruction militaire, c'est qu'il composa pour celle de son fils un ouvrage intitulé le *Rosier des guerres*, où se trouve cette maxime judicieuse : *Peu de gens bien advisés sont plus dignes d'avoir victoire que grande multitude sans enseignement*. Pour démentir les bruits de sa fin prochaine qui commençaient à se répandre, Louis eut le courage de venir visiter le camp du Pont-de-l'Arche au plus fort de sa maladie, et de passer la revue des trou-

---

[1] *Lands-knecht* signifie littéralement valet ou serviteur du pays.

pes ; puis il écrivit encore pour l'armée quelques règlements utiles.

De retour au Plessis-les-Tours, où reviennent bientôt l'assaillir ses souffrances et ses craintes de la mort, le monarque fait venir, du fond de la Calabre, un ermite révéré depuis sous le nom de François de Paule : il se traîne à ses pieds, il le conjure, en sanglotant, de le guérir; mais les sources de la vie étaient taries à jamais dans ce corps usé ; le saint homme ne put que l'exhorter à savoir mourir. Louis, par une de ces étranges anomalies que nous avons déjà remarquées dans son caractère, reçut ce coup sans faiblesse; il prit avec fermeté ses dernières dispositions, laissant d'excellents avis pour son successeur, et, le 30 août 1483, il expira dévotement, en adressant une dernière prière à *sa bonne maîtresse*, Notre-Dame d'Embrun, confidente de tant de noires actions.

Jetons maintenant un voile sur tout l'odieux qui s'attache à la vie de ce prince, pour ne voir que la situation du pays à sa mort : l'habileté, l'argent et le bonheur de Louis avaient accru le royaume de plusieurs belles provinces qui en avaient été jadis imprudemment séparées. Ce monarque avait su contenir la Bretagne et la Flandre par les traités qu'il leur imposa. Redouté de l'empereur d'Allemagne, contre lequel les Suisses lui servaient de rempart, il assura encore à la France l'alliance des Écossais contre l'Angleterre. Sans pitié pour les grands qui lui portaient ombrage, s'il fit aussi peser sa tyrannie sur le peuple, mieux valait, à tout prendre, pour celui-ci, obéir aux lois d'un seul maître, qui le dota d'utiles institutions, qu'à une foule d'oppresseurs féodaux, encore plus prodigues de son sang et de son or. Nous avons avoué la profonde perfidie, l'insigne mauvaise foi, la révoltante cruauté de Louis XI ; il nous est permis de lire maintenant ces mots au revers de la médaille : *Il laissa la France tranquille au dedans, et redoutée au dehors.*

Emprisonné par ses craintes perpétuelles, Louis XI avait éloigné comme suspects tous les membres de sa famille ; son fils lui-même n'avait point été élevé sous ses yeux. La seule personne à laquelle il témoignât quelque tendresse était Anne, sa fille, mariée à Pierre de Bourbon, sire de Beaujeu. Ce fut à elle qu'il confia les rênes de l'État par son testament, car le jeune roi était à peine âgé de treize ans, lorsque son père mourut. Cependant, malgré la volonté expresse de Louis XI, la régence fut vivement disputée à cette princesse. Il pouvait, en effet, sembler étrange qu'une femme, que la loi déclarait incapable de s'asseoir sur le trône de France, régnât de fait sous un autre nom ; aussi la dame de Beaujeu vit-elle surgir presque aussitôt les prétentions de Louis d'Orléans, petit-fils de celui qui fut victime de l'horrible guet-apens de la Vieille rue du Temple. En butte aux noirs soupçons de Louis XI, à la cour duquel il demeura toujours sans crédit et sans emploi, le duc d'Orléans avait été fiancé dès l'enfance à Jeanne de France, la plus jeune des filles de ce monarque, que sa difformité rendit, pour son époux, un objet d'indifférence et de dégoût. Le duc ne négligea pas pourtant de se servir des droits que lui donnait ce mariage pour appuyer ceux qu'il avait déjà en sa qualité de premier prince du sang et d'héritier présomptif de la couronne, si le jeune roi venait à mourir sans enfants. La complexion délicate et maladive de Charles VIII rendait cet événement assez probable pour que le duc d'Orléans ne manquât pas de partisans; et ce prince vit se déclarer pour lui bon nombre de gentilshommes influents, parmi lesquels on comptait le duc d'Angoulême, son cousin germain, le vicomte de Narbonne, le duc de Bretagne, le duc de Bourbon, le duc d'Alençon, et enfin le comte de Dunois, fils du vaillant compagnon des victoires de Jeanne d'Arc.

La dame de Beaujeu, trop prudente pour combattre d'abord une ligue aussi puissante, chercha, en digne fille de Louis XI, à la diviser pour la dissoudre plus sûrement. Les membres les plus redoutables du parti eurent des places, des honneurs, des pensions, et l'orage fut conjuré pour le moment. Les états généraux furent convoqués à Tours pour la fin de l'année. Pendant ce temps la régente s'efforçait de faire aimer son gouvernement, en s'occupant de judicieuses réformes, et en essayant de réparer toutes les injustices qui avaient été commises sous le règne précédent. Signalés par la haine publique, une foule d'intrigants, que d'audacieuses malversations avaient enrichis, furent contraints de rendre gorge, à la satisfaction générale[1] ; les donations excessives en biens fonds et en numéraires, faites par le superstitieux Louis XI à des églises, furent révoquées... domaines et écus restèrent en réserve pour les besoins de l'État ; on rappela enfin de l'exil, et on réintégra dans leurs biens, un nombre considérable de personnes bannies sous le gouvernement du feu roi. La justice et la modération de la régente ne pouvaient manquer de lui concilier l'affection des peuples ; elle ne tarda pas à recueillir les fruits de cette sage conduite, lorsque les états généraux ouvrirent leurs séances le 14 janvier 1484. Le duc d'Orléans, qui vint y renouveler ses prétentions, perdit sa cause devant cette assemblée, et la dame de Beaujeu fut maintenue dans la tutelle de Charles VIII.

Cependant le duc, évincé du gouvernement par la régente, chercha à captiver le cœur du jeune roi, qui était venu habiter Vincennes, après les cérémonies du sacre et de son entrée dans Paris. Compagnon et professeur assidu de Charles dans les joûtes, les courses à cheval, et tous les jeux militaires auxquels celui-ci se livrait avec l'ardeur de son âge, il sut rapidement gagner les

---

[1] La régente accorda aussi aux justes ressentiments du peuple la punition de trois favoris du feu roi, qui avaient, à divers titres, abusé de leur crédit pour commettre d'odieuses exactions et même des crimes. Olivier le Daim, ce barbier devenu ministre, fut pendu. Doyac, autre ministre de Louis XI, fut fouetté dans les carrefours de Paris, dans les places de Montferrand, en Auvergne, et dans chacune de ces villes il eut une oreille coupée. Enfin, Jean Coitier, médecin, vampire qui n'avait semblé accorder la vie au feu roi qu'à prix d'or, fut condamné à restituer 150,000 livres.

bonnes grâces du monarque par son adresse à rompre une lance, ou à réduire un coursier fougueux. Le royal élève conçut bientôt pour son maître en ces exercices chevaleresques une affection telle, qu'il ne pouvait plus le quitter. Charles VIII, aisément séduit par les plaisirs que lui offrait la troupe bruyante et animée de jeunes gentilshommes dont le duc d'Orléans l'entourait, ne se trouvait plus qu'avec ennui près de sa sœur et de sa grave compagnie, dont les austères remontrances contrastaient singulièrement avec la gaieté de ses nouveaux amis. Le jeune prince en vint à considérer la tutelle de la dame de Beaujeu comme une sorte d'esclavage auquel il brûlait secrètement de se soustraire. Il écouta donc avec transport les ouvertures qu'on lui fit pour lui proposer de l'en affranchir ; mais la régente, instruite à temps de ce complot, prit sur-le-champ de vigoureuses mesures qui en empêchèrent la réussite. Le duc d'Orléans, Dunois et tous leurs partisans furent privés de leurs charges, ainsi que des pensions dont ils jouissaient, et leurs compagnies d'ordonnance furent licenciées. D'Orléans et Dunois se retirèrent en Bretagne, dont le duc, François II, avait pris parti contre la régente. La guerre civile commença aussitôt dans ces contrées où, malgré les traités existants entre les deux royaumes, les bannières de plusieurs seigneurs anglais flottèrent au milieu des Bretons révoltés contre la cour. Maximilien d'Autriche se trouvait également dans leurs rangs. La Trémouille, à la tête d'une armée royale, fut envoyé contre les confédérés ; et les hostilités durèrent plus de quatre ans. Mais la bataille de Saint-Aubin du Cormier, gagnée, en 1488, par cet habile général, anéantit les espérances du duc d'Orléans, qui tomba entre les mains du vainqueur avec tous ceux qui s'étaient attachés à son sort. Voici maintenant, camarades, un trait qui servira à vous prouver à quel point les mœurs étaient encore entachées de barbarie à la fin du quinzième siècle. Le commandant des troupes royales affecta de traiter avec les plus grands égards le duc d'Orléans et les chevaliers pris avec lui dans les rangs des rebelles. Une table somptueusement servie était dressée dans la tente de La Trémouille; tous furent invités à s'y asseoir. Le repas fut joyeux, les bouteilles circulaient à la ronde, et vainqueurs et vaincus semblaient avoir déposé toute inimitié au fond du verre...... quand, sur un signe du général, un officier quitte la table : il rentre bientôt avec deux moines, dont l'aspect inattendu glace les convives de terreur... Les princes eux-mêmes ont pâli, ne devinant que trop ce que signifie cette sinistre apparition. — *Rassurez-vous, princes,* leur dit La Trémouille, *au roi seul appartient de prononcer sur votre destinée. Mais vous, capitaines,* ajoute-t-il en s'adressant aux autres officiers prisonniers, *qui avez été pris en combattant contre votre souverain et votre patrie, mettez promptement ordre aux affaires de votre conscience.* Les princes demandèrent grâce en vain pour leurs malheureux compagnons d'armes; le général fut inflexible... Le tour du bourreau vint après celui des moines;

ces infortunés eurent tous la tête tranchée. Le duc d'Orléans, traîné de prison en prison, fut enfin enfermé dans la tour de Bourges, où chaque nuit on le resserrait dans une cage de fer.

La guerre continuait néanmoins en Bretagne : le duc François II mourut bientôt après, laissant ses États à sa fille unique, Anne, à peine âgée de quatorze ans. Cette princesse était fiancée à Maximilien d'Autriche, veuf de l'héritière de Charles le Téméraire [1]. Le mariage avait même eu lieu déjà par procuration, et le comte de Nassau, ambassadeur du prince allemand, avait mis, au nom de ce dernier, sa jambe dans le lit de la jeune bretonne, selon le bizarre usage de ce temps. La célébration définitive de cette cérémonie allait faire passer une de nos plus belles provinces sous une domination étrangère. Charles VIII, victorieux en Bretagne, résolut d'enlever la jeune duchesse à Maximilien, bien qu'il fût déjà fiancé lui-même, dès l'enfance, à la fille de ce dernier. Le roi commençait à régner par lui-même, et le premier

[1] La princesse Marie était morte à la suite d'une chute de cheval, laissant au berceau un fils qui fut le père de Charles-Quint, et une fille nommée Marguerite. Les bourgeois de Gand se déclarèrent tuteurs de cette dernière, et conclurent, à cette époque, avec Louis XI, un traité dont le principal article portait que la jeune Marguerite épouserait le dauphin quand elle serait en âge ; cette enfant, malgré l'opposition de son père, fut conduite à la cour de France, où elle fut élevée. Maximilien, maltraité dans toute cette affaire, engagea contre Louis XI une série d'hostilités que suivit une trêve. Mais son mauvais vouloir contre la France n'était pas éteint, et lorsque le duc François II leva l'étendard de la révolte contre la cour, il accourut à son aide avec un renfort d'infanterie allemande. La main de la jeune Anne devait être le prix de cette alliance.

usage qu'il avait fait de son autorité avait été de tirer le duc d'Orléans de son cachot. Dès ce moment, commença entre ces deux princes une affection qui ne se démentit jamais. Charles reçut, en cette occasion, une preuve de celle de son noble parent, qui, amoureux lui-même de la charmante Anne, eut la générosité de faire réussir la négociation. L'héritière bretonne devint reine de France en 1491, et son duché fut réuni à la couronne. Maximilien, furieux d'un affront que sa fille Marguerite partageait avec lui, eut recours, encore une fois, à la force des armes, et parvint à liguer l'Espagne et l'Angleterre contre Charles VIII. La France était alors forte et glorieuse; son roi eût facilement repoussé ces ennemis; il préféra acheter la paix par des sacrifices : l'or de ce prince décida Henri VII, roi d'Angleterre, qui était venu en 1492, assiéger Boulogne, à retourner dans ses Etats, où des troubles réclamaient d'ailleurs sa présence. Le monarque français céda l'Artois et la Franche-Comté à Maximilien, pour l'apaiser, et rendit le Roussillon à Ferdinand, roi d'Espagne, sans même exiger la restitution des 300,000 écus d'or pour lesquels cette province avait jadis été engagée à Louis XI ; comme dédommagement enfin du brillant mariage qui l'attendait depuis l'enfance, la princesse Marguerite épousa le fils de Henri VII, roi d'Angleterre [1].

Il faut à présent vous expliquer les raisons de

---

[1] Ce mariage n'eut pas lieu sans de nouvelles vicissitudes : le vaisseau qui portait Marguerite dans les états de son nouvel époux fut assailli par une violente tempête, et manqua de pé-

de cette conduite pacifique du monarque, conduite si peu en rapport avec la fougue chevaleresque de son caractère et ses rêves ambitieux de jeune homme, qui ne lui offraient que guerres, conquêtes et triomphes éclatants..... A peine échappé à la surveillance sévère de la dame de Beaujeu, Charles, dont le cœur était excellent, mais dont son père avait à dessein entretenu l'ignorance et manqué l'éducation, s'élançait en imagination hors du cercle étroit dans lequel l'avait, jusque-là, retenu la prudence de sa sœur. Les exploits d'Alexandre et de César, qu'il se faisait raconter, étaient des modèles qu'il brûlait d'imiter, et, tout en s'efforçant d'alléger les charges et de réparer les longs malheurs de la France, il songeait pourtant, sans frémir, à prodiguer le sang de ses enfants dans une guerre impolitique que nulle nécessité ne l'obligeait à entreprendre.

Deux maisons d'Anjou, issues de celle de France, avaient occupé le trône de Naples. Je vous ai conté la conquête de ce royaume par la première, et le massacre des Vêpres siciliennes, à la suite duquel elle le perdit. La seconde tenait ses droits, par adoption, de Jeanne, souveraine de cet état. Le dernier comte de Provence, en qui finit cette seconde maison, avait légué, par son testament, le comté de Provence à Louis XI, et, comme il avait conservé le titre de roi des Deux-Siciles,

---

rir. On dit qu'au moment où l'équipage se croyait perdu, la jeune princesse composait tranquillement pour elle l'épitaphe que voici :

  Ci git Margot, la gente demoiselle,
  Qu'eut deux maris et si mourut pucelle.

bien qu'un prince espagnol en portât depuis longtemps la couronne, il communiqua ce titre au monarque français; mais c'était un royaume à conquérir. Le jeune roi ne recula point devant une tâche si difficile. Cette belle terre d'Italie, jadis si fertile en héros, lui parut le vaste champ où devait commencer la brillante série d'exploits qu'il méditait. Exalté par les flatteries de ses courtisans, Charles ne pensait pas qu'un revers fût possible. Une fois maître de Naples, il projetait de s'emparer de Constantinople, et souriait à la glorieuse entreprise de chasser les Turcs de l'Europe. Vous concevez maintenant que tout entier à ces ambitieuses pensées, le monarque français dut se prêter à tous les sacrifices nécessaires pour se réconcilier avec ses voisins, et pour que rien ne vînt plus entraver ses desseins. Un grand tournoi avait été indiqué à Lyon, où se rendit toute la noblesse du royaume. Au milieu des solennités de cette fête chevaleresque, Charles annonce tout à coup aux gentilshommes français que l'expédition d'Italie est décidée, et qu'il doit la commander en personne. De bruyantes acclamations accueillent cette communication du roi; tous veulent prendre part à la conquête de Naples; l'enthousiasme de cette jeunesse guerrière a gagné jusqu'aux vieux chevaliers blanchis sous le harnais... Le monarque part, au mois d'août 1494, à la tête d'une redoutable et magnifique armée.

On pouvait, sans trop de présomption, compter sur l'heureuse issue de cette entreprise: l'Italie était partagée en principautés et en républi-

revers pour changer ces démonstrations joyeuses en cris d'insulte et de mort.

Les fêtes, les tournois se succédaient; et dans l'ivresse du succès, le futur empereur d'Orient qui, dans une perspective caressante se voyait déjà sur le trône de Constantinople, ne songeait pas à consolider avant tout le premier échelon de sa glorieuse fortune. Pendant ce temps les ennemis de Charles ne s'endormaient pas et mettaient ses fautes à profit : une ligne redoutable se formait contre l'imprudent monarque. Le traître, Alexandre Borgia, l'empereur d'Allemagne, le roi d'Espagne, Henri VII, roi d'Angleterre, Ludovic Sforce, duc de Milan, les Vénitiens et toutes les autres républiques d'Italie, aussi perfides qu'inconstantes dans leur politique, convinrent de réunir leurs efforts pour chasser les Français du royaume de Naples et les empêcher de retourner dans leur pays. Charles, prévenu de ce complot, se décida à la retraite. Si sa venue n'avait été qu'un triomphe, ce n'était pas une petite affaire que de traverser, pour s'en retourner, environ trois cents lieues de pays, au milieu de populations soulevées contre les Français. Le monarque se mit pourtant en route pour la France avec neuf mille quatre cent hommes et une partie de son artillerie, laissant au comte de Montpensier le soin de défendre le royaume de Naples avec le reste de son armée.

On arriva sans rencontrer de grands obstacles jusqu'au pied de l'Apennin. On était alors au mois de juillet, la fonte des neiges avait rendu ce passage presque impraticable. On désespéra de pouvoir transporter l'artillerie, et l'on proposait de l'enclouer au bas de ces rochers escarpés, lorsque les Suisses, qui avaient un acte d'insubordination à se faire pardonner, offrirent de hisser les pièces à force de bras, et de les redescendre de même. Le dévouement de ces braves sauva l'armée, dont l'artillerie était la principale ressource; l'intelligence et le courage des soldats triomphèrent de tous les obstacles. Mais de nouveaux périls attendaient les Français à la descente de ces monts. Les confédérés, au nombre de trente-cinq mille hommes, commandés par François de Gonzague, s'étaient postés à trois lieues de Parme, de manière à intercepter la route. Charles VIII, avant de tenter le passage de vive force, essaya de négocier avec les principaux chefs et les commissaires vénitiens qui, sous le nom de *provediteurs*, avaient le plus d'influence dans cette armée; mais on ne put s'accorder, et la victoire de Fornoue, gagnée en moins d'une heure, en 1495, par les troupes de Charles VIII, vint dignement compenser l'humiliation de leur retraite. A l'artillerie française fut principalement due l'heureuse issue de cette bataille. « Les Italiens, dit Comines, voyaient choses qu'ils n'avaient jamais vues, et ils n'entendaient point le fait de l'artillerie, et en France n'avait jamais été si bien entendu. » La frayeur que le canon leur causa fut le salut du maréchal de Gié et de toute l'avant-garde, qui avaient été d'abord enveloppés. Charles VIII combattit au premier rang et s'exposa tellement, qu'il faillit plusieurs fois être pris. Les Italiens, après avoir perdu beaucoup de monde, se réfugièrent en désordre derrière leurs retranchements. Les Français, manquant de vivres, se hâtèrent de partir pendant la nuit. Ils passèrent le Taro, la Trébia, et, après quelques jours de marche, ils arrivèrent pâles, exténués de fatigue et de misère dans cette même ville d'Asti d'où ils s'étaient élancés si joyeux et si fiers, quatorze mois auparavant. Le duc d'Orléans devait se trouver en cet endroit avec des renforts envoyés de France pour protéger le retour de l'armée ; mais ce prince avait commis la coupable imprudence de quitter ce poste pour aller, à la tête de ces troupes, envahir le duché de Milan, sur lequel il avait des droits par son aïeule Valentine, sœur unique du dernier duc de la famille Visconti. Les succès qu'il obtint d'abord furent de courte durée, ses communications avec Asti se trouvèrent bientôt coupées ; bloqué enfin dans Novarre par le duc Ludovic, à la tête de trente mille hommes, il était sur le point de mourir de faim avec les siens, quand Charles VIII arriva à Asti. Le monarque, malgré le juste mécontentement qu'il éprouvait, marcha généreusement à son secours. Des conférences s'entamèrent ; le duc d'Orléans fut tiré de ce mauvais pas, sans qu'on eût besoin d'en venir aux mains ; mais la plus grande partie de ses soldats avait succombé.

Cependant le reste de l'armée française laissé dans le royaume de Naples, combattait pied à pied, pour en conserver la possession. Attaqué en même temps par les Espagnols, les Vénitiens et Ferdinand, en faveur duquel les inconstants Napolitains s'étaient déclarés après le départ de Charles VIII, le comte de Montpensier fut enfin obligé de se rendre. Ce général, entassé dans l'île de Procida avec les débris de ses troupes, au mépris de la capitulation qu'il avait consentie, périt, ainsi que les siens, de misère et de faim. D'autres capitaines Français, plus heureux, durent à leur défense désespérée la faculté de traverser l'Italie avec les honneurs de la guerre, et purent ramener les lambeaux de leurs enseignes dans leur pays, où, pour unique résultat de cette croisade lointaine, ils rapportèrent en même temps une maladie affreuse... *le mal de Naples*[1], qui ne se propagea que trop rapidement en France, et mêla dès lors son poison aux plus doux plaisirs.

La dame de Beaujeu avait sagement gouverné le royaume en l'absence de son frère. Celui-ci, à peine de retour, parlait déjà d'une seconde expédition et voulait créer un nouvel impôt pour subvenir aux frais qu'elle entraînerait... on le supplia de renoncer à ce projet; peu à peu la raison et l'expérience parvinrent à chasser de son esprit ces idées de conquête. Le reste de son règne

---

[1] On l'appelait le mal *napleux*. On lit dans la *Loire historique*, l'une des plus importantes compositions des temps modernes : « Charles VIII, revenant d'Italie, fit un voyage de dévotion au Puy-en-Velay. Le roi avait une suite brillante et leste; il resta dans la ville quelques jours, puis il retourna à Lyon prendre la route de sa capitale. Or, peu de temps après l'apparition de cette cour guerrière en Velay, une maladie qu'on ne peut nommer, et jusqu'alors inconnue en France, se manifesta avec des symptômes alarmans. L'art médical, encore fort peu avancé en général, ne connaissait aucun remède propre à guérir ce mal nouveau; plusieurs personnes du Puy en périrent.

n'offre plus d'événement intéressant. Charles n'avait que vingt-huit ans lorsque, voulant passer sous une porte fort basse d'une galerie du château d'Amboise, il se donna un coup si violent à la tête, qu'il en mourut au bout de quelques heures, le 7 avril 1498. Commines, auquel nous avons déjà fait de nombreux emprunts, nous a laissé le portrait de ce prince en quelques mots : *Petit de corps et peu entendu, il était si bon*, dit-il, *qu'il n'était possible de trouver meilleure créature.* Aussi fut-il généralement regretté en France, bien qu'il n'eût rien fait pour elle. Charles VIII, auquel l'ombrageux Louis XI avait à peine fait apprendre à lire et à écrire, eut du moins le mérite de chercher à s'instruire quand il fut sur le trône. Il encouragea les savants, les artistes, et, sans sa fin prématurée, il eût peut-être réparé les désastres que son fol amour de la gloire avait causés au pays.

Nous voici, camarades, arrivés à l'une des époques les plus intéressantes de l'histoire. De sublimes inventions, de grands événements ont marqué la période qui vient de s'écouler ; de plus grandes choses se préparent encore pour celle que nous allons parcourir. La féodalité est expirante, elle tombera bientôt pour ne plus se relever, et l'anarchie a fait place au pouvoir absolu, dont les écarts eux-mêmes avanceront l'aurore de la liberté. L'empire d'Orient s'est écroulé sous les efforts des Turcs ; et tandis que la puissance nouvelle qu'ils ont assise sur ses ruines se tourne menaçante vers l'Europe, la prise de Grenade finit en Espagne la domination des Maures, établie depuis huit siècles. Le mariage de Ferdinand et d'Isabelle a réuni les couronnes d'Aragon et de Castille; l'Espagne, si longtemps divisée, est devenue une puissance imposante que le génie de Charles-Quint placera bientôt, à côté de la France, au premier rang. Le moment approche où les beaux-arts et les lettres qui brillent déjà d'un vif éclat en Italie, viendront se naturaliser dans notre patrie, et la civilisation qui marche sur leurs pas va prendre un essor rapide. L'imprimerie, en multipliant les livres, répandra d'immuables vérités par toute la terre, ainsi qu'une foule d'erreurs... Mais du choc jaillira la lumière; chaque jour enfin la raison reculera la barrière des préjugés et chassera la barbarie devant elle. La poudre à canon a ébauché déjà la révolution qu'elle ne tardera pas à achever dans l'art des combats : les piquiers suisses ont commencé la réputation de l'infanterie; l'importance de la cavalerie diminuera graduellement, pour arriver à de sages proportions dans les armées; vous verrez disparaître en même temps tout cet attirail de fer où, depuis Philippe-Auguste, les hommes d'armes et leurs chevaux se tenaient enfermés. L'industrie et le commerce que les déchirements et les troubles civils n'ont pu entièrement étouffer ont repris une énergie que rien ne doit plus arrêter... Car la boussole a donné à l'homme un guide merveilleux sur la vaste étendue des mers, et vient de lui ouvrir le chemin d'un nouveau monde. Gama a franchi le cap de Bonne-Espérance, l'Amérique est découverte[1]!... Déjà, sur les traces de Colomb, de hardis aventuriers s'élancent en foule vers cet autre hémisphère ; et tandis qu'avides de nouvelles décou-

---

[1] Né à Gênes dans une famille de navigateurs, Christophe Colomb avait entrevu depuis longtemps la possibilité de trouver une route nouvelle pour aller aux Indes, dont les Vénitiens avaient accaparé tout le commerce, qui se faisait par la mer Rouge. Persuadé que l'Océan séparait seul ce continent de l'Europe, ce génie intrépide résolut de s'aventurer sur cet espace inconnu, jusqu'à ce qu'il eût rencontré ce qu'il cherchait. Colomb, repoussé d'abord dans sa patrie comme visionnaire, s'adressa vainement aux autres puissances pour en obtenir des vaisseaux et des hommes. Près de dix années écoulées en démarches inutiles ne purent lasser sa constance. La reine de Castille, Isabelle, consentit, au bout de ce temps, à lui confier trois navires où s'embarquèrent avec lui quelques aventuriers qui voulurent bien partager sa fortune. C'est avec ces faibles ressources que, le 3 août 1492, Christophe Colomb partit du port de Palos. Il faut se reporter, camarades, à l'état de la navigation à cette époque, pour comprendre toute l'impression d'inquiétudes et de terreur qui dut gagner les esprits de ces hommes lorsqu'ils se virent ainsi perdus sur l'immensité des flots. Que de fois, pendant plus de deux mois que dura cette course obstinée et infructueuse, Colomb lui-même, sentant ses convictions faiblir, eut besoin de rappeler toute sa fermeté, pour persister dans son entreprise et ranimer le courage de ses compagnons abattus, ou mutinés, pour le forcer au retour ! Le soixante-dixième jour s'était levé, depuis leur départ, sans que le Ciel eût couronné sa longue persévérance; Colomb, frémissant de rage, allait être obligé de céder à ses équipages, quand soudain les vigies firent entendre ce cri : *Terre!* L'une des Lucayes, la première des découvertes américaines, était en vue... Colomb put reconnaître l'existence d'un nouvel hémisphère entre l'Europe et les Indes, qu'il cherchait.

Un étonnement mêlé d'admiration accueillit ce succès inespéré. Les Portugais équipèrent des vaisseaux à leur tour : en 1498, Vasco de Gama, suivant un autre chemin pour arriver au même résultat, doubla, le premier, le cap des Tempêtes, qui changea, dès lors, son nom pour celui de Bonne-Espérance, d'un plus favorable augure. La même année, Améric Vespuce visite l'Amérique méridionale, trace la carte des découvertes de Christophe Colomb, et l'ingrate postérité donne le nom de l'historien géographe au nouveau monde que le grand homme a révélé.

vertes, et surtout de nouveaux trésors, ils se ruent, le glaive d'une main, le crucifix de l'autre, au pays de l'or dont ils égorgent, par milliers, les populations timides, la chrétienté, bouleverséé par la parole de Luther, va se partager en deux camps, où la réforme religieuse d'un côté, le catholicisme de l'autre, et partout une intolérance furieuse, feront aussi couler des ruisseaux de sang sur presque toute la surface de notre vieille Europe.

Onzième Soirée.

Louis XII, fils de Charles d'Orléans et de Marie de Clèves. — Caractère de ce prince. — Son divorce et son second mariage. Règlements sur les troupes. — Conquête du Milanais. — Ludovic Sforce. — Les Borgia. — Ferdinand le Catholique. — Occupation du royaume de Naples. — Gonzalve de Cordoue. — Bayard. — La Palisse. — Le cardinal Georges d'Amboise. — Procès du maréchal de Gié. — Belle conduite de Louis d'Arles. — Traités de Lyon et de Blois. — États généraux tenus à Tours. — Révolte et soumission des Génois. — Victoire d'Agnadel. — Gaston de Foix. — Bataille de Ravenne. — Perte du duché de Milan. — La journée *des Éperons.* — Mort de Louis XII.

Louis XII, avec un noble caractère, parvenait au trône dans des circonstances où toutes ses belles qualités pouvaient se développer au profit de son peuple. Louis XI par une route sanglante, il est vrai, avait conduit la monarchie à un point de puissance et même de prospérité qu'il paraissait facile de conserver, surtout si le nouveau monarque savait oublier sagement le chemin de l'Italie, trop imprudemment ouvert par Charles VIII. Il n'en fut malheureusement pas ainsi. Le roi, vous pouvez vous le rappeler, s'était fait sous le règne précédent, un assez grand nombre d'ennemis qui durent trembler en le voyant saisir la couronne;

mais il ne tarda point à les rassurer :—*Ce n'est pas, dit-il, au roi de France à venger les injures faites au duc d'Orléans !* mot sublime que les princes devraient tous avoir à la mémoire lorsqu'ils parviennent au suprême pouvoir. Puis, en parlant de la Trémouille, qui l'avait fait prisonnier après la bataille de Saint-Aubin, Louis XII ajoutait : — *S'il a bien servi son maître contre moi, il me servira de même contre ceux qui seraient tentés de troubler l'État.*» Cette magnanimité ne se borna point à de vaines promesses ; le roi confirma dans leurs places les magistrats et les généraux qui s'étaient montrés de bonne foi contraires à ses projets antérieurs. Cette conduite donna une si haute idée de l'équité de ce souverain, que le prince d'Orange et le duc de Lorraine, qui avaient avec lui des démêlés d'intérêts, le prirent pour arbitre dans cette cause, et s'en rapportèrent absolument à son jugement.

Je dois vous dire toutefois, camarades, que Louis, en oubliant les injures faites au duc d'Orléans, ne perdit point le souvenir des services que lui avaient rendus les seigneurs précédemment attachés à sa fortune ; mais il les récompensa avec mesure, quelques-uns d'entre eux trouvèrent même qu'il les traitait avec parcimonie. C'est que le monarque consulta moins en cela ses affections particulières que les ressources du pays, et ce qui le détermina surtout dans ce qu'il fit pour ses anciens amis, ce fut le sentiment de ce qu'il pouvait attendre de leur concours pour l'intérêt de l'État. Ainsi Louis XII mit à la tête de son conseil le cardinal Georges d'Amboise, moins parce qu'il avait partagé ses malheurs et subi une longue captivité à cause de lui, que parce que ce prélat était doué d'une sagesse dès longtemps éprouvée.

Je crois vous avoir dit, camarades, qu'avant son mariage avec Charles VIII, Anne de Bretagne avait inspiré un goût assez vif au duc d'Orléans, maintenant roi de France : cette flamme, comprimée dans le temps par de hautes convenances, ne s'était point éteinte ; vous savez que Louis était marié à Jeanne de France, fille de Louis XI, princesse vertueuse, remplie de piété et fort attachée au roi son époux. Mais si ces qualités du cœur ne pouvaient compenser aux yeux du roi la beauté qui manquait à la reine Jeanne, dont il songeait déjà à se séparer, du moins tant de vertus négligées, dédaignées même, dans le commerce domestique, imposaient-elles à Louis des ménagements en présence de l'opinion publique. Il se contenta donc, dans les premiers temps, de mêler ses larmes à celles de la reine Anne ; le monarque osa enfin lui laisser entrevoir les espérances d'un bonheur mutuel, autrefois sacrifié ; et la veuve de Charles VIII écouta avec assez de complaisance ou son amour ou son ambition, pour donner à Louis sa parole de l'épouser, s'il réussissait à faire rompre légalement le lien qui l'unissait à Jeanne de France. On se flattait que cette princesse si douce, si résignée aux froideurs de son mari, qui souvent avaient été portées jusqu'au dédain, se déciderait aisément à la rupture de son mariage ;

mais la reine s'arma d'un courage et d'une fermeté tout à fait inattendus ; elle soutint ses droits avec autant de noblesse que de chaleur, et sa constance ne se démentit point en présence des juges appelés à décider de son sort. Ses efforts furent vains, et cela devait être : elle combattait deux ennemis trop redoutables ; l'amour et la politique. La nullité du mariage fut prononcée ; et les juges, en vertu du pouvoir de lier et délier dont ils étaient revêtus décidèrent que le roi pouvait se pourvoir ailleurs. L'épouse répudiée se retira à Bourges, où elle fonda un ordre de religieuses nommées les *Annonciades*, dont elle suivit la règle jusqu'à sa mort, arrivée six ans après le divorce qu'elle avait subi.

Dès que Louis XII fut dégagé de ses premiers liens, il se rendit à Nantes où la duchesse Anne vint le rejoindre avec toute la haute noblesse de Bretagne. La conclusion de ce second hymen fut environnée de tout l'éclat, de toute l'allégresse qui devaient accompagner une union formée sous les auspices de l'amour. Anne se réserva, pendant sa vie, la jouissance pleine et entière de son duché, et stipula soigneusement qu'après elle ce grand domaine retournerait à ses héritiers directs et indirects, même dans la descendance féminine si elle mourait sans enfants. La reine fut couronnée une seconde fois à Saint-Denis, au milieu des plus expansives démonstrations d'allégresse publique : on venait de diminuer les impôts d'un dixième, on promettait de les réduire davantage. Le peuple se trouva léger pour danser aux noces de son souverain. Quoique Louis XII formât une union selon le vœu de son cœur, il ne laissa pas enivrer longtemps sa raison par les délices de l'amour ; ayant appelé auprès de lui les principaux notables du royaume, en 1499, il s'occupa avec eux de la rédaction de plusieurs règlements qui révèlent en même temps une haute sagesse et l'amour du bien public.

Je dois avant tout, camarades, vous parler des dispositions qui émanèrent alors de la couronne pour l'organisation régulière des troupes. De cette époque date la fixité de cette solde que nous appelons aujourd'hui le *prêt,* allocation qui en assurant la subsistance de l'homme de guerre, devait naturellement amener la répression du brigandage trop habituel que les soldats et même leurs officiers regardaient comme leur privilége, parce. qu'il était en quelque sorte autorisé par la nécessité. Des ordres sévères furent donnés pour que les compagnies en garnison dans les villes ou cantonnées dans les campagnes fussent surveillées et punies des vexations qu'elles pourraient commettre : « On avait craint, dit Anquetil, qu'un discipline rigoureuse ne dégoutât du service la noblesse qui se faisait un droit de cette licence. Mais se voyant une solde assurée, elle se rangea volontiers sous des drapeaux qu'elle n'était plus forcée de tourner quelquefois contre ses propres vassaux ; pour leur arracher la subsistance du soldat. Comme on avait eu soin de publier qu'on ne conserverait dans le commandement que des officiers de bonne conduite reconnue, les capitaines choisis, fiers de la confiance qui les plaçait à la tête des compagnies, consentirent à se rendre responsables des désordres, puisqu'ils n'éprouvaient plus d'obstacles à les réprimer. » Or, si Machiavel[1] pensait que l'infanterie française ne pouvait être fort bonne parce qu'elle n'était composée que de bas peuple et de gens de métiers, avilis et tyrannisés par leurs seigneurs, cet état de choses vicieux dut cesser dès les premières années du seizième siècle d'après la promulgation des *règlements* que je viens de vous citer. Brantôme et quelques autres écrivains rapportent d'ailleurs que Louis XII mit l'infanterie sur un bon pied ; il est juste d'ajouter, toutefois, que les fantassins ne rendirent d'importants services que sous le règne suivant.

L'ordonnance de Louis XII sur la police intérieure du royaume présente, cependant, et plus de portée, et plus de maturité que celle relative aux gens de guerre. On avait remarqué jusqu'alors combien les magistrats s'étaient montrés accessibles à la corruption[2] ; on crut en prévenir les effets en

---

[1] Écrivain né à Florence vers la fin du quinzième siècle : ce fut un publiciste profond, un historien habile ; sa politique a été l'objet d'éloges et de critiques exagérés. Il a traité des matières militaires avec une haute sagacité.

[2] Les juges avaient coutume de recevoir et même de solliciter des parties certaines gratifications connues sous le nom *d'épices* ; et malheur, presque toujours, au plaideur qui avait moins *épicé* sa cause que son adversaire. Faisant allusion à cet abus, un rimeur du Forez composa le quatrain suivant à l'occasion d'un incendie qui avait en partie brûlé le palais de Montbrison

> Ne fut-ce pas un plaisant jeu
> Quand l'autre jour dame justice,
> Pour avoir trop mangé d'épice,
> Se mit tout le palais en feu.

assignant des gages aux membres de la magistrature. Ce résultat fut-il obtenu? pas complétement, camarades; car pour rendre une justice impartiale, il ne suffit pas d'être sans besoins; il faut encore avoir de la probité; et malheureusement cette vertu n'est pas une conséquence infaillible de la richesse. Je vous ai parlé précédemment de la vénalité des charges. Il en était résulté d'énormes abus, surtout en ce qui concernait la cession des offices; espèce de marché clandestin entre le cédant et le cessionnaire, dans la conclusion duquel les capacités du nouveau titulaire étaient comptées pour fort peu de chose. Louis XII porta remède à ce trafic : il ordonna que ceux qu'il nommerait eussent été précédemment assujettis à un examen, afin qu'on pût être assuré qu'ils étaient propres à l'emploi qu'ils sollicitaient. Le roi pourvut aussi au maintien des bonnes mœurs dans la magistrature, en établissant au sein même des parlements un tribunal de censure. Enfin, dès l'année 1500, Louis XII avait porté la réforme dans toutes les grandes institutions et les grands corps de la monarchie; et tous ses édits, tous ses règlements étaient marqués au sceau d'une rectitude, d'une loyauté d'intention vraiment paternelles, qui lui méritèrent plus tard le surnom *de Père du peuple*. Malheureusement ce surnom ne lui parut pas empreint d'une gloire assez éclatante, et Louis était à peine assis au trône, qu'il songea à reconquérir le royaume de Naples, fatal présent fait à la couronne de France par les derniers princes de la maison d'Anjou. Le roi n'avait pas renoncé non plus à ressaisir sur Ludovic Sforce le duché de Milan, dont il se croyait légitime héritier. Il se prépara donc à la guerre; mais pour l'entreprendre avec avantage, il fallait ajouter aux sacrifices qu'elle allait coûter, ceux que nécessitait le maintien de la bonne intelligence avec les Anglais, ces voisins redoutables, toujours disposés à profiter des embarras de la France pour lui en susciter d'autres. Louis avait mis dans ses intérêts le pape Alexandre VI, en assurant des avantages considérables au duc de Valentinois, son fils. Les Vénitiens, séduits par la promesse d'une augmentation de territoire, avaient promis leur concours au monarque français; et les autres puissances d'Italie, sans s'allier précisément à lui, laissèrent pressentir qu'à son premier succès elles se rangeraient sous ses drapeaux : c'était en même temps le prévenir qu'à sa première défaite elles se réuniraient à ses ennemis. Mais quel conquérant s'arrête aux chances funestes de ses futures expéditions?

Restait à subjuguer les Suisses : Louis XII renouvela les anciennes capitulations conclues avec eux, en paya même des termes non encore échus, et ne parvint pas à s'assurer entièrement la fidélité de cette nation. Il apprit bientôt que plusieurs corps helvétiens, sans doute déterminés par une solde supérieure à celle assurée à leurs compatriotes par le roi de France, s'étaient rangés sous les drapeaux de Ludovic.

Tant d'argent distribué à l'Angleterre, aux

Suisses, aux petits princes d'Italie, aux républiques de Gênes, de Venise, de Florence, de Pise, avait épuisé le trésor royal avant qu'une seule compagnie fût en marche. Il fallut recourir aux expédients pour le remplir : ce monarque, qui venait de marquer le début de son règne par de si sages dispositions, recourut alors à un triste moyen, et laissa un dangereux exemple à ses successeurs. Louis XII, en vendant des offices de finances, imposa aux acquéreurs la condition de lui faire des avances remboursables sur la perception des impôts. Muni de cette ressource, le roi leva promptement une armée, qui pénétra, en 1500, dans le Milanais, en trois divisions. Jamais conquête ne fut plus rapide : l'armée française se rend maîtresse de ce duché, à peu près entier, en douze jours ; Ludovic se réfugie sur les terres de l'Empire ; ses sujets reconnaissent pour leur légitime souverain Louis XII, accouru de Lyon, et qui a fait une entrée triomphante dans Milan. Le roi, afin de mieux s'attacher ses nouveaux sujets, les déchargea de tous impôts : démarche légère, dont il se repentit bientôt, en reconnaissant que, si le pays conquis n'entretenait pas les troupes chargées de le conserver, cet entretien demeurerait à la charge des conquérants. Jean-Jacques Trivulce, seigneur milanais, ennemi personnel de Sforce, fut nommé gouverneur du duché, et eut la haute main sur plusieurs commandants particuliers placés en diverses villes. Après ces dispositions, Louis retourna en France. Ce fut encore une faute : à peine fut-il parti, que la mésintelligence se déclara entre les capitaines qui commandaient dans les cantonnements. D'un autre côté, la jeune noblesse française, oubliant qu'elle occupait une annexe du royaume de France, et dont les habitants avaient droit à des ménagements, traita les propriétés et les habitants avec une licence qui ne pouvait manquer d'exciter les plus vifs ressentiments. Les alliés que Louis XII avait en Italie, et qui jusqu'alors ne s'étaient point mis en campagne, prévoyant que les excès auxquels s'abandonnaient les troupes françaises ne tarderaient pas à causer quelque soulèvement, continuèrent à éluder les traités qu'ils avaient signés. On pense bien d'ailleurs que Ludovic n'avait pas négligé de leur faire insinuer qu'un monarque puissant, placé au milieu de leurs petits états, devait nécessairement les inquiéter bien plus qu'un duc de Milan, qui était leur égal. Les princes et les républiques de la péninsule italique voyaient aussi que Sforce était ouvertement protégé par l'empereur Maximilien et par Philippe, son fils, qui lui avait permis de lever des troupes en Flandre. Enfin, le duc dépossédé venait de rallier à sa cause, à prix d'argent, un corps de Suisses à peu près égal à celui rassemblé sous les drapeaux de Louis XII; et ces *condottieri* italiens dont je vous ai déjà dit, camarades, la versatilité cupide, s'étaient en grand nombre engagés au service de ce prince.

Toutes ces causes réunies, et particulièrement la marche de Ludovic vers le Milanais à la tête de trente mille hommes, rendirent la position des

Français en Italie d'autant plus critique, que la division régnait parmi les chefs, et qu'ils avaient provoqué au plus haut point la jalousie et la haine des Italiens par leurs entreprises galantes, autant que par d'intolérables vexations. Profitant de tous ces éléments de trouble et de fermentation, Sforce marche droit vers Milan. Trivulce, ne pouvant compter sur une population déjà révoltée contre lui, court s'enfermer dans la citadelle. Trop faible pour se défendre dans cette forteresse, il est heureusement joint par le comte de Ligny, qui, n'ayant pu s'opposer à la marche de Sforce, au milieu d'un pays qui se déclare généralement pour lui, vient au moins dégager son général. Tous deux passent alors le Tésin, et se fortifient à Montaro, en attendant les secours qui leur sont envoyés de France, et que doit amener l'illustre La Trémouille. Ludovic, informé de l'arrivée du corps français, s'était flatté de l'intercepter. En conséquence, il se porta sur Novarre, où La Trémouille devait passer, et s'en rendit maître. Mais l'Italien avait affaire à un homme plus habile que lui : le général français resserre son ennemi dans la place, entre son armée et la citadelle ; Sforce, bientôt pressé par la famine, se décide à hasarder une bataille. A peine l'engagement est-il commencé, que les Suisses abandonnent le duc, sous prétexte qu'ils ne veulent pas se battre contre leurs frères, mais par le motif beaucoup plus réel, qu'ils ont appris que Louis XII paie mieux que Ludovic. Le reste de l'armée du prince lâche pied ; il reste environné d'un petit nombre de mercenaires, qui murmurent, menacent; et se hâtent de traiter avec les Français. Seulement il obtient que lui, ses frères et quelques personnes de sa cour pourront se mêler aux troupes qui sortiront de Novarre après la capitulation. Mais cet expédient trompa l'espérance du malheureux prince : reconnu dans la foule des soldats [1], il fut saisi et envoyé à Chinon, où il mourut après dix ans d'une rude captivité.

Ainsi qu'il arrive toujours en pareil cas, dès que la mauvaise fortune de Sforce fut divulguée, ses bannières, qui flottaient partout dans le Milanais, furent abattues; ses armes, que le ciseau courtisanesque avait retaillées dans les armes de France, sculptées sur les portes des villes, furent de nouveau retaillées pour reproduire l'écusson des Valois. Vous concevez, camarades, que parmi ces Italiens, dont je vous disais tout à l'heure la conduite équivoque, il ne se trouva plus que des populations dévouées aux Français, quand ceux-ci rentrèrent en vainqueurs dans le Milanais. Mais cette fois le roi, prévoyant le retour des excès qui précédemment avaient dépopularisé ses troupes, songea à les occuper en les prêtant à la république de Florence, son alliée ouvertement déclarée,

---

[1] L'armée soumise défilait entre deux lignes de troupes françaises; Ludovic marchait avec un bataillon suisse, déguisé en cordelier: il devait passer pour aumônier, et montait un mauvais cheval, qui par malheur excita la risée et fixa un moment l'attention sur l'illustre fugitif. Soit par un effet de cette attention, soit trahison des Suisses, le duc fut reconnu, arrêté avec ses frères et ses courtisans, et conduit d'abord à Pierre-Encise, puis à Chinon.

pour guerroyer contre les Pisans, qui avaient gardé envers lui une neutralité suspecte.

Louis XII prêta aussi secours au pape Alexandre VI, dont la passion dominante était d'agrandir les domaines de César Borgia, son fils. Ce fut avec cette assistance, plus politique que morale, que César déposséda Jean Sforce à Pesaro, les Malatesta à Rimini, et Nestor Manfredi à Faënza. Borgia, encouragé par le succès, fit servir les troupes françaises que le roi avait mises sous ses ordres à soumettre même les alliés de la France : les Bentevoglio de Bologne se virent contraints de lui céder leurs principautés ; les Florentins eux-mêmes allaient peut-être subir le même sort, lorsque le roi donna l'ordre aux troupes commandées par le fils du souverain pontife de rejoindre l'armée française, qui venait de passer les Alpes, pour conquérir enfin le royaume de Naples.

Il est pénible, camarades, d'avoir à rappeler l'alliance d'un souverain aussi vertueux que Louis XII avec ces Borgia, souillés de tous les vices, de tous les crimes, et dont les effroyables déréglements ont fait frémir, dans nos théâtres, les plus intrépides grognards qui peuvent encore se trouver parmi vous. George d'Amboise, ce ministre dont je vous ai déjà parlé, obtint, pour prix d'une condescendance malheureuse aux volontés d'Alexandre VI, le titre de légat *a latere* en France, pendant l'espace de dix-huit mois. Il profita des pouvoirs que lui donnait cette charge pour opérer la réduction des moines, et la réforme des couvents, où le relâchement des

34.

règles monastiques était porté jusqu'aux plus scandaleux excès. Ce ne fut pas une petite besogne : les jacobins de Paris, surtout, se montrèrent fort récalcitrants; il fallut les assiéger dans leur monastère, absolument comme nos anciens ont fait jadis en Espagne avec d'autres religieux, qui se battaient pour une cause plus sérieuse. Enfin, les gens du prévôt de Paris ayant affamé les bons pères, ils se rendirent à discrétion, et reçurent la nouvelle règle. Retournons en Italie.

Frédéric d'Aragon, parent de Ferdinand, dit le *catholique*, régnait alors à Naples, au mépris de la convention conclue entre le catholique et Charles VIII, qui lui avait abandonné le Roussillon et la Cerdagne, à condition que ni lui ni la reine Isabelle, sa femme, ne mettraient obstacle à ses entreprises sur l'Italie. Mais vous allez voir, camarades, qu'il est quelquefois à l'usage des souverains, d'étranges dispenses de bonne foi et même de sentiments humains : Ferdinand était convenu secrètement avec le roi de France de faire ensemble la conquête de Naples, et de se partager ensuite ce royaume. Ce traité, quoique bien secret, vint cependant à la connaissance de Frédéric; il s'en plaignit à Ferdinand; mais celui-ci lui fit dire de ne pas s'en inquiéter, ajoutant qu'il n'avait signé cet accord fictif qu'afin de pouvoir introduire avec sécurité dans ses états les secours qu'il se disposait à lui envoyer.... C'était, convenez-en, un maître passé en fourberie que le roi d'Aragon. Cependant Louis XII, honteux d'avoir partagé un moment cette perfidie, proclama ouvertement ses projets sur l'état napolitain, en invoquant la cession faite à la couronne par le dernier prince de la maison d'Anjou : cession confirmée par Ferdinand lui-même et la reine Isabelle. Le roi fit donc avancer en Italie son armée de terre, commandée en chef par Robert-Stuart d'Aubigny, réunissant sous ses ordres la principale noblesse de France. Dans le même temps, trois caraques génoises et seize gros navires, chargés d'artillerie et de troupes, partirent d'un port de Provence, sous le commandement de Philippe de Clèves. Déjà le Catholique avait fait entamer le royaume de Naples par le fameux Gonzalve de Cordoue, grand capitaine, sans doute, mais homme non moins fourbe que le roi son maître. Ce général, fidèle aux instructions qu'il avait reçues, confirma l'infortuné Frédéric dans la confiance qu'il accordait au perfide aragonnais, et ce prince lui-même livra à Gonzalve plusieurs places importantes. Bientôt Frédéric fut remis sur les traces de la vérité par les nouvelles qui lui arrivèrent de Rome : il sut que le pape avait solennellement accordé l'investiture du royaume de Naples à Louis XII et à Ferdinand le Catholique, qui devaient se le partager. Reconnaissant alors son erreur, quoique Gonzalve essayât encore de la perpétuer, ce souverain s'efforça de défendre sa couronne. Mais trop faible pour résister aux forces combinées des rois de France et d'Espagne, il comprit bientôt que, pour échapper au pire destin, c'est-à-dire à celui que lui préparait le Catholique, il devait attendre son sort de Louis XII. En effet, ce monarque le reçut avec bienveillance, et lui donna le comté du Maine, avec trente mille livres de pension.

Ainsi se termina en 1501 ce que les historiens ont appelé la conquête du royaume de Naples, expédition préparée et accomplie par des moyens que Louis XII regretta d'avoir secondés, bien qu'il n'en eût pas partagé la perfidie. Cependant, on se réjouit en France des résultats qui venaient d'être obtenus au delà des Alpes, non pas qu'on eût grande confiance aux avantages qu'ils promettaient, mais parce qu'on se crut délivré d'une guerre qui avait coûté déjà beaucoup de sacrifices. Vous verrez tout à l'heure, camarades, que le temps de se féliciter n'était pas venu. Nous franchirons ici diverses intrigues ourdies en Italie, et dans lesquelles Louis XII se sentit souvent honteux d'avoir des intérêts communs avec les Borgia ; car le crime ne leur coûtait rien pour parvenir à l'accomplissement de leurs projets. Je dois vous faire remarquer seulement que depuis l'occupation du royaume de Naples par les troupes françaises et espagnoles jusqu'aux nouvelles hostilités, qui éclatèrent en 1505, le cardinal Georges d'Amboise, aux yeux de qui l'on fit, dit-on, briller la tiare en perspective, se laissa engager dans plusieurs conventions peu favorables à la France. Par exemple, ce fut une grande faute que de laisser glisser dans un traité conclu en 1502 avec l'empereur Maximilien, un article par lequel ce prince donnait au roi de France l'investiture du Milanais : c'était remettre en question une propriété bien acquise au roi, comme héritier de Valentine Visconti, son aïeule.

Tandis que Louis, qui venait de visiter son duché de Milan, se félicitait de l'accueil qu'il y avait reçu, des éléments combustibles étaient préparés d'un bout à l'autre de l'Italie. Les petits princes et les républiques que les Borgia avaient dépossédés ou froissés indignement, avec l'assentiment et même le concours de Louis XII, n'attendaient que l'occasion favorable pour s'en venger ; la perfidie de Ferdinand le Catholique et de son général Gonzalve ne tarda pas à favoriser le ressentiment de ces Italiens. Une mésintelligence incessante régnait entre les troupes françaises et les troupes espagnoles qui occupaient le royaume de Naples : tantôt elle était alimentée par des discussions résultant de la délimitation incertaine des possessions respectives ; tantôt les rivalités nationales ou chevaleresques amenaient entre les guerriers de Louis et ceux de Ferdinand des combats singuliers, dont l'issue, quelle qu'elle fût, ajoutait à la haine que ces hommes de guerre inactifs nourrissaient les uns contre les autres. Ce fut ainsi, camarades, qu'eut lieu le fameux duel entre don Alonzo Sotomayor[1] et le vaillant Bayard, ce *chevalier sans peur et sans reproche*, que vous allez voir apparaître avec tant d'éclat sur la scène militaire : duel dont assurément on a bercé l'ado-

---

[1] Ce chevalier espagnol, qui avait été prisonnier de Bayard, s'était permis des propos injurieux contre son honneur. Le gentilhomme français appela le castillan en combat singulier; celui-ci fut blessé mortellement.

lescence de beaucoup d'entre vous, et que vous avez simulé plus d'une fois dans vos jeux enfantins.

Louis, du fond de son palais, ne voyait pas sans inquiétude ce qui se passait en Italie : les mauvaises dispositions des petits états de cette péninsule ne pouvaient échapper à sa sagacité; d'un autre côté, il n'ignorait point que le pape et son fils se montraient disposés à se laisser acheter; enfin il voyait l'empereur Maximilien, toujours prêt à s'armer contre les Français. Sous l'empire de ces justes appréhensions, le roi se rendit à Lyon pour hâter le départ du renfort qu'il destinait à son armée de Naples. Ce fut pendant ce voyage que l'archiduc Philippe, fils de Maximilien et gendre de Ferdinand, vint au nom du dernier, proposer au roi une conclusion tendant à faire cesser les discussions relatives au partage du royaume de Naples, et à prévenir le retour de toute mésintelligence à ce sujet. Cette proposition consistait à marier Claude de France, fille aînée du roi, avec le jeune duc de Luxembourg, fils de l'archiduc et petit-fils de Ferdinand : prince qui devint depuis si fameux sous le nom de Charles-Quint. L'Aragonnais céderait à son petit-fils la partie du territoire napolitain qui lui était échue, et le roi de France abandonnerait à sa fille, avec le titre de reine, ce qu'il possédait de ce royaume. Jusqu'à ce que les enfants eussent atteint leur majorité, Philippe gouvernerait l'État de son fils, et le roi de France celui de sa fille. Ce traité, dans lequel on trouvait une garantie de bonne intelligence entre l'empereur, le roi d'Espagne et la France, fut accepté avec joie par le bon monarque qui, ne concevant jamais d'arrière-pensée, ne pouvait soupçonner celle cachée sous des apparences aussi pacifiques. Il conclut ce premier traité, et toute la France s'en réjouit avec lui. Louis d'Armagnac, duc de Nemours, avait été appelé récemment au commandement suprême de l'armée française stationnée dans l'État napolitain; le roi lui notifie le traité; Philippe annonce de son côté le prochain rappel de Gonzalve de Cordoue, et l'on attend d'un jour à l'autre la nouvelle que les Espagnols ont été remplacés dans le royaume de Naples, par un corps de troupes qui ne recevra que les ordres de l'archiduc.... Un courrier arrive à ce prince; il lui apporte une lettre de Ferdinand ainsi conçue : *Vous vous êtes laissé mener comme un enfant; vous n'avez songé qu'à complaire au roi de France pour gagner ses bonnes grâces, et peut-être pour qu'il vous aide à dépouiller votre beau-père et votre belle-mère;* venait ensuite une protestation formelle contre le traité.... L'archiduc, confondu ou paraissant l'être, montre ses instructions, et prouve qu'il ne s'en est écarté en aucun point. Il va, dit-il, écrire en Espagne pour rappeler son aïeul à des résolutions plus équitables; s'engageant envers Louis XII à ne pas sortir du royaume qu'il n'ait obtenu la confirmation du traité. Mais subitement atteint d'une indisposition pour laquelle son médecin lui prescrivait de voyager, Philippe prit congé, pour quelques semaines, du roi, partit en litière, se dirigea d'abord à petites journées vers la Savoie; puis ayant touché la frontière, sa santé reparut soudain. Il traversa avec rapidité la Franche-Comté, passa le Rhin et retourna dans ses États.

L'archiduc avait été un des acteurs de la comédie imaginée par le fourbe Aragonnais pour gagner du temps. Gonzalve s'était empressé de mettre à profit celui que lui avait ménagé cette fourberie : plusieurs corps de troupes espagnoles étaient arrivées secrètement en Sicile; toutes les dispositions avaient été faites dans cette île pour descendre dans la Calabre occupée par les Français; enfin, dès que le général de Ferdinand sut Philippe hors de France, il opéra le débarquement projeté. Plusieurs postes furent attaqués simultanément et emportés, comme il devait arriver dans des hostilités tout à fait imprévues, d'après les dernières nouvelles de la cour[1]. Ainsi la

---

[1] Jacques de La Palisse, depuis maréchal de France, fut attaqué dans la place de Rouva; il soutint trois assauts : debout sur le rempart et immobile comme une tour, il repoussait le dernier lorsqu'une caque de poudre enflammée le frappa de la tête aux pieds, et le couvrit d'un feu si violent, que l'on voyait la fumée sortir par toutes les ouvertures de son armure. Il voulait combattre encore; mais ses cuisantes blessures ne le lui permirent pas. Jetant alors son épée loin de lui, il se rendit. Gonzalve essaya de profiter de ce hasard pour s'emparer de la forteresse sans coup férir; et traînant La Palisse devant la place, il le menaça d'une mort honteuse s'il n'ordonnait à Cornon, son lieutenant, d'ouvrir sur-le-champ les portes de Rouva aux Espagnols. « Cornon, cria le brave chevalier, Gonzalve, que vous voyez ici, menace de m'ôter un reste de vie « si vous ne vous rendez promptement. Mon ami, vous devez « savoir en quel état est la citadelle; regardez-moi comme un « homme mort, et si vous avez quelque espoir de tenir, faites « votre devoir. » Gonzalve n'osa pas faire périr un guerrier si

guerre, qui dormait en Italie depuis 1501, se réveilla plus acharnée que jamais en 1502. Ces nouvelles hostilités ne furent pas à l'avantage des armes françaises : d'Aubigny se fit battre près de Seminara et se vit contraint de rendre Angirola. A Cerignoles, le duc de Nemours perdit la vie au moment où son armée, en pleine déroute, fuyait devant Gonzalve ; peu de jours après, ce général espagnol était maître de Naples; et bientôt les forts qui environnaient cette ville, le château de l'Œuf lui-même, quoique situé au milieu de la mer, ouvrirent leurs portes à l'habile ingénieur Pierre Navarre, celui qui perfectionna l'art des mines et les appliqua à l'attaque des places de guerre. Heureusement Gaëte, ravitaillée par une escadre française, résista à tous les efforts de l'ennemi, et son port s'ouvrit aux secours envoyés de France.

Cependant Louis XII, indigné de la conduite de Ferdinand le Catholique et surtout de celle du faux-ingénu Philippe, fit sommer l'un et l'autre d'exécuter le traité de Lyon : tous deux firent apporter leurs réponses ambiguës par des ambassadeurs, courtisans obséquieux, dont le roi reconnut promptement la fausseté et qu'il chassa brusquement de sa présence. Trois armées furent aussitôt levées : l'une, confiée au seigneur Alain d'Albret, devait pénétrer en Espagne par Fonta-

---

vaillant; mais il refusa de le mettre à rançon... Ce La Palisse est pourtant, camarades, celui dont on a fait le héros burlesque d'une chanson que vous connaissez tous : nous ne plaisantons pas toujours à propos dans notre beau pays de France.

rabie ; la seconde, commandée par le maréchal de Rieux, était destinée à s'emparer du Roussillon; l'illustre La Trémouille se disposa à traverser l'Italie en tête de la troisième. Dans le même temps, deux escadres, sorties de Marseille, devaient inquiéter, l'une la flotte napolitaine, l'autre, les forces navales espagnoles, sur les côtes de la Catalogne et de Valence.

Ce plan de campagne était sagement disposé; mais vous le savez, camarades, l'exécution ne répond pas toujours à l'attente de ceux qui ont conçu. Le sire d'Albret, père du roi de Navarre, et possesseur lui-même d'un grand fief dans le Midi, agit mollement contre le roi d'Espagne, dont il craignait le ressentiment. Son armée inactive, promenée dans les montagnes, harassée par des marches inutiles et manquant de vivres, se fondit d'elle-même, sans même avoir attaqué les Espagnols. Le maréchal de Rieux, traînant à sa suite le ban et l'arrière-ban du Languedoc, vint se morfondre devant la ville de Salces, fortifiée par Pierre Navarre. Tandis que ce siége traîne en longueur sous la débile direction du maréchal, tombé malade, Ferdinand, qui a eu le temps d'assembler quarante mille hommes, investit Dunois, petit-fils du vaillant compagnon de Jeanne d'Arc, et l'oblige à opérer une retraite qu'il accomplit en capitaine digne de son nom. Quant aux deux escadres sorties de Marseille, battues par la tempête, mal commandées peut-être, elles ne firent sur les côtes d'Espagne et d'Italie, que des tentatives vaines, et revinrent délabrées au point de départ. La Trémouille seul répondit, au moins en partie, aux espérances de son souverain : il traversa presque toute l'Italie, sans rencontrer d'obstacles de la part des républiques et des petits princes, soumis ou craintifs. Vous verrez pourtant tout à l'heure que cette expédition ne demeura pas exempte de déceptions. Avant de vous les signaler, je dois vous dire que Louis XII, désolé des pertes qu'il avait éprouvées vers les Pyrénées et du délabrement de sa marine, fit faire des propositions d'arrangement au Catholique : il en résulta une trêve de trois ans, mais dans laquelle l'Italie n'était pas comprise. Je vous ai parlé de déceptions : vous serez peu surpris, camarades, en apprenant qu'elles vinrent de la part des Borgia. Tant que les armes du roi avaient triomphé dans la péninsule, Alexandre VI et son digne fils lui étaient restés fidèles ; dès que la victoire eut volé sous les drapeaux espagnols, ces deux hommes cupides s'attachèrent à la fortune de Ferdinand, sauf à l'abandonner si elle cessait de prospérer. Ils se laissèrent aisément gagner par Gonzalve qui, pour prix de leur défection, leur abandonna quelques places frontières. Sur la foi d'une alliance avec le pape, les Français avaient formé à Rome des magasins de blé considérables ; Alexandre les fit confisquer, et exposa ainsi les troupes de Louis XII à mourir de faim. Les généraux du roi voulaient marcher contre la ville sainte pour punir cette trahison ; mais le cardinal d'Amboise était là, toujours disposé à soumettre les circonstances à son ambition personnelle, c'est-à-dire à cette soif de la papauté qui, depuis plusieurs années, lui avait fait commettre tant de fautes préjudiciables aux intérêts et à la gloire de son maître. Le premier ministre, au lieu de sévir, négocia avec les Borgia; ils rouvrirent les greniers de l'armée, et promirent de s'attacher à la France, si Louis XII consentait à ne plus soutenir la famille des Ursins, que ce monarque les avait jusqu'alors empêchés de dépouiller entièrement. Le roi eut la faiblesse de faire ce sacrifice de dignité[1], ou plutôt il donna au cardinal d'Amboise ce témoignage de confiance aveugle, et ce ne fut pas le dernier. Le pape étant mort peu de temps après, d'Amboise reconnut le néant de ses espérances et la fourberie de César, qui lui avait promis la tiare après son père: deux papes, Pie III et Jules II, furent élus en peu de temps, sans que le cardinal français eût eu la moindre chance de succès, quoiqu'on lui eût annoncé l'universalité des suffrages du conclave. César Borgia reçut du moins le digne prix de ses forfaits: Jules II, l'ayant fait jeter en prison, obtint de lui, par la force, une renonciation absolue à tout ce qu'il possédait des terres de l'Église, et l'ordre aux commandants des places de les re-

---

[1] Ce fut le dernier acte de condescendance de Louis XII envers Alexandre VI. Ce pontife et son fils ayant voulu empoisonner des cardinaux dont ils convoitaient les richesses, dans un repas splendide qu'ils leur donnaient, furent empoisonnés eux-mêmes par l'erreur d'un valet, qui, dit-on, se trompa de vase. Le pape expira au bout de huit jours dans d'horribles tourments; mais César, doué d'une constitution robuste, sauva sa vie à l'aide d'un contre-poison pris sur-le-champ, et que, peut-être, il négligea sciemment de faire prendre à son père.

mettre immédiatement aux troupes du souverain pontife. Cependant la remise traînait en longueur ; dans l'intervalle, César parvint à s'évader. Il se réfugie auprès de Gonzalve ; le général espagnol le reçoit à bras ouverts, le comble de caresses, écoute avec complaisance les projets qu'il a formés pour ressaisir les domaines dont Jules II l'a dépouillé, et promet de le seconder. En effet, ce grand capitaine fait préparer dès le lendemain des vaisseaux pour l'expédition ; ils sont chargés de munitions et de vivres ; on n'attend plus qu'une brise favorable pour lever l'ancre. César a soupé avec Gonzalve, dont il est venu prendre congé. Le perfide presse de nouveau Borgia sur son cœur, l'embrasse avec tendresse ; ils se séparent enfin, et la porte de la salle du festin est à peine refermée sur l'Italien, qu'on l'arrête au nom de l'ami qui vient de lui prodiguer les témoignages d'affection. César ne fut pas surpris : ce genre de procédé appartenait à ses habitudes ; mais il soupira, et se laissa conduire en silence sur un vaisseau qui le transporta en Espagne. Pour en finir avec ce prince criminel, je vous dirai, camarades, qu'après deux ans d'une dure captivité dans les États de Ferdinand, il s'évada de nouveau, se réfugia en Navarre, et fut tué à la tête des troupes royales envoyées contre des vassaux révoltés.

Le dernier épisode de la vie coupable des Borgia avait suspendu en quelque sorte le mouvement de l'armée française, subordonné à la politique abusée du cardinal d'Amboise. Dans l'intervalle, La Tremouille, le seul capitaine que la

France pût alors opposer à Gonzalve, tomba malade; il fallut le remplacer; ce fut Jean-François de Gonzague, marquis de Mantoue, qu'on lui donna pour successeur; ce choix n'était pas heureux. Sans doute ce général, ainsi que toute la noblesse du temps, ne manquait ni de valeur, ni d'habitude des combats; mais appelé à faire la guerre dans le voisinage de son petit état, il dut naturellement nourrir des craintes, qui rendirent ses allures lentes et indéterminées. Aussi son début fut-il un revers devant Roccasecca. Il fatigua ensuite l'armée par des marches difficiles, sans que ces mouvements laborieux inquiétassent en rien Gonzalve, qui pourtant s'était affaibli pour faire attaquer le château de Rocca-Evandra. Gonzague avait déjà excité les murmures de l'armée par son imprévoyance et ses lenteurs; mais ce fut un orage d'indignation qui éclata contre lui lorsqu'on apprit qu'il avait laissé sans secours, dans cette place, un faible détachement qui s'était défendu jusqu'à la dernière extrémité, et qui, tombé enfin au pouvoir des Espagnols, avait été passé au fil de l'épée. Le marquis de Mantoue abandonna le commandement: Louis de Saluces, vice-roi de Naples, en fut revêtu. Mais les fautes de son prédécesseur étaient à peu près irréparables. Les délais de Gonzague, en donnant à l'habile Espagnol le temps de rassembler ses troupes sur les points menacés, lui avaient laissé la facilité de fermer à l'armée française la route de Naples. La mauvaise saison étant venue, les pluies rendirent les chemins impraticables; il fallut prendre des cantonnements dans la ville de Sessa. Le Garigliano séparait les Français des Espagnols; quelque temps s'écoula dans une observation inactive. Mais les troupes de Saluces manquaient de vivres et surtout de fourrages; la cavalerie, qui formait la plus grande partie de l'armée, dut s'écarter, séparée en grands détachements, afin de pourvoir à ses besoins. Gonzalve, averti par ses espions, passe alors la rivière sur un pont rapidement construit, et se dispose à envelopper l'armée française. Une prompte retraite seule peut la sauver : le général l'ordonne; l'artillerie légère ouvre la marche; l'infanterie et la cavalerie viennent ensuite, puis les compagnies de Duras, de Sandricourt et de Lafayette; enfin quinze braves forment l'arrière-garde : Bayard est du nombre. Pendant que ce mouvement s'exécute, le chevalier sans peur aperçoit un corps espagnol qui, ayant pris le chemin des hauteurs, se dispose à tomber, à une certaine distance, sur l'infanterie française. Il part suivi de son seul écuyer, et se place sur un pont que ce corps doit traverser pour déboucher dans la plaine. Là, ce vaillant chevalier, opposant sa lance unique à des masses nombreuses d'assaillants, soutient les efforts de l'ennemi et défend le passage du pont jusqu'à l'arrivée d'un secours de cent hommes d'armes que son écuyer lui amène, et qui repousse définitivement le corps espagnol. Je vous ai cité ce trait brillant pour que vous vous pénétriez bien, camarades, de ce que peut la valeur, non-seulement par sa puissance effective, mais aussi par l'influence d'intimidation qu'elle exerce sur l'ennemi : en cela réside souvent le premier véhicule des succès militaires. Un guerrier comme Duguesclin ou Bayard, comme Latour-d'Auvergne ou Murat, dont je vous parlerai plus tard, vaut seul une armée. L'heureuse présence d'esprit du chevalier sans peur et sa résolution héroïque firent avorter l'attaque de flanc que méditait Gonzalve de Cordoué, et l'armée française put gagner Gaëte, où elle se renferma, non toutefois sans avoir perdu sa grosse artillerie, que Pierre de Médicis s'était proposé de conduire par mer à Gaëte ; elle fut submergée. La cavalerie, déjà disséminée en grande partie lors de l'attaque, ne put rejoindre l'infanterie et le peu d'hommes d'armes qui se jetèrent dans Gaëte. De petits détachements se formèrent comme ils purent, sous divers capitaines, pour se garantir de la fureur que les paysans exerçaient ordinairement comme d'assez justes représailles, contre les troupes débandées : beaucoup de ces cavaliers furent néanmoins massacrés ; le surplus végéta en Italie dans le plus déplorable état.

Ainsi se termina en 1505 cette expédition, dans laquelle Louis XII s'était flatté de punir la mauvaise foi de Ferdinand le Catholique. Pour surcroît de malheur, les troupes françaises, qui pouvaient se défendre longtemps dans Gaëte, ouvrirent l'oreille à des propositions assez favorables que leur fit Gonzalve pour la reddition de cette place ; et le désir de revoir la patrie s'étant mêlé aux ennuis de l'espèce de captivité que ces guerriers subissaient, le marquis de Saluces se vit forcé de capituler. Mais l'espoir qui avait énervé tant de courages ne réalisa ses caressantes promesses que pour un petit nombre des Français sortis de Gaëte ; la plupart périrent de faim et de misère pendant le retour : le marquis de Saluces, lui-même, fut une des premières victimes qui succombèrent dans cette triste retraite, à la fatigue et au dénûment.

Louis XII fut aussi surpris qu'humilié du malheureux résultat de la campagne de 1503, et cependant il n'en connaissait pas encore toutes les funestes conséquences ; il les apprit bientôt. L'empereur Maximilien fomentait des troubles dans le Milanais ; les Suisses y étaient accourus à sa sollicitation, et surtout attirés par l'appât du pillage, aliment ordinaire de leur existence aventureuse. D'un autre côté, Venise, république à la politique cauteleuse, le pape Jules II, non moins ambitieux qu'Alexandre VI, enfin plusieurs princes ou républiques d'Italie, qui s'étaient prononcés pour le roi de France, voyant ses armes malheureuses, se déclarèrent contre lui. Tant de coups qui l'atteignaient à la fois, ébranlèrent la constance de ce souverain ; il tomba malade au point que, durant quelques jours, on craignit pour sa vie. La reine Anne, épouse tendre et attentive, prodigua ses soins à son royal époux ; tant que le danger dura, elle ne quitta son chevet ni le jour ni la nuit. Des longues veilles naissent les réflexions ; la princesse bretonne n'avait eu de Louis XII que deux filles, exclues du trône par la loi salique ; si le roi succombait, la couronne allait donc être acquise au jeune François, duc d'Angoulême, qui, comme Louis, descendait de ce duc d'Orléans, assassiné rue Barbette. La reine vivait froidement avec Louise de Savoie, mère de ce prince, femme beaucoup plus que légère, dont le caractère ne pouvait sympathiser avec celui de cette souveraine d'une chasteté rigide. Or, voyant Louis XII dans une situation presque désespérée, Anne crut devoir prendre quelques précautions contre les tracasseries probables que la mère du futur roi pourrait lui susciter : en conséquence elle fit embarquer sur la Loire ses meubles et bijoux les plus précieux, qu'elle adressa à Nantes.

La duchesse de Savoie, veuve de vingt-huit ans, tenait au château d'Amboise une cour fort leste, au sein de laquelle son fils puisait des exemples d'abandon, disons plus, de licence, dont il ne profita que trop dans la suite. Un soir que le maréchal de Rohan-Gié, gentilhomme breton, gouverneur du jeune prince, se promenait avec lui sur une des terrasses du château, il aperçut plusieurs gros bateaux pesamment chargés qui descendaient le fleuve. Sur des informations précises qu'il fit prendre, ce seigneur ordonna qu'on arrêtât ces bateaux ; ce qui, toutefois, n'eut lieu qu'à Saumur, sans doute par suite d'une réserve politique du maréchal. Quelques historiens ont même ajouté que Gié poussa la prévoyance jusqu'à donner l'ordre d'arrêter Anne de Bretagne elle-même, si elle voulait se rendre dans son duché, et que surtout on s'opposât à ce qu'elle y fit passer la princesse Claude, sa fille aînée, qui en était héritière présomptive. De plus, et toujours d'après les mêmes versions, le gouverneur de François d'Angoulême écrivit au sire d'Albret, vieux amant rebuté de la reine avant son premier mariage, et l'engagea à lui amener dix mille Gascons, qu'il comptait joindre à pareil nombre de soldats, afin de protéger au besoin le nouveau règne. Toutes ces précautions, réelles ou supposées, demeurèrent sans utilité. Le roi se rétablit, et il ne resta des diverses mesures que Gié avait prises, qu'un terrible orage formé sur sa tête par le ressentiment d'Anne de Bretagne. Cette princesse, après les soins touchants qu'elle venait de donner à son époux, lui fit aisément partager sa colère; Gié fut arrêté comme criminel de lèse-majesté; le procès qu'on lui fit dura plus de deux ans; sans cesse aggravé par les imputations de la vindicative et fière Bretonne. Cependant les témoignages en faveur de ce gentilhomme furent si nombreux que, malgré les sollicitations incessantes de sa puissante ennemie, il fut absous par le parlement de Toulouse, qui ne prononça contre cet accusé que la suspension de ses fonctions de maréchal de France pendant cinq ans, avec la perte absolue des autres emplois qu'il exerçait.

Je vous ai dit, camarades, en quelle situation se trouvaient les affaires d'Italie, après la reddition de Gaële; mais j'ai omis d'ajouter que les capitulants avaient reçu la défense expresse de rentrer en France. Louis d'Arles, qui depuis la défaite de Cérignoles, se défendait dans Venosa, avait recueilli une partie de ces troupes; le surplus souffrait çà et là, sous la disgrâce du roi. Mais ce monarque commençait à se lasser de cette guerre; il envoya au commandant de Venosa l'ordre d'abandonner cette place et de sauver ses troupes aux meilleures conditions possibles. Ce brave chevalier n'en demanda aucune : certain qu'il ne serait pas secouru, il sortit en ordre de bataille des remparts qu'il avait vaillamment défendus contre le Vénitien d'Alviane, le meilleur lieutenant de Gonzalve; il traversa une partie du royaume de Naples et toute l'Italie, respecté par les corps ennemis qu'il rencontra, se faisant donner partout des vivres, de force ou de gré; enfin, ce capitaine, non moins habile qu'audacieux, arriva triomphant à Blois, où la cour se tenait. Louis XII, charmé de cette belle conduite, distribua des récompenses aux officiers et aux soldats : —*Pour vous*, dit-il au général, *je vous laisse le choix de la faveur qui vous flattera le plus.* — *Sire,* répondit le vaillant chevalier, *je n'en veux pas d'autre que la rentrée en France des capitulants de Gaëte; s'ils ont eu des torts, ils les ont bien expiés par la misère et le regret de vous avoir déplu.* Touché de ce mouvement d'une âme généreuse, le roi accorda à Louis d'Arles ce qu'il lui demandait.

En ce moment Louis écoutait les propositions d'accommodement que Ferdinand lui faisait, quoique vainqueur en Italie; ce politique cauteleux craignait que le monarque français, indigné de sa perfidie, qu'il ne pouvait avoir oubliée, ne lui opposât, en désespoir de cause, ce Frédéric, roi de Naples détrôné auquel il avait donné le comté du Maine. Outre le secours que Louis XII pouvait lui fournir, ce prince eût incontestablement trouvé dans ses anciens États un parti disposé à le soutenir; le Catholique pensa qu'il était urgent de prévenir cette restauration, qu'il ne pourrait peut-être empêcher. Il fit donc des ouvertures de paix au roi; mais ce que vous aurez peine à comprendre, vous camarades, qui n'entendez rien à la politique, c'est que dans le même temps, Ferdinand négociait avec ce même Frédéric, offrant de lui rendre sa couronne, dont il ne s'était saisi, disait-il, que pour empêcher le roi de France d'en disposer. On se laisse aisément persuader ce qu'on désire: le prince napolitain, sur l'invitation expresse de Ferdinand, fit tous ses efforts auprès de Louis, qui le recevait avec bonté, pour qu'il se désistât de ses prétentions sur le royaume de Naples; motivant sa prière sur les promesses de Ferdinand. Mais le roi pénétrait les vues secrètes de l'artificieux espagnol; et après avoir remontré doucement à Frédéric qu'il était dupe d'une nouvelle fourberie, il le renvoya dans son comté. Cependant ce souverain écouta avec patience les ambassadeurs que le catholique lui avait envoyés: à travers les discours savamment arrangés qu'ils lui débitèrent, il saisit la confirmation des nouvelles perfidies que leur maître méditait, et lorsqu'ils eurent cessé de parler, il prit la parole avec véhémence. Louis déclara à ces envoyés qu'il n'ignorait pas leurs intrigues auprès de Frédéric, leur reprocha d'un ton courroucé de partager la mauvaise foi de Ferdinand, qui l'avait trompé deux fois, et les congédia brusquement, en leur ordonnant de quitter son royaume dans un bref délai [1]. Il est évident que le roi d'Aragon ne voulait qu'attirer l'infortuné Frédéric hors de France, lui tendre quelque piége, et s'assurer de sa personne, afin d'être délivré de toute inquiétude de ce côté. Cependant le prince napolitain mourut quelque temps après cette tentative, convaincu que l'Espagnol avait eu à son égard une généreuse intention.

Louis XII, désormais persuadé qu'il était impossible de compter sur la droiture de Ferdinand le Catholique, mais toujours enclin à terminer une guerre qui épuisait les ressources de la France, tourna ses vues vers l'archiduc Philippe, dont le fils était, comme vous le savez, fiancé à la princesse Claude, fille du roi. L'archiduc lui-même, intéressé à ce que le traité de Lyon reçût son exécution, intercéda auprès de l'empereur son père, pour que des négociations fussent renouées avec la cour de France. Maximilien accueillit ce projet; et par suite d'un nouveau traité conclu à Blois en 1504, on donna suite à l'alliance déjà convenue. Mais cette nouvelle convention renfermait des conditions on ne peut plus désavantageuses à la France : par exemple, Louis abandonnait au

---

[1] Ferdinand, ainsi accusé d'imposture, ne se montra nullement irrité quand ses ambassadeurs lui apprirent que Louis XII leur avait dit en face qu'il l'avait trompé deux fois. « Deux fois, « dit-il avec un éclat de rire, il en a menti, l'ivrogne, car je « l'ai trompé plus de dix. »

futur Charles-Quint, la Bourgogne et la Bretagne; il consentait encore à recevoir de l'empereur l'investiture du Milanais, à lui en rendre hommage, et, qui pis est, à payer cette simple promesse d'une concession qui annulait ses droits, 200,000 francs comptés d'avance.

Le traité de Blois stipulait aussi une ligue contre les Vénitiens; il y avait de la dignité pour Louis XII à proposer cette clause : Charles VIII et lui avaient eu à se plaindre plus d'une fois de cette fière oligarchie, dont la conduite oblique méritait d'être punie. Quant à Maximilien, loin d'avoir des griefs contre la république de Saint-Marc, il l'avait toujours trouvée prête à le seconder; mais le roi de France lui sacrifiait l'électeur Palatin et le duc de Gueldres, que l'empereur voulait attaquer; celui-ci sacrifiait en retour Venise au roi de France. Le pape Jules II, sur qui le conseil des Dix avait fait confisquer Faenza et Rimini, entra volontiers dans la coalition. Vous allez avoir l'occasion de remarquer, camarades, que les événements sinistres amènent quelquefois de salutaires réflexions dans l'esprit des maîtres du monde : Louis tomba malade une seconde fois, et fut conduit aussi près du tombeau qu'il l'avait été la première. Alors, à la lueur des flambeaux funèbres qui environnaient le royal moribond, il entrevit les funestes conséquences du traité de Blois : par le mariage du duc de Luxembourg avec Claude de France, ce prince devenait le légitime héritier, non-seulement du duché de Milan, mais de ceux de Bourgogne et de Bretagne; des comtés d'Ast, de Blois, de Charolais, et enfin de la couronne de Naples, à quelque prétendant quelle pût échoir. A ces possessions, il joindrait, du chef de l'archiduc son père, tous les biens de la maison d'Autriche en Allemagne et la Flandre. Enfin, du chef de Ferdinand son aïeul, et de celui de la reine Isabelle, il était appelé à régner sur l'Aragon et la Castille. Cette puissance colossale, que Louis XII avait lui-même préparée, effraya sa conscience, à ce moment suprême où la justice reprend tous ses droits dans les âmes généreuses, et le cardinal d'Amboise lui-même, peignit en sombres couleurs au chevet du monarque, les dangers qu'il avait accumulés sur ses peuples... Un serment excitait toutefois les scrupules de Louis ; le prélat, en sa qualité de légat *a latere*, l'en dégagea et lui donna l'absolution. Ayant ainsi réparé une grande erreur politique, le roi fit son testament, dont la première clause fut que Claude, sa fille, serait mariée à François, comte d'Angoulême, héritier présomptif de la couronne, dès que leur âge le permettrait. C'était bien, mais à cette sage mesure, qui devait conserver à des princes français la possession de tous les apports de leurs maisons, se joignaient des dispositions qui pouvaient être fécondes en troubles civils. La reine Anne et Louise de Savoie, comtesse d'Angoulême, devaient exercer conjointement la régence, sous la direction d'un conseil de cinq membres, où siégeraient particulièrement le cardinal d'Amboise et le chancelier Guy de Rochefort. Or, jamais deux femmes ne furent plus opposées, de caractère et de mœurs, qu'Anne de

Bretagne et Louise de Savoie ; et jamais deux hommes d'État ne s'aimèrent moins que le cardinal et le chancelier. Heureusement l'orage que ces choix formaient sur la monarchie fut conjuré : Louis XII recouvra la santé.

A cette époque survint un événement qui changea les dispositions flottantes, mais toujours hostiles qui existaient entre la cour de France et celle d'Espagne. La reine Isabelle venait de mourir, au moment où les Indes ouvraient à l'Espagne leurs contrées au sol pavé d'or; Ferdinand demeurait régent de la Castille pour Jeanne *la Folle ;* mais ce prince sentait que son autorité était précaire dans ce royaume ; il songea du moins à s'assurer celui de Naples en entier, par une alliance avec la maison de France. Le vieux monarque espagnol demanda donc à Louis XII la main de Germaine de Foix, fille de sa sœur, et avec elle la partie de l'état napolitain que le roi de France s'était réservée. Louis comprit qu'ayant perdu ce territoire par le sort des armes, il ne faisait de ce côté qu'un don fictif à Ferdinand, et Germaine de Foix alla régner en Espagne, avec la promesse expresse de Louis, qui l'aimait tendrement, d'une renonciation absolue au trône de Naples, qui échut ainsi sans partage à Ferdinand.

Ce mariage accompli, le roi voulut cimenter encore l'union projetée entre sa fille et le comte d'Angoulême, en l'environnant de l'assentiment de la nation ; en conséquence, il convoqua les états généraux à Tours en 1506. Ce fut dans cette assemblée solennelle que Louis XII reçut le beau surnom de *Père du peuple*. On s'y occupa bientôt de l'objet principal de la convocation : le mariage projeté par le roi fut unanimement approuvé, et durant cette même assemblée, le comte d'Angoulême, âgé de douze ans, et Claude, âgée de six, furent conduits au pied de l'autel, où le cardinal d'Amboise les unit.

Lorsque ce mariage fut notifié à l'empereur et à l'archiduc son fils, ils en parurent fort mécontents, et songèrent peut-être à faire valoir l'espèce de dédit stipulé par le traité de Blois, en cas de rupture de l'union projetée entre Claude de France et le duc de Luxembourg ; mais Philippe étant mort des suites d'une vie agitée et remplie d'excès [1], ces récriminations s'éteignirent avec lui. Cependant le royaume de Naples, dont la possession avait coûté à Ferdinand tant de soucis, tant d'abnégation, de loyauté, faillit lui échapper. Vous savez, camarades, que le premier qui prit le titre de roi fut un soldat bien servi par la fortune, et qui fit un sceptre de son épée : Gonzalve de Cordoue n'avait pas oublié cette origine, et, devenu maître du royaume de Naples par les armes, il eut le désir de s'approprier sa conquête. Alors le roi catholique courut en Italie

---

[1] Jeanne, qu'on a surnommée *la Folle*, aimait l'archiduc, son époux, avec toute cette ardeur d'âme et d'imagination propre au sexe castillan, malgré les nombreuses infidélités de ce prince. Lorsqu'il mourut, l'esprit de cette princesse, déjà troublé par une jalousie romanesque, s'altéra tout à fait, et le reste de sa vie se passa dans des alternatives d'exaltation frénétique et de sombre mélancolie. Jeanne la Folle était mère de Charles-Quint, et fille de cette reine Isabelle que les poëtes et les romanciers espagnols ont tant célébrée.

avec sa jeune et affable épouse; elle séduisisit par ses charmes et par son amabilité le peuple léger de l'antique Parthenope, qui, grâce à elle, revint au vieux Aragonnais.

Si Louis XII avait renoncé au royaume de Naples, il tenait plus que jamais au duché de Milan, et Gênes était la route la plus sûre, la plus facile pour faire arriver des secours dans ce duché, s'il était attaqué. Or, Jules Ii, qui n'était guère moins perfide que son prédécesseur Alexandre VI, suscita des troubles parmi les Génois, certain qu'au milieu de la conflagration générale, il serait facile de les pousser contre les garnisons françaises qui occupaient le pays; et remarquez, camarades, qu'en soufflant le feu de la discorde à Gênes, ce pape envoyait en France un cardinal chargé de solliciter des commissaires pour réconcilier le peuple et la noblesse du pays, qui en étaient venus aux mains... Ces commissaires parurent en effet, et donnèrent une sentence modérée pour le rétablissement de l'ordre. Alors les agents de Jules insinuèrent aux révoltés que cet acte était tyrannique; ils les irritèrent contre cette dépendance de la couronne de France, qu'ils avaient implorée dans un autre temps, à titre de protection. Les Gênois coururent sus aux Français: *Ils les encroissaient* (mettaient en croix), dit un chroniqueur du temps, *leur arrachaient le cœur et les entrailles, se lavaient les mains dans leur sang, les taillaient en pièces sans pitié, avec les femmes qui là étaient, lesquelles ils faisaient mourir de tant étrange mort que l'horreur du fait me défend d'en parler.*

Le châtiment ne se fit pas attendre : Louis XII accourut lui-même en Italie, à la tête d'une forte armée. Mais un tel déploiement de forces n'était pas nécessaire : La Palisse et Chaumont, avec l'avant-garde, suffirent pour soumettre cette poignée de mutins. Ils ouvrirent les portes de Gênes en suppliants ; Louis entra dans cette ville de marbre en monarque irrité, l'épée à la main, entouré de seigneurs couverts de leurs armures, ayant la visière baissée, la lance en arrêt. Près du roi marchaient les archers de sa garde, l'arc bandé. Les Génois, habiles comédiens comme tous les peuples d'Italie, avaient arrangé une scène de drame dont ils attendaient beaucoup d'effet. Trente sénateurs, la tête rasée, et traînant de longs habits de deuil, vinrent haranguer le monarque d'une voix lamentable ; tandis que les femmes les plus distinguées de la ville, échevelées et fondant en larmes, accompagnaient le discours lugubre des magistrats d'un concert de sanglots... Louis fut ému ; mais il ne le laissa pas voir ; après avoir écouté les notables génois, il poussa son cheval sans leur répondre, et alla s'enfermer dans le palais. La colère de ce bon prince ressemblait à ces orages qui grondent fort, mais qui n'éclatent pas : après avoir menacé beaucoup les Génois, désarmés par ses soldats ; après avoir fait pendre un petit nombre des principaux révoltés, Louis, du haut d'un trône élevé sur la place du palais, fit prononcer de terribles menaces contre le sénat ; des bourreaux brisèrent les sceaux de la république, comme

pour annoncer qu'elle allait cesser d'exister......
Puis, tout à coup, un pardon presque absolu
surgit de cet appareil rigoureux, et les Génois en
furent quittes pour une amende de trois cent
mille ducats. Cette somme suffit pour couvrir les
frais d'une guerre heureusement très-courte, pour
laquelle Louis avait ordonné qu'on levât en France
une nouvelle taxe. Il se hâta de contremander cette
imposition, en disant que l'argent de ses sujets
fructifierait mieux dans leurs mains que dans les
siennes. Il est difficile, camarades, de satisfaire
en même temps le peuple et les courtisans : ceux
de Louis XII, mécontents de cette épargne, le
taxèrent d'avarice ; ils le firent jouer dans une
de ces *sotties*, comédies encore informes, qu'on
représentait à Paris sur la grande table du Palais
de Justice. On instruisit Louis XII du succès que
cette farce obtenait parmi les Parisiens, toujours
disposés à rire de tout : — *Ah ! ah !* répondit le roi
en souriant, *les Parisiens, qui eussent été les
premiers payants, s'égaient à mes dépens, de ce
qu'on leur dépeint comme ma parcimonie ; tant
mieux, j'aime beaucoup mieux faire rire les Parisiens et les courtisans de mon avarice, que
pleurer le peuple de mes profusions.* Puis, sur
la proposition qu'on lui fit de punir les comédiens
qui avaient eu l'insolence de le jouer, il ajouta :
— *Non vraiment, ils peuvent nous apprendre des
vérités utiles; laissons-les se divertir. Pourvu
qu'ils respectent l'honneur des dames, je ne suis
pas fâché que l'on sache que dans mon règne on
a pris cette liberté impunément. Morbleu !* ca-

marades, il y a plaisir à se faire tuer pour un souverain comme celui-là.

Louis, après avoir licencié les Suisses, se promena dans le duché de Milan, où partout il fut accueilli par de brillantes solennités. On parla longtemps de la fête que lui donna à Milan le seigneur de Trivulce, qui fut depuis maréchal de France : fête dont le splendide appareil étonnerait même notre époque luxueuse [1].

Avant de rentrer en France, Louis XII vit à Savone Ferdinand et Germaine de Foix, qui retournaient en Espagne; là furent jetées les bases de la ligue déjà projetée contre les Vénitiens : ligue malheureuse dans laquelle le roi de France fut trompé par l'empereur, par le roi d'Aragon et par le pape lui-même, ainsi que les événements vous le prouveront. Des conférences furent ouvertes, en 1508, à Cambrai : Marguerite d'Autriche, gouvernante des Pays-Bas, y représenta l'empereur son père, et le roi Ferdinand son beau-père; le cardinal d'Amboise siégea pour le roi de France et le pape. Un traité s'ensuivit qu'on appela *la ligue de Cambray* [2]. Quoique ces négociations

---

[1] On raconte que trois mille dames y assistèrent. Cent soixante maîtres d'hôtel, répartis dans les salles, réglaient le service; douze cents officiers de bouche, revêtus d'habits de velours ou de satin, servaient à table ou distribuaient des rafraîchissements; et, dit une relation du temps, le nombre des servants empressés égalait celui des convives. Mais ce qui vous paraîtra surprenant, quoique cela fût alors très-ordinaire, c'est que, dans cette fête, on vit danser des prélats et des cardinaux.

[2] Il paraît que les conférences ne furent pas toujours pacifiques, car Marguerite d'Autriche écrivait à son père : « Nous nous sommes, M. le légat et moi, cuidés (pensés) prendre au poil. »

ONZIÈME SOIRÉE.

eussent été secrètes, l'ambassadeur de Venise en France en eut quelques soupçons; il s'en expliqua avec Louis XII, et lui représenta que la France courait de grands dangers en s'attachant à des ennemis à peine réconciliés, au préjudice de ses anciens alliés; puis le fier Vénitien ajouta : — *La république a de grandes ressources, et c'est une entreprise bien périlleuse que de s'attaquer à une puissance gouvernée par tant de têtes sages.* — *Monsieur l'Ambassadeur*, répondit le roi, *j'opposerai tant de fous à vos sages, qu'ils auront bien de la peine à les gouverner :* réponse plus spirituelle que sensée, dans laquelle on ne reconnaît pas la maturité ordinaire de ce monarque. Le but avoué de la coalition était de dépouiller les Vénitiens de toutes leurs possessions en Italie et de les reléguer dans leurs lagunes, au profit de l'empereur, du roi de France, du pape et du roi d'Aragon. Jules II avait commencé la guerre par d'insignifiantes hostilités, lorsque Louis passa les Alpes avec douze mille hommes de cavalerie, six mille Suisses et douze mille fantassins français, conduits par le maréchal de Chaumont et La Palisse, auxquels se joignit bientôt le maréchal de Trivulce.

C'est ici le cas de vous dire, camarades, que Louis XII, ayant reconnu l'inconstance des Suisses, qui jusqu'alors avaient composé sa meilleure infanterie, comprenait enfin la nécessité de nationaliser cette arme, qui devait être un jour *l'âme des batailles*, comme a dit Napoléon. Elle était en ce temps, si peu considérée que, pour lui donner quelque importance aux yeux de l'armée, il ne fallut pas moins que le dévouement de Bayard, de Vandenesse et de Molard, chevaliers renommés, qui dans cette campagne menèrent au combat les hommes de pied ; Molard, gentilhomme dauphinois, se distingua surtout à leur tête, et l'on peut le considérer comme le véritable créateur de l'infanterie française. Nous reviendrons bientôt sur ce sujet.

Les Vénitiens opposèrent à l'armée du roi des forces plus nombreuses que les siennes ; mais composées de mercenaires ramassés dans tous les pays au prix de l'or, qui ne manquait point à l'opulente république. Petiliane et l'Alviane, deux capitaines d'une haute distinction, commandaient cette tourbe armée. Les généraux vénitiens ne disputèrent point le passage de l'Adda ; mais, craignant d'être coupé de Crémone, d'où il tirait ses subsistances Petiliane fit un mouvement qui le mit en présence de l'armée royale, le 14 mai 1509 ; la bataille, dite d'Agnadel, s'engagea. Le combat commença entre l'avant-garde vénitienne, commandée par l'Alviane, et l'avant-garde française, que guidaient les maréchaux de Trivulce et de Chaumont ; le roi s'étant réservé le commandement de la *principale bataille*. L'ennemi paraissait obtenir quelque avantage, grâce au feu de son artillerie qui, placée dans un ravin, prenait nos troupes en flanc. Tout à coup le jeune duc de Bourbon, à la tête des *gentilshommes pensionnaires*[1],

[1] Gentilshommes presque tous chevaliers, qui, d'ordinaire réunis sous les ordres d'un prince du sang, environnaient à la

de France et de Milan, fond sur les Vénitiens ; nos soldats commençaient à se débander, ils se rallient ; mais l'avantage ne se prononce point encore de leur côté. Alors, Louis XII lui-même, se livrant à un élan sublime qui électrise toute l'armée, s'écrie :— *En avant, et que ceux qui ont peur se mettent à l'abri derrière moi.* Le roi s'est enfoncé dans la mêlée, et l'ennemi fait toujours bonne contenance ; le *père du peuple* court le plus grand danger, quoique environné d'un cercle héroïque, formé de La Pàlisse, Vandenesse, Vendôme, Gaston de Foix, le duc de Lorraine et vingt autres chevaliers d'une valeur renommée. Mais le duc de Bourbon, à la tête de son corps d'élite, paraît et dégage le roi ; le jeune héros se porte, par un mouvement de flanc, contre d'Alviane : l'armée vénitienne est enfoncée ; le général lui-même tombe percé de coups, et remet son épée à Vandenesse ; la victoire se fixe sous les drapeaux du roi de France. Louis voulut poursuivre les fuyards jusque sur les bords de la mer ; de là, contemplant Venise, dont les magnifiques coupoles s'élevaient au-dessus des eaux, il fit braquer contre cette ville six couleuvrines, et tirer cinq volées à coups perdus, *afin qu'il fût dit dans l'avenir que Louis XII avait canonné la cité imprenable de Venise.* Le triomphe d'Agnadel rendit au duché de Milan le comté de Crémone, avec les villes de Brescia, de Bergame et de Crema, qui avaient été reperdues.

---

guerre la personne du roi, et qui jouissaient à ce titre d'avantages particuliers.

Après cette expédition, le roi revint en France, laissant dans le Milanais une grande partie de son armée, pour soutenir l'empereur, qui n'avait pas encore paru. Il arriva enfin vers le commencement de l'arrière-saison, et investit Padoue, place dans laquelle s'étaient jetées les troupes échappées au désastre d'Agnadel. Ce siége fut traîné en longueur ; des trahisons dirigées contre les Français, qui s'étaient joints aux Allemands de Maximilien, furent découvertes dans les rangs de leurs alliés ; on finit par lever le siége, après l'événement caractéristique que je vais vous rapporter. Il se trouvait devant Padoue un corps de cavalerie française, presque entièrement composé de chevaliers ; Bayard en faisait partie. L'empereur, voyant son infanterie rebutée par la longue résistance des assiégés, que commandait l'habile Pétiliane, engagea cette vaillante chevalerie à descendre de cheval et à se mêler aux fantassins allemands pour livrer l'assaut. — *Nous y consentons,* répondit Bayard, *si vos chevaliers en veulent faire autant.* Ceux-ci refusèrent de s'assimiler à de vils piétons ; l'assaut n'eut pas lieu, et les troupes allemandes se retirèrent d'une manière honteuse.

Maintenant, camarades, que je me suis efforcé de vous peindre avec quelques détails le règne de Louis XII, parce qu'il réfléchit bien la physionomie et l'esprit du seizième siècle qui commence, je vais achever d'autant plus rapidement cette partie de mon récit, que je n'ai plus guère que des malheurs à retracer. Après la campagne de 1509 et la dissolution de la ligue de Cambrai, une autre ligue se forma contre la France, entre Jules II et les Vénitiens. Quant à l'empereur Maximilien, il parut demeurer fidèle à l'alliance formée avec le roi; mais ce fut sans profit pour ce dernier. Ce prince, préoccupé du dessein de se faire pape après la mort de sa femme, arrivée en 1511, agit mollement en Italie, et laissa consumer les Français dans une guerre de partisans, où La Palisse, Fontrailles et Bayard, derniers héros de la chevalerie, se surpassèrent en exploits inutiles. Louis voulait se mettre à la tête de son armée; mais le cardinal d'Amboise était mort en 1510, emportant aussi cette convoitise ardente de la tiare, qui avait été l'une des principales causes des malheurs de la monarchie. Louis XII se voyait forcé d'être lui-même son premier ministre. Tandis que l'empereur aspirait aux clefs de saint Pierre, le pape endossait l'armure, se coiffait du casque, et prenait, à l'âge de quatre-vingts ans, le commandement de son armée. Le maréchal de Chaumont commanda d'abord les Français en Italie; mais, étant mort en 1511, ce fut le maréchal de Trivulce qui continua les opérations, sans résultats bien marquants. Toutefois, le duc d'Urbin perdit, dans cette même année, une bataille; Bologne fut le prix de la victoire, et le souverain pontife lui-même faillit tomber au pouvoir de Bayard. Jules II demanda alors à entrer en accommodement; Louis, par déférence pour Maximilien qui s'y montrait contraire, refusa. Ce fut une malheureuse idée : le chef de la chrétienté, à qui le maniement des armes temporelles n'avait pas fait oublier l'usage des armes spirituelles, parvint à mettre dans ses intérêts Ferdinand le Catholique, Henri VIII, roi d'Angleterre, les Suisses et l'empereur lui-même, prince cupide, qui, dit-on, vendit son alliance au pape à prix d'or. On vit même, dans cette coalition, connue sous le nom de *Ligue sainte*, on vit, au-dessus d'un corps turc à la solde des Vénitiens, le croissant de Mahomet élevé près des étendards de l'église. Louis XII, exaspéré, jura la perte du belliqueux successeur de saint Pierre et la destruction de Rome. Dans son ressentiment, il fit frapper une médaille sur laquelle on lisait : *Perdam Babylonis nomen* (j'effacerai jusqu'au nom de Babylone). Ainsi le projet du roi était de pousser son armée sur la capitale du monde chrétien, de s'emparer du pape, de le faire déposer par un concile sous l'empire de la victoire, de placer sur le trône apostolique un pontife dévoué aux intérêts de la France, puis de procéder immédiatement à la conquête de Naples. En effet, Gaston de Foix, duc de Nemours et neveu du roi, à qui ce monarque a promis la couronne de Naples, marche avec une telle rapidité, à la tête des troupes françaises, vers ces résultats, qu'il reçoit le surnom de *Foudre d'Italie*. Il prend Bologne, enlève Bresse aux Vénitiens après un combat terrible, et revient avec la même rapidité sur l'armée de l'union, commandée par Fabrice Colonne. Nemours sent d'ailleurs la nécessité d'intimider par un succès éclatant l'Aragonais Ferdinand, qui menace le Languedoc; Henri VIII, prêt à descendre en Picardie, et Maximilieu qui, déclaré ouvertement contre le roi, a rappelé cinquante mille lansquenets[1], combinés avec les troupes françaises en Italie. Le combat est fixé au lendemain de Pâques 1512 : c'était la sanglante journée de *Ravenne*, dont le bruit retentit encore dans les siècles. Le plan d'attaque, dit l'historien de Bayard, fut dressé sur le rapport de ce héros. On employa le canon, dans cet engagement, avec un avantage qu'on n'avait point encore obtenu; quelques coulevrines, que l'on fit avancer à propos, détruisirent en partie les gendarmes de Fabrice Colonne. La défaite de l'armée papale fut alors décidée; elle laissa quinze mille hommes sur le champ de bataille, perdit toute son artillerie; Pierre Navarre, le marquis de Pescaire, Jean de Médicis, qui fut pape l'année suivante sous le nom de Léon X, et le général en chef lui-même furent faits prisonniers. Mais une bande espagnole, plusieurs fois enfoncée, et toujours reformée, se retirait en bon ordre vers Ravenne; Gaston ne veut pas laisser son triomphe incomplet : entouré d'une bouillante noblesse, il poursuit cette colonne de granit; mais l'intrépide guerrier est frappé mortellement. Il expire à vingt-deux ans, et sa mort fait payer trop cher le triomphe de cette journée. Aussi Louis XII répondit-il à quelqu'un qui le félicitait sur la victoire de Ravenne : — *Souhaitez-en de pareilles à nos ennemis.*

---

[1] Jacques d'Empser, qui les commandait, indigné de la lâcheté qu'on lui ordonnait, en fit part à Gaston, et lui demanda sur-le-champ la bataille pour prévenir la nécessité où il allait se trouver d'obéir.

Cette victoire fut en effet le signal d'une suite de désastres. Dès ce moment, les revers se succèdent presque sans interruption : les Espagnols s'emparent de la Navarre, les Suisses occupent de vive force le duché de Milan, malgré les héroïques efforts de La Palisse, successeur de Gaston, et rétablissent Maximilien Sforce, fils de Ludovic le More. Cependant, Jules II étant mort, Louis put conclure la paix avec les Vénitiens, puis signer une trêve d'une année avec Ferdinand et l'empereur. Dans le même temps, Sforce, jugeant mal sa position équivoque, s'aliéna les Milanais par un impôt; le roi profita de leur mécontentement pour envoyer en Italie une nouvelle armée, sous les ordres des maréchaux de Trivulce et de La Trémouille. Le duché est reconquis; Sforce, avec six mille Suisses, se retire dans Novarre, où bientôt un renfort de dix mille Helvétiens le rejoint. La Trémouille lève le siége de cette place qu'il vient d'investir, et va camper près de là. Trivulce, à qui la direction des marches et campements est abandonnée, a choisi une mauvaise position; La Trémouille, de son côté, commet la faute de ne point se retrancher, confiant dans son artillerie, dont il se couvre uniquement. A la pointe du jour, cette position vulnérable est attaquée; les canons sont enlevés et tournés contre l'armée française, malgré la plus intrépide défense; l'infanterie est entièrement défaite, sans que la cavalerie puisse venir à son secours. Le Milanais est de nouveau reperdu en 1515; les Génois brisent le joug français en se donnant un

ONZIÈME SOIRÉE.

doge; enfin les Suisses envahissent la France jusqu'à Dijon, et ne regagnent leurs montagnes qu'au prix d'énormes sacrifices.

Pendant ce temps, Henri VIII et Maximilien, qui ont signé à Malines une confédération contre la France, avec ces mêmes Suisses qui viennent d'en commencer l'accomplissement, pénètrent en Picardie, et mettent le siége devant Térouenne, place entièrement dépourvue de vivres. Les Français conçoivent le projet hardi de la faire ravitailler par des détachements de cavalerie, à travers les lignes ennemies; cela s'exécute plusieurs fois avec bonheur. Mais, enfin, les ravitailleurs sont attaqués par des forces imposantes à Guinegate ; Bayard, qui commande un corps de quinze cents hommes, fait comme toujours des prodiges de valeur ; mais tout fuit autour de lui; bientôt il reste seul à l'arrière-garde, à l'entrée d'un pont, et seul il fait face aux Anglais pour donner le temps aux fuyards de s'éloigner. Mais moins heureux qu'au pont de Garigliano, il est fait prisonnier[1]. Dans la journée dite *des Éperons*, La Palisse tomba également au pouvoir de l'ennemi. Au milieu de ces désastres et des chagrins qu'il lui

---

[1] Voyant le sort inévitable qui l'attend, Bayard, qui vient d'apercevoir un officier anglais se reposant sous un arbre, court à lui, et lui crie : — « Rendez-vous, homme d'armes; » celui-ci s'étant rendu, le chevalier *sans peur* lui remet son épée en disant : — « Je suis votre prisonnier. » Quelques jours après, Bayard voulant se retirer, l'officier lui demande sa rançon. — « Et la vôtre? » répond le héros. L'affaire ayant été soumise à l'empereur et au roi d'Angleterre, les deux chevaliers furent déclarés quittes l'un envers l'autre, et Bayard revint parmi ses compagnons d'armes.

causaient, Louis en ressentit un plus vif que tous ceux qui pouvaient lui être infligés par la destinée : Anne de Bretagne mourut en 1514, à peine âgée de trente-six ans. C'était une princesse altière, hautaine, obstinée comme le sont d'ordinaire les Bretons ; mais qui rachetait avec éclat ces défauts par toutes les vertus qu'on estime dans les femmes. Elle s'était environnée de jeunes personnes nobles et chastes qu'on appela *filles d'honneur ;* ce cortége de beautés, que la reine surveillait de près, attirait à la cour une multitude de jeunes seigneurs ; et, comme ils devaient s'y observer avec scrupule, ces réunions ont beaucoup contribué à perfectionner la galanterie française. Anne de Bretagne avait institué l'ordre de *la Cordelière*, en souvenir des liens dont le Sauveur fut garrotté la nuit de sa passion.

Cependant l'orage qui avait grondé un moment si fort sur la France se dissipa assez promptement, par des traités partiels que Louis XII conclut, sans trop de sacrifices, avec toutes les puissances liguées contre lui. Au pape, il laissa espérer l'abolition de la *pragmatique sanction*, qui avait toujours gêné le saint-siége. Maximilien se contenta du rappel des faibles détachements que le roi avait encore en Italie, et des espérances que ce rappel lui faisait concevoir. Ferdinand, satisfait de la promesse de ne pas être inquiété dans sa conquête de la Navarre, suspendit ses hostilités. Enfin, Henri VIII, se voyant abandonné par tous ses alliés, traita avec Louis XII ; et la réconciliation entre ces deux souverains fut scellée par le mariage de Marie d'Angleterre, sœur du roi, avec le monarque français, moyennant la reconnaissance qu'il donna à l'Anglais d'une somme de 400,000 écus qu'il n'avait pas reçue.

Louis ne devait pas jouir longtemps de la paix qu'il recouvrait enfin, ni de la félicité domestique que lui promettait une épouse jeune et belle. Les chroniqueurs du temps rapportent que ce prince fit des excès, et changea sa manière de vivre à tel point, pour plaire à une reine vive et galante, que sa santé en fut promptement altérée. A peine les fêtes de son mariage étaient-elles terminées, que le roi fut atteint d'une dyssenterie qui le conduisit en peu de jours au tombeau. Il y descendit dans la dix-septième année de son règne et la cinquante-troisième de son âge, le jour de Pâques 1515.

Louis XII était, ainsi que vous avez pu en juger, camarades, un prince bon, ami de la justice, ennemi de la fraude, et dont les intentions furent toujours pures, quoique égarées quelquefois dans leur direction. Sa vie politique mérita souvent le blâme; mais lorsqu'il aperçut ses fautes, il s'efforça de les réparer, et les erreurs de son gouvernement appartinrent plutôt au cardinal d'Amboise qu'à lui. Ce qui, surtout, plaça ce souverain au-dessus de ses prédécesseurs, ce fut son amour pour ses sujets, qu'il ne foula jamais d'impôts, malgré les guerres continuelles qu'il eut à soutenir. Aussi le peuple l'aimait-il sincèrement; à sa mort on prit universellement le deuil à Paris et dans les provinces. Sous son règne, et malgré la présence d'une forte partie de la population sous les drapeaux, *les villes se bâtirent*, dit Claude Seyssel, *les faubourgs s'agrandirent, les landes se défrichèrent*. Selon le même écrivain, Louis encouragea le commerce, fit fleurir l'industrie, et donna l'essor à une émulation générale. En un mot, ce règne ne cessa jamais d'être celui de l'équité ; car le roi eut constamment à la pensée son édit de 1499, où il avait dit : *Il faut toujours suivre la loi, malgré les ordres contraires que l'importunité pourrait arracher au monarque.*

FIN DU TOME PREMIER.

TABLE.

Première Soirée, page 1.

Introduction. — Les Gaulois, avant et après la conquête de César. — Art militaire et discipline chez les Romains. — Le christianisme dans les Gaules. — Décadence de l'empire. — Irruption des Francs. — Rois de la première race. — Clovis. — Les Leudes. — Partage des terres. — Mœurs des Francs. — Loi salique. — Childebert. — Clotaire Ier. — Caribert. — Chilpéric. — Frédégonde. — Brunehaut. — Clotaire II. — Dagobert. — Saint Éloi.

Deuxième Soirée, page 55.

Rois fainéants. — Maires du palais. — Charles Martel. — Les Sarrasins. — Mahomet et sa religion. — Bataille de Tours. — Rois de la seconde race. — Pépin le Bref. — Premier sacre d'un roi de France. — Charlemagne. — Les Saxons. — Witikind. — Roncevaux. — Mort de Roland. — Empire d'Occident. — Son étendue. — Capitulaires de Charlemagne. — Arts, sciences, inventions. — Écoles publiques. — Civilisation des Arabes. — Art militaire. — Cavalerie. — Armures. — Marine.

Troisième Soirée, page 85.

Successeurs de Charlemagne. — Louis le Débonnaire. — Puissance du clergé. — Charles II, dit *le Chauve*. — Les Normands. — Fiefs héréditaires. — Origine de la féodalité. — Louis II. — Louis III. — Accroissement du système féodal. — Charles le Gros. — Siége de Paris par les Normands. — Machines de guerre. — Procédés d'attaque et de défense des villes depuis l'antiquité. — Eudes. — Charles III, ou *le Simple*. — Raoul. — Louis IV, surnommé *d'Outremer*. — Lothaire. — Louis V, dernier des Carlovingiens.

Quatrième Soirée, page 111.

Hugues Capet. — Les grands vassaux. — Robert. — Henri Ier. — Robert le Diable. — Situation de l'Europe au onzième siècle. — Trêve de Dieu. — Épreuves judiciaires. — Famines. — Épidémies. — Le mal des ardents. — Première horloge à balancier. — Usage des chiffres arabes. — Premières notes de musique. — Langue romane. — Philippe Ier. — Guillaume, duc de Normandie. — Conquête de l'Angleterre. — Bataille de Hastings. — Le pape Grégoire VII. — Pèlerinages. — Pierre-l'Ermite. — Première croisade. — Armoiries.

Cinquième Soirée, page 141.

Louis VI. — Ligue de Montlhéry. — Bataille de Brenneville. — Premières chartes des communes. — Suger. — Louis VII, dit *le Jeune*. — Massacre de Vitri. — Saint-Bernard. — Deuxième croisade. — Renvoi d'Éléonore de Guyenne. — Progrès des lumières. — Abeilard. — Fondation de l'Université. — Trouvères ou troubadours. — Le Code Justinien retrouvé. — Fabrication du papier. — Architecture gothique. — Superstitions. — Fêtes de l'âne et des fous. — Ignorance absolue de l'art militaire. — Mépris général pour l'infanterie. — Réflexions sur les guerres d'Orient. — Les Templiers et les Hospitaliers.

Sixième Soirée, page 165.

Philippe II, surnommé Auguste. — Bannissement des Juifs. — Les Routiers. Cottereaux, Brabançons. — Agrandissements et embellissements de Paris. — Cours plénières. — Chevalerie. — Tournois. — Troisième croisade. — Puissance de Saladin. — Richard Cœur de Lion. — Prise de Saint Jean-d'Acre. — Retour de Philippe. — Nouvelles guerres avec l'Anglais. — La reine Ingelburge et Agnès de Méranie. — Jean sans Terre. — Arthur de Bretagne. — Confiscation des fiefs anglais. — Prise de Constantinople par les barons francs. — Croisades contre les Albigeois. — Simon de Montfort. — Saint Dominique. — L'inquisition. — Révolte du comte de Flandres. — Ligue contre la France. — Bataille de Bouvines. — Guérin, évêque de Senlis et Philippe, évêque de Beauvais. — Expédition du prince Louis en Angleterre. — Mort de Philippe Auguste.

TABLE.

Septième Soirée, page 201.

Louis VIII, dit le Lion. — Louis IX, ou saint Louis. — Bataille de Taillebourg. — Cinquième croisade. — Les pastoureaux. — Conquête du royaume des Deux-Siciles, par le comte d'Anjou. — Frédéric et Coradin. — Sixième et dernière croisade. — Mort du roi. — Ses sages ordonnances. — Pragmatique-sanction. — Fondations remarquables. — Hôpital des Quinze-Vingts. — Philippe III, dit le Hardi. — Vêpres siciliennes. — Philippe IV, dit le Bel. — Boniface VIII. — États généraux. — Défaite de Courtrai. — Bataille de Mons-en-Puelle. — Procès des Templiers. — Tiers-état. — Parlement fixe. — Annoblissements. — Roger Bacon. — Chambre obscure. — Lunettes. — Boussole. — Navigation. — Géographie. — Costumes. — Solennités publiques. — Mystères. — Révolte des trois cantons suisses. — Louis X, ou le Hutin. — Marguerite de Bourgogne. — Supplice d'Enguerrand de Marigny. — Affranchissement des serfs. — Philippe V, dit le Long. — Charles IV, dit le Bel.

Huitième Soirée, page 244.

Philippe VI, dit de Valois. — Bataille de Cassel. — Edouard III. — Combat de l'Ecluse. — Bataille de Crécy. — Supériorité des archers anglais. — Premiers canons. — Le prince Noir. — Siége de Calais. — Peste en Europe. — Jean le Bon. — Charles le Mauvais. — Etats généraux. — Bataille de Poitiers. — Règne du dauphin. — Traité de Bretigny. — Combat des Trente. — Charles V. — Duguesclin. — Premières lueurs d'une tactique dans les armées françaises. — Les grandes compagnies. — Pierre le Cruel et Henri de Transtamare. — Les Anglais en partie chassés de France. — Origine de la bibliothèque royale. — Schisme d'Orient.

Neuvième Soirée, page 284.

Charles VI et ses oncles. — Les Maillotins. — Bataille de Rosbec. — Expédition du duc d'Anjou en Italie. — Isabeau de Bavière. — Le duc d'Orléans. — Jean-sans-Peur. — Les Armagnacs et les Bourguignons. — Invasion anglaise. — Bataille d'Azincourt. — Périnet Leclerc. — Les Cabochiens. — Henri V. — Bedfort. — Charles VII. — Agnès Sorel. — La Pucelle d'Orléans. — Richemond. — Dunois. — Lahire. — Xaintrailles. — Jean Bureau. — Jacques Cœur. — Premières troupes réglées. — Taille perpétuelle. — Découverte de l'imprimerie. — Invention de la gravure sur cuivre. — Prise de Constantinople par Mahomet II.

Dixième Soirée, page 555.

Louis XI. — Guerre du bien public. — Bataille de Montlhéry. — Charles le Téméraire. — Louis XI à Péronne. — Siége de Beauvais. — Jeanne Hachette. — Batailles de Granson et de Morat. — Siége de Nancy. — Plessis-les-Tours. — Commerce, industrie. — Première manufacture de soierie établie en France. — Institution des postes. — Première extraction de la pierre. — Première imprimerie établie à Paris. — Bataillon de piquiers suisses. — Armes à feu portatives. — Camp de manœuvres au Pont-de-l'Arche. — Charles VIII — La dame de Beaujeu. — Le duc d'Orléans. — La Trémouille. —, Bataille de Saint-Aubin. — Anne de Bretagne. — Marguerite d'Autriche. — Conquête de Naples. — Milice italienne. — Alexandre Borgia. — Bataille de Fornoue. — Excellence de l'artillerie française. — Coup d'œil rétrograde sur le quinzième siècle. — Prise de Grenade. — Ferdinand et Isabelle. — Découverte de l'Amérique.

Onzième Soirée, page 589.

Louis XII, fils de Charles d'Orléans et de Marie de Clèves. — Caractère de ce prince. — Son divorce et son second mariage. — Règlement sur les troupes. — Conquête du Milanais. — Ludovic Sforce. — Les Borgia. — Ferdinand le Catholique. — Occupation du royaume de Naples. — Gonzalve de Cordoue. — Bayard. — La Palisse. — Le cardinal Georges d'Amboise. — Procès du maréchal de Gié. — Belle conduite de Louis d'Arles. — Traités de Lyon et de Blois. — Etats généraux tenus à Tours. — Révolte et soumission des Génois. — Victoire d'Agnadel. — Gaston de Foix. — Bataille de Ravenne. — Perte du duché de Milan. — La journée *des Éperons*. — Mort de Louis XII.

FIN DE LA TABLE DU PREMIER VOLUME.

www.ingramcontent.com/pod-product-compliance
Lightning Source LLC
Chambersburg PA
CBHW070546230426

43665CB00014B/1829